国家社科基金
GUOJIA SHEKE JIJIN HOUQI ZIZHU XIANGMU
后期资助项目

我国商业银行消费信贷运行机制研究

Research on Consumer Credit Operation Mechanism of Chinese Commercial Banks

龙海明　著

上海远东出版社

图书在版编目(CIP)数据

我国商业银行消费信贷运行机制研究 / 龙海明著. —上海：上海远东出版社,2023

ISBN 978 - 7 - 5476 - 1888 - 2

Ⅰ.①我… Ⅱ.①龙… Ⅲ.①商业银行—消费信用—信贷管理—研究—中国 Ⅳ.①F832.4

中国国家版本馆 CIP 数据核字(2023)第 012425 号

责任编辑 陈占宏
封面设计 徐羽情

我国商业银行消费信贷运行机制研究

龙海明　著

出　　版　上海远东出版社
　　　　　(201101　上海市闵行区号景路 159 弄 C 座)
发　　行　上海人民出版社发行中心
印　　刷　上海信老印刷厂
开　　本　710×1000　　1/16
印　　张　20.5
字　　数　296,000
版　　次　2023 年 3 月第 1 版
印　　次　2023 年 3 月第 1 次印刷
ISBN 978 - 7 - 5476 - 1888 - 2/F · 710
定　　价　98.00 元

前　言

　　消费信贷作为一种重要的金融服务方式，其产生源于金融机构的盈利动机与消费者追求效用最大化的博弈结果。20 世纪 90 年代末期以来，我国经济逐渐由"短缺"转向"过剩"，进入需求约束阶段，有效需求不足成为制约经济进一步深化发展的羁绊；经济的发展和居民收入的快速增长推动了消费需求的扩张和消费结构的转换。在构建"双循环"新发展格局背景下，我国经济更加追求高质量发展，同时也面临需求收缩、供给冲击、预期转弱等诸多挑战，为有效拉动经济增长，需要在推动供给侧结构性改革的同时，加大在需求方发力，推进消费转型升级并寻找新的消费增长点，进一步增强消费对经济发展的基础性作用。为此，从客观上产生了对发展消费信贷的迫切要求和强劲动力。可以说，消费信贷是作为扩大内需、刺激居民消费、提高最终消费率的政策手段在我国发展起来的，具有很强的政策推动的特征。由于我国消费信贷业务的经营主体主要是商业银行，因此，对消费信贷运行的研究也主要立足于商业银行。

　　我国商业银行消费信贷经历了从启动、规范成长到调整发展等不同发展阶段，并形成了其自身的运行特点和发展规律，这与我国的宏观经济环境及其变化密切相关。与西方国家相比，我国消费信贷的发展仅有三十余年的时间，市场并不发达和完善，表现出一系列诸如结构发展不平衡、产品同质化严重等问题。为有效促进我国消费信贷业务的良性发展，通过借鉴西方国家的成功经验，分别考察美国、日本、英国和澳大利亚等国家消费信贷的发展路径及特点，并与我国实际情况相结合，进行了对比分析，对我国在完善消费信贷运行机制方面提出了相关建议。如果想要在目前竞争愈发激烈的市场中实现消费信贷业务的快速发展，克服阻碍目前消费信贷发展的制度问题，则需要创建一套符合我国消费信贷市场特点和我国商业银行成长特点的消费运作机制。

本书主要通过对消费信贷业务中存在的各种问题进行全面分析，得出了一套比较符合我国国情的商业银行消费信贷运行机制，这一机制的架构主要包括安全管理方面、经营效益方面和业务的发展扩张三方面的内容。基于商业银行经营安全性的基本目标考虑，构建消费信贷业务安全管理机制，包括预防消费信贷风险的信用评价机制和对风险进行审查与跟踪管理的风险管理机制；基于商业银行价值最大化的最终目标，构建消费信贷业务的经营效益机制，包括消费信贷业务风险补偿的定价机制和引导商业银行改善经营的绩效评价机制；另外需要根据商业银行可持续经营的内在要求，建设能够拓展潜在市场的营销机制，充分利用该机制挖掘潜在的利润，除此之外还应发展包含创新机制的业务发展扩张机制。

建立健全的消费信贷业务信用评价机制是商业银行预防消费信贷业务风险、保障消费信贷资金安全的基础工作。商业银行在经营消费信贷业务时，由于与消费者在信息获取上的不对称，容易导致消费信贷市场上逆向选择和道德风险问题的发生。为此，商业银行需建立反映消费者综合信用情况的信用评价指标体系，形成评价个人信用的统一标准，在此基础上构建合适的信用评价模型，对消费者的信用记录、信用能力和信用风险做出全面的分析，得出科学的消费者信用评价结论，并以此为依据决定是否向消费者提供消费信贷服务和以何种方式、何种附加条件向消费者提供消费信贷服务，保障消费信贷业务经营的安全性。

建立灵敏的消费信贷业务风险管理机制是我国商业银行稳健经营的战略选择。消费信贷风险管理是消费信贷业务运作管理的核心。其内容包括风险因素识别和风险信号采集、风险预警、风险防范和控制等环节。由于消费信贷风险暴露具有一定的时滞性、风险变化过程具有明显的阶段性特征，且消费信贷业务过于集中、法律保障缺乏、信用风险度量模型落后、不良贷款处置手段单一以及风险管理模型缺陷等因素都阻碍了消费信贷业务的长远发展，通过利用 VaR 方法和建立预期违约概率模型来度量消费信贷风险损失、计算消费信贷业务的非意愿性预期违约率，可以达到有效控制风险的目的。在完善商业银行消费信贷风险管理的过程中，健全风险管理体系、引进管理信息系统、强化风险研究和监控、完善相关法律法规、建立覆盖全社会的个人信用信息系统等措施都有利于实时控制和监管我国消费信贷发展过程中出现的各类风险，在控制行业整体风险的同时对于保障国家经济平稳运行具有重要意义。

　　若要提高消费信贷业务的经营效益、合理规避业务中存在的风险，一个科学且合理的定价机制是不可或缺的。消费贷款定价是一个在动态环境下运行的系统工程，通过制定合理的定价机制对消费信贷业务进行科学定价，实现对消费信贷业务的风险覆盖和消化，做到在市场竞争力和业务利润率之间求得均衡。商业银行作为消费信贷产品的供应方，由于是处在利率市场化的条件下，因此能够充分发挥定价方面的自主性，根据具体情况采取不同的利率水平，推出与风险匹配的差异化定价策略。本书根据我国商业银行开展消费信贷业务的运行情况，考虑利率市场化对信贷产品定价的影响，通过对三个消费信贷基本定价模型进行改进，构建了四个新的消费信贷定价模型：第一是通过信用评级的基础，利用我国商业银行在长期信贷业务中积累的历史数据，通过不同等级间的动态迁移矩阵，建立起消费贷款模型，通过科学定价，以实现风险和收益的匹配。二是将现代资本市场中的期权定价原理引入到消费贷款定价中，考虑消费贷款利率、抵押率与违约率之间的关系，建立起贷款定价模型，此方法可以解决有抵押消费贷款定价的风险补偿问题。三是考虑现在商业银行普遍开展资产证券化业务这一现实情况，通过不同结构的 CDO 证券价格，分析 CDO 资产池中贷款的价格。风险补偿问题作为消费贷款定价中的重要一环，凭借修正和补充定价模型能够获得良好的解决方案，这不仅保证也提高了消费信贷业务的经营效益。四是建立了商业银行消费信贷业务的 LPR 定价模型。该种定价方法在一定程度上能够帮助商业银行吸引优质客户，扩大业务范围，但对银行相关业务的风险管理水平也形成了一定挑战。

　　建立科学的消费信贷业务绩效评价机制是商业银行提高消费信贷业务经营效益的必要条件。应坚持科学性与可操作性相结合原则，依据"三性"平衡原理，围绕利润最大化这一主题，体现消费信贷业务的成长性，构建一套系统科学的绩效评价指标体系；根据各指标的特点和性质，在对其进行无量纲化处理的基础上，建立合理的绩效评分模型，并以此为手段，对商业银行消费信贷业务经营效益和经营者业绩进行评价，引导商业银行消费信贷业务经营，提升盈利能力。商业银行应加强内部经营管理及顾客贡献等方面的综合考评，提高商业银行消费信贷业务的经营效率。面对经营与竞争环境的变化，构建科学合理的绩效评价体系。在现有的消费信贷业务评价方法中，以基于AHP的绩效评价法和基于DEA的绩效评价法较为普遍，具有典型性。同时，通过AHP模型和DEA模型的应用可以发现两个模型在消费信贷的最终评价效果方面各具特色，同时也各具独特的优势。

　　建立高效的消费信贷业务营销机制是商业银行扩大消费信贷规模、提高经营效益的客观要求。商业银行通过消费信贷业务营销机制的有效运作，一方面可以使更多的消费者接受和购买其消费信贷服务，从广度上实现消费信贷的规模扩张；另一方面也可向广大消费者推销各种创新型的消费信贷业务，使更多类型的消费信贷业务为消费者所接受，从深度上实现消费信贷的规模扩张。消费信贷营销属于服务营销的范畴，其核心是商业银行通过取得顾客的满意和忠诚来促成相互有利的交换，谋求建立长久的服务关系，最终形成稳定的利润来源并实现自身的长远发展。商业银行应根据自身的经营取向和经营环境，明确市场细分与定位，确定自身经营消费信贷业务的总体规划，采取有针对性的消费信贷营销策略，同时商业银行应当尝试建立更加多元化的营销渠道，只有通过这样的努力，才能有效提高消费信贷业务营销方面的效率，获得更好的营销效果。

　　建立完善的消费信贷业务创新机制是商业银行实现消费信贷业务规模快速扩张和"又快又好发展"的关键环节。一方面，完善的消费信贷业务创新机制是商业银行参与消费信贷市场竞争、在既有消费信贷市场上实现业务规模扩张的需要；另一方面，完善的消费信贷业务创新机制是商业银行拓展消费信贷新兴市场的需要。商业银行需要牢牢把握时代特征，推动消费信贷业务的发展，紧紧围绕消费转型和结构升级，并结合"十三五"规划所提出的"国家大数据战略"，紧跟前沿科技，真正实现消费信贷产品研发、业务渠道、运作方式等方面的创新。

目 录

插图索引

附表索引

1　导　论

　　消费、投资和出口是拉动我国经济增长的三驾马车，其中消费的作用尤其不容忽视。需要排除各种复杂因素的影响，使消费能在经济增长中起关键性作用。从时间维度来观察，2005 年以前我国最终消费对经济增长的贡献率不足 40%。根据 2021 年数据显示，我国最终消费对经济增长的贡献率达到 65.4%，消费重新成为经济增长的第一拉动力，我国也成功地实现了经济增长由投资和外贸拉动为主向由内需特别是消费驱动为主的重大转型。消费信贷是一种信用贷款，一般由银行等金融机构提供给消费者，并用于购买耐消品或支付各种费用。消费信贷是推动消费增长的重要动力，它不但为居民生活带来了便利，更是为商业银行和社会发展做出了重要贡献，因此受到了各界专家学者的广泛关注。

1.1　消费信贷概述

　　消费信贷顾名思义是指为消费者提供的贷款，其本质是商品经济发展的产物，符合经济发展的内在要求。

1.1.1　消费信贷的产生

　　消费信贷的产生最早可追溯到古老的信贷活动。当下通常所说的消费信贷则与经济发展程度相统一，随着城市化与工业化进程而产生，体现了自身规律。从而在宏观上，消费信贷是特定发展程度的经济时期，卖方市场转向买方市场的必然结果；在微观上，消费信贷是消费者理性安排跨期消费、追求一生效用最大化的结果。

就消费者个体来说，由于收入水平的上升，从微观上说，消费需求会从较低的层次逐步向较高的层次发展。与此同时，消费需求向现实消费转化时受限于可支配收入增长。因此，消费者日益增长的消费需求和消费欲望与可支配收入之间存在矛盾。通过消费信贷，人们可以自己的长久性收入作为保障，实现跨期消费，增加自己当期的消费能力。很好地解决了消费者购买欲望与现实购买力之间的矛盾，实现消费的计划性和一生效用最大化。

消费信贷在宏观上可以反映市场的转型过程，在卖方市场条件下，总需求是大于总供给的，从而使市场出现供不应求的情况。在这种情况下，信贷资金会流向资金效率高的投资领域，这些领域的生产经营因此得以扩大，总供给受到刺激，市场逐渐转变为买方市场。随着经济的发展，商品经济逐渐从卖方市场逐渐向买方市场，此时，经济特征为总供给大于总需求，产品供给过剩。信贷资金的配置效率从领域上看，在消费上的配置效率会高于投资，经济发展中的主要矛盾也转变为不足的需求。所以，推动消费信贷的发展，科学合理地安排投资和消费领域的资金配置，把部分资金转向消费领域，能够提高资金配置的总体效率。

从实际情况上说，西方国家在二战以前主要运用收入政策和财政政策来调节消费，消费信贷则是在二战以后才开始逐渐兴起的。从 20 世纪 50 年代西方国家引入作为调节消费重要手段的金融政策开始，消费信贷开始快速发展。90 年代时，西方国家陷入经济衰退，社会有效需求不足，这时各国为了刺激经济，纷纷开始下大力气发展消费信贷。从百分比上来看，消费信贷当时在西方国家整个信贷体系中所占的比例可达到 40%—60%，同时这一比例仍在继续增长，这表明超前消费观念深入人心，居民的消费习惯和消费方式得到了深刻的改变。

在我国，自改革开放以来，我国经济持续快速发展，可购买的商品种类和服务多样化。此时，居民的消费层次及消费需求随着收入和消费水平的不断上升，呈现出多元化发展的趋势。所以，消费需求与消费信贷能互相促进：消费需求的增加能为消费信贷的产生创造必要的条件，为信贷品种的更新提供动力；消费信贷在满足人们的消费欲望，提高生活水平的同时反过来也促进了消费需求的上升。

1.1.2　消费信贷的内涵

消费信贷是消费者在自有资金不够的条件下，用"明天的钱，圆今天的梦"的一种特殊的消费方式，是商业银行、消费金融公司等金融机构与消费者签订协议后，给予消费者一定额度的贷款的一种信用融资形式。消费信贷具有两个独有的特点：首先，从受众来看，消费信贷的发放对象主要是家庭和个人；其次，消费信贷的用途是供个人和家庭消费商品和服务，如房屋、汽车、家电、旅游等。

商业银行消费信贷是依据银行的经营管理规定和制度，以自然人作为借款人，商业银行作为贷款方，向借款方即消费者提供一定数额的贷款，从而帮助借款人支付商品或服务的费用，借款人履行到期还本付息义务的一种信贷业务。消费信贷本质是以消费者未来购买力及信用为贷款基础，通过商业银行资金支持，借助信用方式预支未来收入，满足并刺激个人当期消费需求的一种银行资产业务。

学术界对消费信贷的研究起始于 20 世纪初，但对消费信贷内涵的界定至今为止并没有统一标准。其主要争议在于个人住房贷款是否应纳入消费信贷。消费信贷在美联储委员会的统计分类中被定义为："通过正常的商业渠道发放的用于购买供个人消费的商品和劳务或者用于偿还由此原因而产生的债务的中、短期信贷。"这一定义除了未将个人住房贷款包括进来，几乎涵盖了消费信贷提供者向消费者发放的所有贷款。主要原因是个人住房贷款不仅期限长、贷款数额远远超过中、短期消费信贷，而且它的竞争环境、市场需求和法律要求存在异同，贷款程序也复杂得多。因此，个人住房贷款和消费信贷在西方国家的学术讨论与研究中，是作为两种独立的贷款类别而分别开展研究的。

在我国，中国人民银行在《贷款统计分类及编码标准（试行）》中将消费信贷定义为："贷款人向个人借款人发放的，用于购买住房、教育、购买大件耐用消费品及其他生活消费用途的贷款，包括个人住房贷款、个人汽车消费贷款、助学贷款和其他消费贷款。"消费信贷的定义在各国的实践中，因所在国家或地区的经济制度、社会文化、法律制度、统计标准的差异而有所不同。但是，学术研究上一般都会采取与中央银行或国家统计机构对消费信贷的统计口径相一致的内涵界定。

可以看出，我国央行是将个人住房贷款作为一种典型的消费信贷产品纳入到了消费信贷的统计范畴。虽然在现有学术研究中，部分学者建议剔除个人住房贷款而将剩余部分作为狭义上的消费信贷进行研究，但是，本书认为，住房虽然其兼有消费与投资两种属性，但"住"作为人类最基本的生存条件，只有在家庭住房消费得到满足的情况下，才会考虑投资买房。因此，消费是第一位的，更重要的是，人们常常以个人住房作为抵押来申请购买其他商品和服务的贷款。由于个人住房贷款是商业银行向消费者发放的贷款中重要的一部分，同时个人住房贷款主要由商业银行进行发放，所以构建个人住房贷款的体系对于商业银行建设整体上的消费信贷业务机制有着十分重要的意义。因此，本书更倾向于将个人住房贷款纳入消费信贷的探讨范围。

综上，本书所要探究的商业银行消费信贷业务是基于人民银行对消费信贷的界定，泛指商业银行向消费者提供的以解决收入和支出时间错配问题，进而满足其购买包括住房在内的商品和服务需求的信贷融资方式。当前消费信贷的发展更加重视普惠金融的理念，与以往消费信贷主要覆盖高收入人群不同。消费信贷的供给要有效满足和匹配居民需求，强调将长尾人群纳入到金融服务体系中，以帮助其实现消费计划性和效用最优化。

1.1.3　消费信贷的分类

消费信贷根据不同的标准，可划分为不同的类型。本书基于贷款期限、用途以及信用方式可对商业银行消费信贷进行以下分类。

1.1.3.1　基于贷款期限的划分

消费信贷由于时间期限的长短不同，可以被划分为短期、中期和长期三类。

短期消费信贷的还款期限在一年及一年以下，主要品种包括旅游消费贷款和个人耐消品贷款等。旅游贷款的期限一般为半年和 1 年，而个人用消费品贷款多数在半年以内。

中期贷款是指贷款期限 1 年以上 5 年以下（含 5 年）的消费贷款。我国商业银行当前开设办理的中期贷款主要包含汽车消费贷款、部分个人耐用消费品贷款（最长不超过 2 年）以及大部分的个人助学贷款。

长期贷款是指贷款期限在 5 年以上的消费贷款。长期贷款中以个人住房贷款为典型代表，这种贷款采用的是抵押贷款方式，即消费者可以用自己所购的房屋作为抵押向银行申请贷款，并在较长的时间内分批次还清贷款本息，这是一种典型的长期消费信贷。此外，个人助学贷款可以申请延长到毕业后几年里还清，因而也可能属于长期贷款。

1.1.3.2　基于信用方式的划分

根据信用方式对消费信贷进行分类是常用的一种方式，根据这一标准，可将消费信贷划分为分期付款、按揭贷款、信用卡贷款和反抵押贷款等。

分期付款是一种按月分期偿还，一般用于支付消费者临时费用或购买耐用消费品的贷款。分期贷款的还款期限一般集中在 2—5 年，数额一般由贷款的用途决定，与房贷有所不同的是，大部分分期付款的消费信贷都需要提供额外的担保物，而不能使用所要购买的商品来作为抵押。在国外，分期付款主要用于汽车贷款，国内则主要适用于购买家用电器和大型家具。双方签订的契约的期限，一般为 5 期或 10 期，也就是在首期付款之后，分 5 个月或 10 个月等额偿还其余的部分和利息费用。分期付款既可实行直接贷款的方式（消费者直接向金融机构贷款的消费信贷方式），也可实行间接贷款的方式（指银行给商店贷款融资，商店再以赊销的方式将产品让渡给消费者的信用形式），由消费者选择使用。

按揭贷款是消费者在支付了第一期的购房款后，消费者拥有房屋的不完全产权，因此可将房屋作为抵押在银行申请贷款，银行为其支付剩余购房款的一种消费信贷的形式。购房的消费者在清偿完所有的本息之前，都需要将房产证或购房契约交给商业银行负责保管。清偿完毕购买者才拥有最终房屋产权，收回房产证书或买房契约。在还本付息过程中，只要我们按期还本付息，我们的居住则丝毫不受外界的干涉影响。我国按揭贷款当中，银行会支付其余的50％、60％、70％、80％，即一般为五成、六成、七成甚至八成按揭，并要求贷款申请人首期购房付款应达到规定比例，具有合法的身份证明，申请人平时信誉良好，无失信记录，从而拥有偿还贷款本息的能力。我们可以发现，按揭贷款实际上是一种个人住房贷款，也是一种分期付款，只不过这种分期付款的抵押品就是该商品本身——住房。

信用卡贷款开发和推广对居民的消费方式和消费习惯产生了深刻的影响。信用卡具有支付便捷性和消费信贷的双重功能，成为居民热衷的支付方式，尤其是受到年轻人的追捧。信用卡贷款的特点在于安全、快捷、方便，消费时可不受时间和地域的限制，持卡人利用银行信用消费或赊购货物，事后再付款，形成涉及持卡人、银行和特约商户三方关系的银行信用，实现三方共赢，而不仅限于买卖双方的商业信用，而且，信用卡贷款最突出的特点是，一旦银行授予持卡人一定额度的信用后，持卡人可在该额度内刷卡消费商品和服务，只要持卡人在下月的还款日之前按期还款，就可以循环使用该信用额度，而且不会产生任何的额外费用。因此，信用卡贷款让持卡人的实际消费日与资金付出日产生了分离，其免息循环信用透支让消费者获得资金时间差所带来的利息效用。自21世纪以来，随着我国信用体系建设的不断完善，信用消费环境日趋良好，信用卡信贷表现出强劲的发展势头。截至2018年末，信用卡累计发卡量共计6.86亿张，人均持卡量0.49张。

反抵押贷款是与按揭贷款相对应的消费信贷方式，也是美国比较流行的一种消费贷款方式，其主要特点是：老年人经过一生的辛勤劳动，以按揭等方式拥有了属于自己的一套房产，但随着年龄的增大，微薄的养老金不足以支付这些老年人日常生活所需。商业银行在这个时候就会按一定的时间间隔给予他们资金补助，而房子仍旧归房主所有，并由房主负责房子的维护与修缮，当房主去世以后，银行将房产出售所得归还贷款本息，这一操作方式和"按揭贷款"刚好相反，由银行而不是房主定期支付款额，因此称为"反抵押货款"（Reverse Mortgage）。只不过在我们国家，父子亲情，代代相传的人情观念，使得做父母的年老以后，无论如何也要把房产及其他遗产留给自己的后代。如果要在我国发展这种消费信贷方式，则还需要很长一段时间，还有很长的一段路要走。

1.1.3.3 基于贷款用途的划分

从用途来看，消费信贷可以划分为汽车消费贷款、个人住房贷款、个人耐用消费品贷款、旅游消费贷款、个人助学贷款和住房装修贷款等品种。由于此种分类简单明了，易于操作和接受，是目前普遍采用的分类方式。

个人住房贷款是指银行发放的用于购建各类型自用住房而资金不足的贷款，发放对象为消费者个人。个人住房贷款从分类上来说主要有以下几种：个人住房担保贷款、个人住房公积金（委托）贷款、个人住房组合贷款和住房储蓄贷款。个人住房担保贷款是指贷款人向借款人发放的用于购买各类自用住房的贷款。借款人申请个人住房担保贷款时，必须提供抵押、质押或第三方保证。所以，个人住房担保贷款也相应分为抵押、质押和第三方保证三类，其中个人住房抵押（按揭）贷款是我国消费者接触或使用得最多的一类。个人住房公积金贷款是一种具有政策性质的补贴贷款，贷款人平时按规定缴纳住房公积金，可在购房时以公积金作为还款来源申请住房贷款。住房公积金贷款由住房公积金管理中心委托商业银行代为办理，银行从中收取一定的手续费，并对发放的住房公积金贷款实施优惠利率。住房组合贷款顾名思义，就是住房公积金贷款和个人住房贷款的组合。由于住房公积金存在贷款金额的上限，购房者所获得的贷款额不足以支付所需的金额，这时购房者就需要通过其他渠道来补足，比如通过申请个人住房贷款。这样，住房组合贷款便应运而生。

总之，个人住房贷款是商业银行消费信贷最主要部分，特点是贷款额度大，期限长。

汽车消费贷款是一种新的贷款方式，即银行对在其特约经销商处购买汽车的消费者发放的人民币担保贷款。通常要求借款人具有稳定的职业和偿还贷款本息的能力，信用良好，同时能够提供可认可资产作为抵、质押，或有足够代偿能力的第三人作为偿还贷款本息并承担连带责任的保证人。汽车消费贷款额度较大，汽车消费贷款期限一般为 1—3 年，最长不超过 5 年，是商业银行消费信贷的重要组成部分，其比重仅次于个人住房贷款。

个人耐用消费品贷款是指银行向借款人发放的用于支付其购买耐用消费品的人民币贷款。耐用消费品是指单价在 2 000 元以上，正常使用寿命在两年以上的家庭耐用商品，如家具、家用电器、3C 产品等，但不包括住房、汽车以及房屋装饰材料等。贷款只能用于购买与贷款人签订银企合作协议、承办分期付款的特约商品供应商所提供的耐用消费品，而承办特约商品的供应商必须是贷款人认可的，并与贷款人签订银企合作协议、有一定资质、信誉优良的商品供应商。贷款期限最长不超过三年，一般在半年到两年，贷款时需提供贷款银行认可的财产抵押、质押或第三人保证。

个人助学贷款是银行等贷款机构，为帮助家庭困难学生顺利完成学业而发放的一种贷款，按贷款方式可分为商业助学贷款和国家助学贷款，其中前者性质为担保贷款，而后者为信用贷款。商业性助学贷款是银行这类金融机构，对目前正在学校接受非义务教育的学生或他们的法定监护人、直系家属发放的一种商业性贷款，这类贷款只能用于学生的学杂费、生活费以及其他与学习有关的费用支出。商业性助学贷款的贷款期限最长不超过八年，一般在半年到五年，同时需提供贷款银行认可的财产抵押、质押或第三人保证。国家助学贷款是一种由财政贴息的，旨在帮助高校家庭困难的学生支付在校期间所需的学费、生活费等费用的政策性贷款。国家助学贷款由政府主导，银行、高校与教育部门共同操作，其是一种信用贷款，学生无需办理担保或抵押手续，但仍需承诺按时还款，并承担相应的法律责任。

个人旅游消费贷款是以旅游消费（国内旅游和国外旅游）为贷款用途，对消费者个人而发放的商业性贷款。随着居民收入水平和生活质量的提高，人们对于旅游这一类享受性消费的需求也在快速增加，个人旅游消费贷款专为解决消费者暂时资金短缺而又渴望出门旅游度假二者间的矛盾。同其他类型的消费贷款相比，旅游消费贷款具有期限短、金额小的特点，期限一般为半年或一年，贷款起点金额为 2 000 元，最高额度为指定旅游项目的旅游消费总额的 80％，并且不得超过 5 万元。

住房装修贷款是以借款人或第三人依法有权处分或具有所有权的权利、财产作为抵押物或质押物，或由第三人为贷款提供保证，并承担连带责任的，以家庭住房装修（或商用房装修）为目的而发放的贷款。住房装修贷款为短期贷款，还款期限一般都不会超过五年，且贷款一般以购房者所购住房作为抵押，贷款利率按照中国人民银行规定的同期同档次贷款利率执行。

1.2　消费信贷业务运行相关文献综述

国内外学者对消费信贷业务的研究，主要观点散见于对消费函数、信用评分、风险管理、信贷定价、绩效评价、信贷营销和信贷创新等方面的论著中。其中，消费函数从消费信贷的微观经济主体动机出发，为消费信贷的产生发展提供了理论依据，而信用评分、风险管理、信贷定价、绩效评价、信贷营销和信贷创新则紧扣消费信贷业务的各个环节，研究如何在风险可控的前提下最大化消费信贷业务利润。

1.2.1　消费函数

由于申请和使用消费信贷的目的是为了购买最终商品和服务，对消费信贷的需求在更大程度上是一种"派生需求"或"引致需求"。但在早期，有关消费信贷需求的理论研究多从消费函数及其特征入手。消费函数的研究发展历史大致经历了四个阶段：第一个阶段发生在 20 世纪 30 年代中期到 50 年代中期，这个时期的研究尚处于起步阶段，主要研究消费者支出与收入的关系，具有代表性的理论是凯恩斯（Keynes，1936）[2]的绝对收入假说和杜森贝里（Duesenberry，1949）

的相对收入假说。第二个阶段是 50 年代中期到 70 年代中期，消费函数研究在新古典经济理论的框架内进行，以莫迪利安尼（Modigliani，1954）[3]的生命周期假说（LCH）和弗里德曼（Fridman，1957）[4]的持久收入假说（PIH）为标志，LCH-PIH 奠定了之后消费研究的主要理论框架。到了 70 年代后期和 80 年代初期，受理性预期革命的影响，霍尔（Hall，1978）[5]将理性预期因素引入生命周期和持久收入假说，克服了生命周期假说和持久收入理论本质上是前瞻（forward-looking），但在模型设立和计算方法上却是后顾（back-looking）的矛盾，使消费函数理论具有了现代形式，标志着消费函数研究进入了第三个阶段。近年来，消费函数在理论研究上和实证分析上出现了两个方面的突破，理论上以预防性储蓄理论为代表，实证方面则以新近发展起来的在计量经济领域有着广泛发展前景的误差修正模型（ECM）为代表，标志着消费函数研究进入第四个阶段。

　　早期的消费函数理论，如凯恩斯的绝对收入理论和杜森贝里的相对收入理论仅考虑居民在即期收入预算约束下的效用最大化，消费水平直接与当期收入水平挂钩，借贷行为仅在非常时期（如收入水平不足以支付自发消费的情况下）才会发生，在这些理论中消费信贷对消费的作用尚未突显。而从消费函数发展的第一个阶段到第二个阶段，最大的改进即居民的消费行为被解释为在一生资源约束的条件下的跨期效用最大化，持久收入理论和预防性储蓄理论的潜在假定就是居民能够通过储蓄和消费信贷在一生中合理调配资源。持久收入假说和生命周期假说的正确性取决于现代社会难以完全满足的两大条件的成立：第一，未来是完全确定的，包括收入和消费支出；第二，任何人都不存在流动性约束，可以以相同的利率进行自由借贷，消费信贷的可得性是居民实现一生效用最大化的必要条件。霍尔（Hall，1978）在完全相同的理论框架下引入理性预期，通过随机动态规划解出当效用函数为二次型时，消费服从随机游走，对未来任何一期消费的最佳预期值就是当期消费。然而 Campbell and Mankiw（1989）[6]基于消费总和分析建立了 λ 假说，其实证检验表明，消费对可预测的收入变化有反应，即收入存在过度敏感性（Flavin，1981）[7]，这表明未来确定性和自由借贷至少有一个条件不满足。消费函数理论的进一步发展，使预防性储蓄理论、流动性约束理论和缓冲库存理论成为主流。霍尔（Hall，1978）的随机游走理论的确定性等价的结论是建立在效用函数为二次型的基础上的，而利兰德（Leland）[8]1968年的研究发现，当效用函数三阶导数为正时，在引入不确定性之后，消费者不再只是将财富平均分配于整个生命周期，它还有另外一个防范不确定性事件发生的重要作用。在此基础上很多学者对预防性储蓄理论进行了完善和充实。如Lusardi（1998）[9]的实证分析中指出可以用收入的方差来表示未来收入的不确定性。Kimball（1990）[10]提出了衡量预防性储蓄动机强度的指标——相对谨慎系数。除此之外，在现实中居民可能因为自身或外部因素难以获得信用（Dussenberry，1949），借贷利率的差异（Pissarides，1978）[11]无法实现预期下的效用最大化，因此，流动性约束会使得当前收入对消费的重要性比持久收入更大。流动性约束从两个方面提高储蓄：第一，也是最明显的，每当流动性约束是紧（binding）约束时，流动性约束使个人消费较没有流动性约束时少；第二，即使流动性约束在当期不是紧约束，但在未来必须遵从流动性约束这一事实会减少当期消费（Zeldes，1989）[12]。Jappelland Pagano（1994）[13]的跨国实证研究表明信贷的可得性对储蓄有很大的影响。预防性储蓄理论与流动性约束理论存在内在的一致性，居民很有可能是为了防范未来的流动性约束而增加储蓄，外来流动性的可获得性的程度也有可能成为不确定性的来源。Carroll（1992）[14]结合流动性约束和预防性储蓄假说提出了缓冲库存储蓄模型。在他的模型中消费者既是缺乏耐心（impatient）的，同时又是谨慎（prudent）的，缺乏耐心使得人们急于消费，而谨慎性又使得他们不会消费太多，因此他们的消费与收入大致保持一致，但保有少量的储蓄在收入急剧下降时使用（Kraay，2000）[15]。

在国内研究方面，臧旭恒和李燕桥（2012）[16]对消费信贷与我国城镇居民的消费行为之间的关系开展了实证研究，他们利用2004—2009年这六年的省际面板数据，在扩展的C-M消费函数框架之下进行了相应的研究。实证结果表明，城镇居民的消费行为对信贷条件变动和收入变动同时呈现出了所谓的"过度敏感性"，但在敏感性系数方面，信贷变动带来的影响要远远小于收入带来的影响，并认为当前的消费信贷主要缓解了居民当期流动性约束，促进了耐用品消费的增长，但对非耐用品与服务消费的影响较弱。梁苗苗（2013）[17]在其文章中选用可以量化居民预防性动机强度的 Dynan 模型，运用规范的计量方法考察了中国城乡居民预防性动机储蓄强度的动态趋势变化，并且创造性地选用了中国人口年龄结构变动的衡量指标以中国城乡相对谨慎系数作为因变量进行分析。张安全和雷震（2013）[18]基于预防性储蓄理论，利用 2005—2009 年间中国地级城市的面板数据对我国城乡居民预防性储蓄进行了量化分析，提出一个最优的以家庭为决策单位的预防性储蓄动态模型。结果发现，收入不确定性引起的预防性储蓄至少能够对城乡居民人均金融财产积累做出 20%—30% 的解释，这种不确定性也是引起中国城乡居民储蓄积累的一个重要原因。同时，张安全（2014）[19]将基于常绝对和相对谨慎系数型效用函数模型进行了对比分析，指出了两种模型的相通之处和严格的区别。从消费理论的发展过程可以看出，消费信贷的自由可得性是居民实现一生效用最大化的必要条件，消费信贷的发展水平对居民消费行为模式有重要的影响，这就为我们发展消费信贷提供了重要的理论依据。杨阔（2017）[20]等人认为消费者的消费行为既受到微观因素的影响，比如心理、收入等，也受到许多宏观因素的制约，比如产业结构高级化运动。因此，产业结构跃变是决定消费函数的不可忽视的重要变量。经常性结构跃变能够带来"高收入、高消费率"的消费组合，而结构跃变停滞则会导致"低消费率、低收入陷阱"的组合。他们由此构建了一个从宏观到微观的分析框架，并提出基于结构跃变假说的消费函数理论模型。臧旭恒和张欣（2018）[21]综合了流动性约束和预防性储蓄理论，通过估计暂时性收入冲击下的边际消费倾向以及不确定性引致的财富积累，探讨了不同资产结构下异质性消费者行为的差异。研究结果很好地验证了资产变现难易程度对于流动性约束的影响作用和与消费路径平滑的关系，同时发现了住房资产之所以能够导致流动性约束程度的差异，是通过对居民的预防性储蓄行为产生影响而实现的。周利和易行健（2020）[22]从信贷价值比的视角对房价、家庭债务与消费之间的关系进行了研究。该研究进一步拓展了消费函数，他们构建了一个包含有房家庭与无房家庭在内的消费决定函数模型，并将住房价格、贷款价值比等因素加入其中，研究发现家庭债务对居民消费的杠杆显著而信贷价值比对消费存在门槛效应。李波和朱太辉（2022）[23]基于异质性主体假说下的家庭负债与违约关系理论框架，设置了一个能够将财务脆弱性引入家庭跨期最优消费决策的消费函数模型，这一模型探讨了债务杠杆和财务脆弱性对家庭消费支出和边际消费倾向之间的作用路径，得出了财务杠杆上升会使得财务脆弱性增加从而会对消费产生抑制效应，而民间借贷则可以缓解财务脆弱性对消费的这一抑制作用的结论。朱菲菲和陈靖等（2022）[24]构建居民消费的外生冲击函数模型，探讨了新冠肺炎疫情背景下外生冲击对居民消费的影响。这一模型丰富了消费函数在外生冲击、居民消费受损程度匡算等方面的内容。研究表明新冠肺炎疫情显著抑制了居民消费，而金融参与度如参与信贷等能够显著缓解外生冲击对消费的抑制作用。康书隆（2022）[25]等则从公积金运营的流动性视角丰富了传统的消费函数。他们将公积金贷款、流动性约束以及借贷约束等因素引入了消费模型，构建了流动性压力下，公积金对缴存家庭贷款决策与消费的影响的模型框架。最终得出了借贷约束会显著降低缴存家庭使用公积金贷款的概率，使得家庭因购房成本增加而降低消费。

1.2.2　信用评价

伴随着消费信贷业务的拓展，竞争也越来越大，因此如何管理好消费信贷资产就催生了消费信贷评分。国内外关于个人信用的评价方法主要有三类：统计学方法、非统计学方法以及组合方法。统计学方法主要有判别分析法、回归分析法和贝叶斯网络分类模型等；非统计学方法主要有线性规划法、K最近邻分析法、决策树方法、神经网络法、遗传算法和支持向量机法等；组合方法则是通过一定的方式，将单一模型进行组合，以提高个人信用评分的准确性。

信用评分实质上是将一个总体按照不同的特征分成若干个不同组的一种方法，这种将总体划分成不同的组的思想在统计学中最早是由

Fisher（1936）[26]提出的。个人信用评分方法的最初使用可以追溯到 20
世纪 30 年代。当时，在美国阿尔登斯公司工作的著名统计师亨利·威
尔士首先采用数量化方法对消费者个人的信用申请进行打分，并运用
于预测贷款的提前偿还风险中。David Durand（1941）[27]第一个意识到
可以将判别分析用于信用评分系统，以区分"好"的贷款和"坏"的
贷款，从而对贷款的信用风险进行评价。这一办法从此在金融界以及
学术界都得到了广泛的应用与讨论。Earl Isaacs 和 William Fair 在 1958
年利用判别分析法设计了一个信用评分系统。而 Myers 和 Forgy
（1963）[28]在研究中使用判别分析以及回归分析，对消费者的信用风险
进行了预测。Gleit 和 Rosenberg（1994）[29]研究了将判别分析法用于信
用评分时所产生的问题。Eisenbeis（1977）[30]则把成为一种评估方法的
判别分析法推广到了金融、商业以及经济领域。Orgler（1970）[31]研究
回归分析法时，把线性回归分析用在了消费者贷款的信用风险评估上，
该研究未将线性回归分析用于对借款人的信用风险评估，而是借助线
性回归分析设计了一个评价未偿还贷款的评分卡。其他借助线性回归
方法研究信用评分的学者有 Fitzpatrick（1976）[32]和 Henley（1995）[33]。
Wiginton（1980）[34]为了弥补线性回归分析在应用于信用评分时存在的
明显缺陷，对其进行了深入细致的研究，发现虽然 Logistic 回归模型在
信用评分领域被广泛采用，但其与线性回归分析之间的差别并没有想
象中大。Bierman（1970）是最先使用贝叶斯相关理论在个人信用评估
研究中对个人信用进行评估的。他发现，当已知先验概率且在贝叶斯
网络分类模型中时，个人信用贷款还款概率可以成为一个符合 β 分布
的随机变量，且其不能再通过历史样本信息进行计算。Thomas
（1994）将历史还款情况增加到了个人信用评估这一工作中，他通过使
用贝叶斯方法，将随机变量设定为还款概率和最大还款金额，对模型
中的变量做出了许多改进和修正。他的这一做法在实证研究的过程中
也取得了非常好的效果。Kim Larsen（2005）对包括个人信用评估在
内的二元分类问题进行了详细的研究，在研究中，其主要采用了广义
朴素贝叶斯分类模型。20 世纪 80 年代后，个人信用评分领域也越来越
多的应用非统计学方法。Mangasarian（1965）很早就意识到线性规划

方法可以运用于分类问题，但研究相关问题的学者一直比较少，直到 Glover 和 Freed（1981a，b）[35]发表他们的研究成果以后，这个问题才引起越来越多专家学者的兴趣。有些学者对线性规划方法与统计学方法的效果进行了比较，Stam 和 Joachimsthaler（1990）[36]就对该领域 70 多篇文献进行了全面的综述，尽管绝大部分文献都认为线性规划方法与统计学方法的效果相当，但 Jackson、Nath 和 Jones（1992）[37]通过研究发现统计学方法在某种程度上要优于线性规划的方法，这三人在内的许多专家学者在信用评分领域做了大量的研究，他们普遍认为统计学方法要更具优越性。这主要是因为统计学的方法相较线性规划方法，在意义方面要更加直观，而且线性规划本身也存在着许多固有的问题，不利于相关研究的开展。K 最近邻分析法最早由美国统计学家 Cover（1968）提出，Henley 等（1996）将其应用到个人信用评估中，最终通过实例研究对 K 最近邻分析法在个人信用评估中应用的可行性进行了验证分析，确定了方法的可行性。但是，王远庆（2009）通过研究发现，当数据维数较高时，散落在高维空间中的样本量会显得十分稀疏，即使是在样本量很大的情况下，很多点附近也不会存在样本点，从而出现了被学界称为"维数祸根问题"的情况，这就导致近邻法在很大程度上无法使用，所以高维数据并不适用近邻模型。Carter（1987）在对个人信用评估的研究中使用了决策树法，结果表明该方法相比普通的线性模型提高了信用分类的精度，但问题在于一旦使用决策树法，计算会变得相当繁琐，特别是当变量数增加时。因此在做信用评估时，随着数据量的增加，工作人员的工作量会大量增加。通过实例研究，Boyle（1992）进一步证明了决策树方法优于判别分析法。随着时代的发展，信息技术和计算机变得越来越重要，与之相关的遗传算法、神经网络等 AI 方法也逐渐被运用于个人信用评分的研究。Odom（1990）[38]是第一位运用神经网络方法进行信用风险评估的学者。Davis（1992）[39]就神经网络与其他方法进行了比较，认为神经网络能够很好地处理那些数据结构不太清楚的情况，但其训练样本时间较长。另外，在分类不当的情况下错判的比例较高。Hajek（2011）[40]通过研究发现了神经网络在信用评分领域运用中的许多优缺点，在特征变量呈非线性关系时，神经网络优势明显，但其具有的结构难以确定、稳定性差等特点也限制了其在该领域的应用。Holland 在 1975 年提出了遗传算法，这是一种能通过模仿生物进化过程来得出最优决策的随机搜索优化算法。Ireson（1993）和 Fogarty[41]首次在个人信用评分领域使用遗传算法，开遗传算法运用之先河，后来 Michalewicz（1996）[42]进一步探讨了运用遗传算法构建个人信用评分模型。Bo-WenChi 和 Chiun-ChiehHsu（2012）[43]认为过去大多数银行都是通过使用的一维信用评分模型来衡量客户风险，因此作者在其文章中通过遗传算法将银行的内部行为评分模型与外部信用评分模型相结合，构建的双重评分模型来对客户信用进行评估，结果表明，双重评分模型的预测能力要优于一维行为评分模型和信用评分模型。而 Vaclav Kozeny（2015）[44]为了评估在信用评分中遗传算法使用的不同适应度函数的预测性能的差别，提出了一种基于可变的位掩码适应度函数，结果表明，可变位掩码在准确度和灵敏度方面均优于其他方法，同时 Wilcoxon 符号秩检验和 t 检验也表明，这些结果具有统计学意义。Baesens 和 Gesazztel（2003）[45]认为支持向量机方法明显优于神经网络方法和线性回归，他们首创性地将支持向量机方法运用于信用评分领域。国内外学者在这一方向也做了大量的研究。比如 Lee Ing 和 Tong Lee Cheng Lin（2011）采用了支持向量机理论对台湾信用数据进行实例研究，并对信用评估进行建模。支持向量机存在许多有待解决的问题，比如"黑箱"特点，比如它暂时没有确定的公式可用于计算，但其在个人信用评分方面还是具有不错的应用前景。

个人信用评分的研究热点近些年来发生了变化，学者们之前一直致力于继续探索新方法，但随着组合方法的出现，研究热点也逐渐开始向这个方向进行转移。Rishmi 和 Malhotra（2002）[46]认为模糊逻辑系统以人脑处理不确定信息的方式为基础构建评分模型，神经网络模型则更多地表现为一种模拟人脑物理结构的软件或硬件。在智能系统中神经网络和模糊逻辑是两种互补的设计。两种方法都有他们的优势和不足。人工神经网络对于决策的过程以及各种规则应用结构无法做出直观的解释，而模糊系统则缺乏学习能力。因此，有学者主张将模糊理论和神经网络有机结合提出模糊神经网络模型，取长补短，提高了整个系统的学习能力和表达能力。模糊神经网络具有神经网络自学习的特点和模糊系统可解释性的特点。运用该系统对商业银行信用风险评级、网络预测误差小，优于神经网络黑箱操作。石庆焱（2005）[47]将其他特征变量和神经网络模型的输出结果一起用作 Logistic 回归模型的自变量来建立信用评分模型，他提出的该个人信用评分模型主要运用了因子分析法来解决 Logistic 模型中存在的多重共线性问题，这种神经网络-Logistic 回归的混合两阶段模型具有两种模型都没有的优点：在稳健性方面比神经网络模型好，在预测精度方面又要优于 Logistic 回归模型。姜明辉（2007）[48]运用线性方法将 RBF 神经网络模型与 Logistic 模型的预测结果进行创造性组合，结果表明组合模型在第二类误判率和总体预测精度上具有优势。Steven 和 Finlay（2011）[49]提出了多种 bagging 和 boosting 集成个人信用评分模型，并在与传统单一模型对比后发现，bagging 和 boosting 集成个人信用评分要明显优于传统单一模型。姜明辉（2014）[50]等认为基于 CBR 的个人信用评分模型在案例检索环节假设特征集中各特征变量具有相同权重，与个人信用评分实际不符，在案例修正环节假设相似案例权重相等，导致已有数据信息无法得到充分利用，针对这些局限性，其设计了能结合 Logistic 回归的稳定性与 BP 神经网络的高精度的基于 Logistic 回归-BP 神经网络的权重调整算法，用它来计算各特征变量的权重以及个人信用评分，优化案例检索，并且设计了基于距离的投票算法来对案例修正进行优化，并计算各相似案例的权重。Fatemeh Nemati Koutanaeia, Hedieh Sajedib 和 Mohammad Khanbabaei（2015）[51]在数据挖掘模型的基础上分析探讨了混合模型在信用评分中的应用表现差异，经过数据验证，ANN-AdaBoost 在信用评分中是表现最好的分类算法，而 NaïveBayes，NaïveBayes-AdaBoost 则是表现最差的分类算法。潘甦和刘占峰（2019）[52]提出了两种基于模糊粗糙集实例选择的新型混合算法。这两种算法仅与数据集的数据结构有关，不受其他外部参数影响，且针对不同结构的数据集表现出了各自的特性。黄志刚（2019）[53]等人发现：基于多源数据的普适模型栈评分框架不但灵活、普适，其评分有效性也比单个 XGBoost 信用评分模型更好。他们将机器学习模型与传统评分卡模型进行了完美的融合，解决了机器学习模型在信用风险管理中可解释性差的问题。陈秋华等（2020）[54] 利用 UCI 德国信用数据集，通过对多分类变量进行虚拟变量编码，更新了能有效评估贷款申请人的信用风险的信用评分模型。他们将自变量的交互项加入到 Logistic 模型中，采用 AUC 和 KS 指标作为评价指标，与随机森林、支持向量机以及 XGBoost 模型等典型的信用评分模型进行了分析对比，研究发现广义线性模型 Logistic 模型预测的效果较好，且交互项能够优化模型。李焱文等（2021）[55] 则基于互联网个人小额消费信贷探究了个人信用风险评分与信贷违约风险之间的关系。研究发现在互联网大数据的个人信用风险评分系统下，传统的信用评分卡和第三方专业机构研发的欺诈评分卡均能够有效预测网络借款人的违约风险，大数据信用风险评分高的借款人逾期违约率也更高。

1.2.3　风险管理

消费信贷资产的风险管理方面，伴随消费信贷业务的持续拓展，已经成为银行信贷资产管理的重要内容。西方商业银行已经发展了 300 多年，这一漫长的历史发展进程为西方商业银行的信贷风险管理建立了有效的制度安排，奠定了坚实的理论基础。可以说银行信贷风险管理理论经过了两个多世纪的不断发展，已然成为一个十分系统完善的科学体系。专家学者们在商业银行的各类业务风险管理中充分运用了信贷风险管理理论，其中就包括了消费信贷业务。

国外早期许多文献涉及信贷配给以及信贷合约中的抵押条款功能。Weiss 和 Stiglitz（1981）[56] 认为银行贷款的风险会因银行抬高抵押门槛或提高利率而增加，这一方面可能令借款者将款项投资于风险较高的项目，另一方面也会打击优质投资者的信心，从而降低银行利润。Klein，Leffler（1981）[57] 指出，现期背弃承诺而获得的利益小于潜在的长远经济利益是信誉在竞争市场上受到重视的条件。金融经济中的一条基本原则是将风险放在资产组合的背景下进行讨论。一项资产的风险取决于这项资产对整个资产组合所带来的风险的增加。David 和

Nicholas（2006）[58] 指出资产组合风险的研究一般应用于股权研究，很少有将消费信贷在资产组合的水平上进行讨论。消费信贷发放机构通常通过个人信用评分来控制单个申请人的风险。但是消费信贷资产组合的波动性在更大程度上取决于各个组成部分的违约风险的协方差。因此，消费信贷发放者应该关注单个信贷资产之间的协方差。对于风险的量化管理经常使用的风险量化指标有三类：一是当潜在的市场参数发生变化时，目标变量的敏感程度。二是目标变量的波动幅度，可以从统计上反映该变量相对于平均值的离散程度，在统计上表现为偏差、方差、标准差。三是损失风险指标，可以显示出不确定因素对目标变量的负面影响。由 JP 摩根公司开发的 VaR 模型即属于第三类，它将敏感型、流动性和不确定性的负面影响混合在一起。国际清算银行（BIS）于 1998 年规定，目前在 G-10 的银行应用内部模型管理市场风险，包括一般风险（general risk）和特定风险（specific risk 包括 concentration risk，spread risk，downgrade risk，default risk），并且运用这一模型来确定每日的监管资本。这一监管的下一步骤即通过建立 VaR 框架来管理信用风险。但是这一方法的应用存在很多问题，以价差风险（spread risk）为例，价差风险同时与市场风险和信用风险有关。如果把价差风险与市场风险和信用等级下降的风险直接相加有可能带来风险的重复计算。

为了解决这些问题，20 世纪末国际银行界将资产管理理论应用于银行风险管理领域提出了一系列资产组合管理模型，被称为现代资产组合理论（morden portfolio theory MPT），主要包括 Creditmetrics 模型、KMV 模型、Creditmetrics＋模型和 Credit portfolio view 模型。资产组合理论最初由 Markowitz（1959）[59] 提出，开创了资产组合管理的先河。他的主要观点是：鉴于资产组合收益只是个别资产收益的平均数，资产组合的风险将小于个别资产风险的加权平均数；每项资产的风险由两部分组成，即可以分散的非系统风险和不能分散的系统风险。Sharp（1964）[60] 和 Lintner（1965）[61] 的研究表明，在均衡的条件下一项资产给投资者带来的风险取决于给该投资者所持有的分散化的资产组合带来的风险。1997 年 JP 摩根公司发布 Creditmetrics 模型[62]，该模型以信用转移（creditmigration）分析为基础，即在既定时间内（一般为一年）一种信用水平变为另一种信用水平的概率，用它来度量将来贷款资产组合的价值分布，模型强调资产者价值变化只与信用转移相关，利率按确定好的轨迹运动。KMV 公司在 20 世纪末开发信用风险管理方法的同时还开发了一个数据库以评估违约概率以及与违约和信用转移有关的损失分布[63][64]。KMV 对 Creditmetrics 模型提出了批评，认为该模型的主要缺点不在于方法，而在于它依赖于历史上的平均违约频率和信用转移为基础的转移概率。KMV 模型与 Creditmetrics 模型的区别在于，它基于个体的预期违约率（EDF）而不是由评级机构提供的每个信用级别历史平均的变化频率。以上两个模型都以 Merton（1974）[65]资产价值模型为基础，区别只在于出于操作便利考虑而使用了不同的假设。Ching-Chiang Y. 等（2012）[66]则提出将市场信息作为预测变量来建立信用评级预测模型，并利用 KMV 来评估各公司的市场信息，同时结合随机森林（RF）和粗糙集理论（RST），结果表明，以市场为基础的信息在信用评级预测中提供了有价值的信息。1997 年末 Credit Suisse Financial Products（CSFP）发布了一种新的方法——Creditmetrics＋模型[67]，这一模型只强调违约，它假设贷款违约服从泊松（Poisson）分布，通过随机违约率概念将信用转移风险部分涵盖在内。现在麦肯锡（Mckinsey，2000）[68]也开始使用自己的模型——Credit portfolio view 模型，和 Creditmetrics＋模型一样也仅仅度量违约风险，它通过构造离散的多期模型，把违约概率看作宏观变量的函数，如失业率、利率、经济增长率、汇率、政府支出等。Saunders（1999）[69]认为 Sharpe（1964）和 Lintner（1965）的观点适用于一切资产，包括消费信贷，即：在均衡的条件下，消费信贷的市场价格取决于单个贷款的加入对市场组合风险带来的影响。由于这一原因使得消费信贷发放者应该关注单个信贷资产之间的协方差。David 和 Souleles（2006）将资产组合方法（portfolio view）运用到消费信贷的分析中，通过使用信用数据来估计单个消费者的协方差风险，来分析影响协方差风险的人口统计学因素，同时分析影响信用评分截面数据分布的影响因素，并得到两个重要结论：不同的消费者的协方差风险存在系统性差异。年轻的、低收入水平的、租房的以及来自于高离婚率和低健康保险覆盖率的州的消费者协方差风险较高,这一类消费者也倾向于得到一个较低的信用评分。不论从截面数据还是时间序列数据来看,消费者获得的信用额度与他的协方差风险呈明显的反向变动。这一结论隐含了在确定发放消费信贷额度的过程中,发放者在一定程度上考虑了消费信贷协方差风险的影响。但是如果消费信贷发放机构能够更加系统地考虑单个消费信贷的协方差风险,将会给消费信贷发放者带来更大的收益。但是在此之前,Francesco(2005)[70]对现代资产组合理论在消费信贷领域的应用提出了质疑。有两方面的原因使得 MPT 在消费信贷风险管理出现偏差,一方面,不同类型的贷款收益和风险服从不同的分布,就消费信贷而言,贷款收益的对数是服从非正态分布的随机变量;另一方面,不一定所有的决策者的效用函数都是二次型的效用函数。因此,在他的研究中使用了不需要对消费信贷收益分布进行限定的状态偏好模型(state preference model)来决定消费信贷的最优组合。这是一个包含最优化问题的一期的静态模型,目标函数是使得在多种约束条件下的以银行价值为自变量的期望效用函数最大化。Maria Rocha Sousa,João Gama 和 Elísio Brandāo(2016)[71]则在其文章中提出了一种新的信用风险评估模型框架,扩展了当前盛行的建立在历史数据上的静态设置信用评分模型,其框架模仿电影制作的原则,通过快照序列来进行模型的组合。由于在银行业,普遍使用的信用评分模型是从静态的窗口中发展而来的,且多年保持不变,这些模型对变量的变化并不敏感,就像 Sousa,Gama 和 Brandāo 在美国观察到的上一次全球危机诸如违约率上升和突然的信贷削减等变化,然而,由于新的动态模型允许其对时间和变量变化进行重新学习,因此这个问题在新模型中可以得到很好的解决。

我国进行商业银行信贷风险管理的研究较晚,始于 20 世纪 80 年代末,随着商业银行信贷业务的广泛开展,对信贷风险的研究也日趋丰富。关于信贷风险以及消费信贷风险的成因,钟伟(1998)[72]等人从金融体系的内在风险性出发,阐述了信贷风险形成机理。石汉祥(2003)[73]认为必须引入全面风险管理理念进行全方位的综合治理,主要包括内部管理、外部环境治理等多个层面。同时指出机制不健全、银行风险管理水平不高、员工素质不高等内部原因以及企业逃废债、行政干预、金融市场发展滞后等外部因素是形成国有银行信贷风险的重要原因。蒋放鸣（2003）[74]指出商业银行风险管理落后产生信贷风险的内在机理，并从风险文化、风险监控模式、风险监控流程、风险度量和风险转移五个方面提出相应对策建议。陈杰（2006）[75]等人从消费信贷内部审计的角度出发，通过对消费信贷不良贷款的分析，对消费信贷潜在风险及成因进行深入研究。关于消费信贷风险的识别和评估，杨大楷（2005）[76]等人从我国消费信贷总量状况出发，通过分析银行消费信贷内部结构、客户风险、制度风险及法律政策风险，提出建立个人信用管理制度、充分利用客户信息分析法、逐步试点个人破产制度、建立银行内控体系及风险转嫁渠道等防范措施。吴必翱（2014）[77]通过分析我国商业银行小额贷款的风险管理方面的缺陷，从机制改革和流程创新方面提出改进意见，并以阿里小贷新型风险管理案例论证了其观点，指出阿里小贷在风险管理上的优势——较完整的交易数据库以及相对成熟的信用评价体系，强大的数据分析和数据支持决策能力，独特的封闭流程，恰当的抵押物是其能在竞争激烈的小额贷款市场上脱颖而出的重要原因。谭德俊（2014）[78]则运用概率统计理论推导出了商业银行各种类型风险损失分布和以它们为分量的向量分布，实证研究得出信用风险损失和市场风险损失均近似服从正态分布、操作风险损失近似服从对数正态分布且其尾部近似服从广义帕累托分布的结论。在此基础上，通过研究不同类型风险的相关性，得到了含一种类型风险以及多种不同类型风险的资产组合的集成风险模型与经济资本计量方法。杨秀云（2016）[79]等人通过对国际上常用KMV模型、Credit Metrics Risk＋模型和Credit Portfolio View模型三种信用风险管理方法的优缺点和适用性进行对比分析，认为KMV模型最适合我国的国情和金融市场环境。应展宇和黄春妍（2019）[80]认为金融市场和金融中介之间的动态竞争以及由此导致的创新螺旋将使得金融体系中制度、市场和技术不断趋于成熟，或者说金融体系自我支持定价和交易金融风险的工具创新能力的不断提升，金融风险管理功能趋于强化，相应地金融体系的构成也日益复杂化。宫晓琳（2019）[81]等人基于概率统计领域的国际前沿突破与相应参数估计方法的创新发展，系统性提出兼容无穷可能不确定性分布的风险审慎管理模型 GE-VaR 与 GE-ES，进一步地，通过与公认最有效的风险测度方法相比较，证实纳入概率分布不确定性的风险管理模型的敏锐性与审慎性，以及对中国现阶段高波动率、相对高风险、高不确定性市场特征的适用性。王正位等学者（2020）[82]创新性地利用了真实的微观信贷数据对不同信息的信息含量进行了比较，探究了消费行为信息在个人信用风险评估中的信息含量。研究发现传统的征信信息很难有效识别借款人的信用风险，而基于大数据的风险管理措施则能够显著弥补这一不足，因此认为在当代的信贷风险管理中应注重对大数据技术的使用。黄益平和邱晗（2021）[83]认为大科技信贷这一信贷风险管理框架对于风险管理具有重要意义。他们利用我国某家头部金融科技公司的信贷数据探讨了大科技信贷在中小企业贷款领域的信用风险管理框架的工作机制和相关的宏观影响。实证分析表明大数据风控模型相较于传统的风险管理模型，能够更加精准地预测违约，从而达到有效降低信用历史较为缺乏的借款人的融资门槛，提高金融普惠性的目的。

1.2.4　产品定价

自从人类社会产生资金的借贷行为以来，贷款人就必须面对如何确定贷款价格的问题，即如何确定不同条件下贷款利率的高低。美国1982—1986 年的利率市场化过程中，商业银行倒闭数量增加，使得商业银行更加深刻地意识到贷款合理定价的重要性。Peter（1996）[84]将西方发达国家商业银行贷款利率定价模式归纳为三类：成本加成模型（cost-plus loan pricing），即把价格确定为由成本加上目标利润；价格领导模式（pricing leadership），即通常所说的利率加点模式，这一模式的基本操作程序是：选择某种基准利率为"基价"，根据信用等级、风险程度的差异在基准利率基础上加点，或乘上一个系数；客户盈利分析模式（customer profitability analysis），这一模式要求银行在为每笔贷款定价时，考虑客户与银行各种业务往来的收益和成本，以此为基础确定特定客户的贷款利率。三种方法的核心点在于风险报酬率的确定。在消费信贷利率的确定过程中，对消费者信用风险的风险补偿的定价成为难点。一方面，相对于市场风险而言，信用风险具有自身的特点（Francesco M. P.，2004）[85]：由于贷款收益固定的特征，使得因信用风险而带来的消费信贷损失服从非正态分布；由于信息不对称，使得银行无法按照盯市原则调整信用风险价值。另一方面，信用风险具有明显的非系统风险的特征，管理信用风险的最佳手段莫过于多样化。如此一来，基于 Markowitz 资产组合理论而建立的资本资产定价模型（CAPM）（Markowitz，1952，1959）和基于组合套利原理而建立的套利定价模型（Ross，1976，Huberman，1982）都只对系统性风险因素进行了定价，无法应用到对信用风险因素进行的定价过程中（Howard，1995，Israel，2002）[86]。

　　为了克服这些困难，大量研究借助一定的数理模型，以预期的现金流为基础，并考虑到相应证券的协议特征和预期现金流的不确定性等因素进行定价。Saikat Nandi（1998）[87]，Jarrow 和 Proter（2004）[88]认为，根据对违约的可预测程度以及企业价值是否为定价方程所需的一个输入参数，可以将当前所有关于信用风险定价的方法和模型划分成两大类别：结构化方法（Structural approach）和简约型方法（Reduced-form approach）。Merton（1974）第一次将结构化的思想应用到资产定价。在他的研究中将违约定义为一种期权，企业未来价值的不确定性是企业违约风险的来源。在这一背景下将企业资产总价值作为定价公式的一个输入参数，并假设企业价值的变化服从扩散过程，利用 Black，Scholes（1973）和 Merton（1973）的期权定价理论对违约风险证券进行定价。由于 Merton（1974）结构化模型的假设过于严格，在实际应用中存在很多局限性。Black 和 Cox（1976）[89]放松 Merton（1974）模型中企业只在债务到期日才发生违约的假设，提出了所谓的"第一阶段模型"（First Passage Model（FPM）），允许企业在债务到期前的任何时间可发生违约。Ronn 和 Verma（1986）[90]，Kim，Ramaswamy 和 Sundaresan（1993）[91]，Nielsenetal（1993）[92]，Longstaf 和 Schwartz（1995）[93]，Briys 和 deVarenne（1997）[94]，Acharya 和 Carpenter

(2002)[95]等人则考虑了无风险利率为随机过程情形下的结构化模型。为克服 Merton（1974）模型中处理企业资本结构中拥有两种以上债务时，先确定优先权的先后顺序所带来的不便，Zhou（2001b）[96]，Giesecke（2002，2003）[97][98]，Schonbucher（2000）[99]，Finger（1999）[100] 和 Frey，McNeil 和 Nyfeler（2001）[101]等人进一步考虑了多个债务具有相关性的债务组合情形，并构建了所谓的因子模型。结构模型最明显的特征即将企业价值作为定价方程中的一个必要参数。但是事实上，企业当前的市场价值不同于 Black-scholes 期权定价方程中的股票价格，无法通过盯市随时进行调整。Jarrow 和 Tumbull（1995）[102]提出简约型模型（Reduced model），简约型方法并不明确地将企业资产价值的变化同企业的违约事件相联系，也不利用企业价值变量对违约事件进行精确的定义，在使用该模型的过程中并不需要估计与企业价值相关的一些参数。而是直接利用一个外生变量或参数对企业在任意时刻（或任一瞬间）的违约概率进行描述，因而在这类模型中，企业可以在任一瞬间发生违约，且具有正的违约概率，这种瞬间违约的可能性通常被称为违约风险率（hazard rate of default）或违约强度（default intensity），因此，简约型模型有时也被称为违约风险率模型或违约强度模型，Chuang-Chang Chang，Ruey-Jenn Ho 和 Chengfew Lee（2010）[103]在其文章中探讨了两种使用期限结构的贷款违约概率定价，第一种方法是在调整债券和贷款回收率之间的差异后，使用信用利差期限结构来定价；第二种方法则将违约概率纳入无套利定价，并利用流动性风险得到一个估计的信用利差。研究这类方法中具有较深影响力的代表性文献还包括 Jarrow，Lando 和 Tumbull（1997）[104]，Madan 和 Unal（1998）[105]，Duffle 和 Singleton（1999a）[106]，Embrechts，McNeal 和 Straumann（1999）[107]，Kijima 和 Muromachi（2000）[108] 以及 Hughston 和 Turnbull（2001）[109]，Schonbucher 和 Schubert（2001）[110]等。近年来关于这两类方法究竟哪个更好，理论界和实务界在观念上有着巨大的分歧，Bielecki 和 Rutkowski（2002）[111]，Rogers（1999），Duffle（2003）[112]以及 Jarrow（2003）[113]等人都对此进行了深入细致的研究，他们之间也因此进行过多次激烈的辩论。Wendy Edelberg（2006）[114]的实证研究表明，随着 90 年代中期以来，银行在消费信贷领域对以风险为基础的贷款定价应用的增多，消费信贷业务取得了较大的扩张。一方面，由于能够较为准确地确定高风险申请人的风险溢价，高风险者获得了更多取得消费信贷的途径；另一方面，低风险者由于其贷款价格相对下降，也增加了对消费贷款的需求。Walid Marrouch，Rima Turk Ariss（2011）[115]认为均衡的贷款利率是成本价格确定贷款、生产效率、市场结构以及金融中介的瓶颈，并提出了一个通用的存款和贷款利率之间的寡头模型。Lars Norden，Consuelo Silva Buston，Wolf Wagner（2014）[116]认为信用衍生产品对贷款定价的影响可能从其他渠道体现，银行的信贷衍生产品与净头寸不相关，而与贷款利差的在总位置上显著相关。Kizilaslan 和 Christopher（2010）[117]认为现金和现金储备依赖于信贷额度，两者是显著相关的。另外行业风险与有担保的借款呈正相关。资产的流动性也会影响一个公司的总回收率、经营风险以及公司贷款定价和依赖流动性的现金来源。Weifang Lou，Xiangkang Yin（2014）[118]研究了在 2008 年全球金融危机期间澳大利亚的住房抵押贷款定价和销售，结果表明金融危机显著改变了银行的贷款定价行为，并且对不同的银行影响程度各异，这取决于其资产规模、存款来源和流动性资产数额。

在国内，最早开始研究商业银行贷款定价的是牛锡明（1997）[119]，他认为由于贷款的风险程度、贷款费用、借款人信用等因素不断变化，市场就需要一个确定的贷款利率基本尺度，而贷款平均收益率就是每一笔贷款利率的标准尺度。毛捷和张学勇（2009）[120]基于我国利率市场化改革的背景，认为贷款定价已有的研究假设与我国实情存在一定差异，因此，他们根据相关理论模型和我国相关的经验事实，设计了一个基于亚式期权定价方法的内生违约贷款定价模型，并进行了模型的算例分析。宋磊（2012）[121]通过实证分析发现违约风险水平、资金成本与银行贷款定价水平具有显著正相关关系，而其他变量则没有表现出显著关系。刘振华和谢赤（2014）[122]考虑到贷款持续期内基准利率、贷款客户信用等级以及客户贡献的不断变化，基于现有的领导价格贷款定价模型，构建了一个商业银行动态贷款定价模型。该模型能使商业银行根据贷款业务的实际情况适时地调整贷款利率，有助于商业银行确定更为合理的贷款利率以完善信贷管理体系。孔春丽、张天龙和张同建（2015）[123]在利率市场化进程分析、贷款定价现状分析、贷款定价基础理论解析和贷款定价模式解析的基础上，指出我国商业银行贷款定价存在的问题，主要是风险和收益之间缺乏匹配、定价方式随意性较大、贷款定价机制僵化、贷款定价的业务数据不足等，并认为我国商业银行贷款定价的主要深化策略是确定内部资金转移价格、构建信贷风险评价体系、建立运营成本分摊系统、构建贷款定价信息系统、构建科学的贷款定价激励机制。董晓林、吕沙和张惠乾（2016）[124]认为当前农村商业银行要做到科学合理的贷款定价需要在定价时注重对于小微企业违约概率的衡量，并由此选择适合企业特征的预测模型，进一步创新贷款技术，在这种情况下，可以在控制小微企业贷款风险的同时降低整体的小微企业融资成本，缓解小微企业融资贵的难题。段永琴和何伦志（2021）[125]研究了数字金融对银行贷款定价市场化的作用机制。他们认为数字金融对银行贷款定价市场化具有显著正向的作用，且其中大数据等数字技术能够有效提升银行贷款利率定价技术水平，因此是促进银行贷款利率定价市场化的核心动力。杜崇东等（2021）[126]则探讨了利率并轨对商业银行存贷款定价的影响。他们以银行净息差作为反映银行存贷款定价能力的代理变量，实证研究结果表明利率并轨能够通过影响银行的生息资产占比、管理决策层的风险偏好、信用风险等因素来导致净息差水平下降，从而显著影响商业银行的贷款定价。赵平和孙志峰（2022）[127]通过考察我国银行业贷款利率与借款企业违约风险之间的关系来探讨实际贷款利率与风险产品定价是否匹配这一问题。其研究认为定价信息约束较弱的松融资约束企业、政府信贷干预较少的民营企业和高利率市场化水平地区企业的银行贷款定价均显著体现信贷风险定价原则。

1.2.5　绩效评价

　　人类业绩评价的思想与生产经营活动相伴而生，而真正意义上的绩效评价是随着现代公司的出现和公司所有权与经营权分离后才产生的。美国"科学管理之父"（Taylor）自1891年创立科学管理理论之后，企业业绩评价的理论和方法成为经济管理科学讨论的热点问题。最开始的绩效评价是债务人为了确保贷出资金的安全性和收益性，通过分析企业的财务报表而进行的信用分析，通常是对企业财务状况的综合评价。Alexander Wall 在他 20 世纪初出版的《信用晴雨表》和《财务报表分析》两书中提出了信用能力指数的概念。1950 年 Jackson Martindell[128] 提出了一套比较完整的管理能力评价指标体系，形成了现代公司业绩评价方法的框架。20 世纪 80 年代末 90 年代初兴起了一股现金流量热潮。在此期间，Stern Stewart 公司将剩余收益思想引用到企业绩效评价，并提出了单一评价指标 EVA（economic value added）(John O'HanlonU，Ken Peasnell，1998)[129]，在当今得到了广泛的应用。1992 年 Robert Kaplan 和 David Norton[130] 首次将非财务因素引入企业的绩效评价，创立了平衡记分卡（balanced scorecard）绩效评价方法。当前，对绩效评价的学术研究多集中在关于评价指标的选取与权重分配的方法方面。按照这一标准分类目前已经有几十到上百种评价方法，每一种评价方法都可以提供解决属性之间不可公度问题的方法，并且构建一个纯量实多元函数，用以权衡评价对象的综合效用或综合水平。为了满足预期的评价目标，在评价方法的选择上应当依据一定的准则。目前绩效评价方法按所涉及的学科领域，可分为 Delphi 法、生产函数法、指标公式法、功能费用分析法、主成分分析、因子分析、聚类分析、多目标决策、层次分析、模糊评价以及数据包络分析等方法（Charnesetal，1978[131]，Boussofiane，Dyson 和 Thanassoulis[132]，1991，Norman 和 Stoker，1991[133]）。

20 世纪 70 年代以前，西方商业银行运营的外部环境一直受到高度监管，其特点表现为金融产品较少、存款利率受到严格控制，收益曲线相对容易预测。这一时期银行风险管理的特性尚未凸显，企业绩效评价方法在银行的应用有较好的适应性。大多数研究将企业绩效评价的方法应用于对银行分支机构的绩效评价中。Sherman 和 Gold（1985)[134] 第一次将 DEA 方法应用到银行分支机构生产效率评价。Schaffnitetal（1997)[135] 对 1995 年以前发表的关于将 DEA 应用到银行分支机构绩效评价的成果进行了综述。Raman，John（2002)[136] 和

Joseph，Claire（2004）[137]分别将 DEA 方法应用到亚洲和加拿大银行分支机构的绩效评价。Arbel 和 Yair（1995）[138]将层次分析应用到银行收购与兼并的绩效评价中。与 DEA 不同的是 Aigner，Lovell 和 Scmide（1977）[139]建立的 SFA 模型，此模型包括了随机前沿产出函数分析，同时还进行了随机前沿成本分析。与 DEA 相比，SAF 模型属于参数模型，能够处理数据有误差的情形，但是其在使用的时候需要实现设定成本函数或者产出函数。

20 世纪 80 年代以来，西方银行业的管制放松，西方银行业得以为工商业提供各种服务，其中很多是能够为银行制造或有负债的中间业务，如何在这些产品之间分配经济资本成为银行稳健经营面临的问题。除此之外，1988 巴塞尔风险资本要求的施行，也增加了西方银行业加强风险管理的压力。RAROC 的出现为银行提供了分配经济资本和进行绩效评价的一致（auniform measure）的方法，同时也为银行对部门及单个业务进行基于风险的绩效评价提供了手段（Christopher James，1996）[140]。资本市场摩擦理论是银行风险管理和内部资本分配的理论基础。Froot 和 Stein（1995）[141]指出，在有摩擦的资本市场上，银行筹集外部资金的成本日益增加，为了规避风险，业务单位对整个银行现金流波动的贡献将是决定资金预算决策的重要因素。Stein（1996）[142]曾证明当银行管理者和外部投资者之间的代理问题导致信贷约束时，内部资金市场可以改变投资效率。1993—1995 年美洲银行曾先后将 RAROC 体系应用到整个银行、各个业务单位、各种产品甚至单笔交易以及客户关系的绩效评价中（Christopher James，1996）。Tzu-Yu Lin，Sheng-Hsiung Chiu（2013）[143]建立了创新绩效评价模型，来衡量基于在变量预处理工具 ICA 的辅助下 NSBM 模型的银行绩效。该模型通过将生产、服务和盈利绩效分解成四维，分别确定每个维度的在组织结构中的贡献程度。而 Hailing Zhao，Sangmok Kang（2015）[144]则在其文章中采用基于松弛测度的非径向超效率模型分析了中国主要的商业银行的绩效，包括五大国有银行和十三家股份制银行。结果表明，在国有银行，中国农业银行的效率（ABC）是相对最好，中国银行（BOC）相对最差；而在股份制银行中，北京银行（BOB）是表现最好的，而南京银行和宁波银行的相对效率最低。王晓博等（2021）[145]聚焦于风险转移视角下的存款保险制度对银行绩效的影响关系。他们利用欧元区 17 个国家 289 家银行的微观数据，通过将银行股东、存款人与非存款债权人纳入到一个研究框架下，考察了存款保险制度下各市场主体的风险承担关系及其对银行绩效的影响。他们将存款保险制度可能引致的风险转移这一道德风险问题带入银行的绩效评价之中进行研究，从而丰富了银行绩效的相关内容。周边等（2021）[146]通过构建法定数字货币的支付模型，探究了法定数字货币对商业银行绩效评价的影响。其研究表明法定数字货币的发行会使得 M_0 提高，从而重塑货币结构，这会降低商业银行的盈利与贷款派生能力，最终对经营绩效产生负面影响。徐涛等（2021）[147]考虑到产品创新过程中存在的风险能够对商业银行产品创新的绩效评价产生影响，因此构建了相关模型并进行了检验。具体而言，他们将信用风险作为非期望产出纳入了银行产品创新绩效评价体系，并进一步构建了基于数据包络分析模型（DEA）的固定相关模型（FCM）和变动相关模型（VCM）以用于对商业银行产品创新绩效的评价。

1.2.6　信贷营销

金融机构的持续成功反映了它们对不断变化的条件迅速反应和满足最广大客户需求的能力（Roberth H.C.，1991）。20 世纪 50 年代后期，随着"二战"后第三次科技革命浪潮的到来，西方经济得以迅猛发展，银行业也迎来了自由竞争和迅速发展的黄金时期，银行服务从卖方市场转向买方市场，迫使银行界不得不开始关心其金融产品的营销。市场营销的概念起源于工商业界，P.F. 德鲁克认为营销观念第一次出现在日本，17 世纪中叶，日本三井家族的第一个成员在东京经商时创立了营销。19 世纪中后期，在西方，收割机发明家塞勒斯·H·麦克·考密克（1809—1884）第一次明确地把营销作为工商企业独一无二的中心功能。20 世纪初，营销才在美国形成一门学科。1958 年举行的全美银行协会（American Bankers Association）会议第一次公开提到市场营销概念在银行业的运用问题，标志着西方金融市场营销观念开始产生，银行开始注意在日常工作中运用营销管理改善经营业绩。20 世纪 60 年代初营销管理学派兴起。此后，商业银行的营销管理大致经历了五个发展阶段：20 世纪 60 年代到 70 年代由广告与促销阶段过渡到营销观念的形成阶段；20 世纪 70 年代，商业银行的营销管理趋于制度化；20 世纪 80 年代，战略营销开始萌芽；20 世纪 90 年代，银行业开始进入"面向客户营销""一对一营销"的微营销（micromarketing）阶段；21 世纪，随着网上银行的发展，网上营销开始盛行。行为科学家用新发明的扩散（diffusion of innovation）来描述新产品或服务从它的源头（source）传播到最终使用者的过程。这一过程包括五个阶段：感知、感兴趣、评价、尝试、接受或拒绝。在《新发明的扩散》（*diffusion of innovation*）一书中 Rogers 将潜在的使用者分为五类[148]：发现者、早期采用者、多数采用者、晚期多数采用者和落后者。新产品的采用过程和扩散过程为消费信贷的管理者确定目标市场、进行市场定位等操作都提供了很多暗示（Roberth H.C.，1991）。

　　国内学者主要集中在营销策略、营销渠道、营销工具等方面对国内商业银行业务营销展开研究。在营销策略方面，陈卫东（2000）[149]等人认为由于银行市场竞争加剧，市场已从被动适应性转变为金融机构主导性，并提出将商品营销策略应用于金融领域的营销模式。陈松（2001）[150]认为客户经理制实质是建立以市场需求为导向，以客户服务为中心的市场营销新机制，这是商业银行服务观念的一次创新。他提出银行实施客户经理制要关注关系营销理论中的四个观点：首先就是在思维层面建立客户导向；其次要实现一条龙服务和一对一营销，努力提高营销与服务的水平；再次是要重视个性化服务和发展长期关系，平时多在维护长期关系方面下功夫；最后是鼓励和重视创新，通过创新式的服务努力提高客户的满意程度。奚君羊（2003）[151]认为商业银行要确定目标客户群并发现其潜在需求，要能洞悉不同客户群体中需求的差异，从中发掘能够带来理论的客户群并积极提供自身优势产品和服务，将市场细分后成为"定制营销""细分到个人"或"一对一营销"。朱昆锋（2004）[152]认为商业银行的市场营销策略应提高对客户需求的响应能力，通过开拓市场和积极营销，并建立支持营销战略行为的利润与风险管理机制，建立合理的银行绩效评价指标体系。另外还要通过改革管理系统提高银行活力，通过重组业务结构来充分发挥银行内部潜力。樊永勤（2007）[153]围绕信贷营销有利于商业银行减少风险、提高市场占有率和增加银行收益等方面进行论述，同时提出信贷退出理念，并对中国商业银行近几年信贷进入及退出的行业作出了分析。王桂琴（2015）[154]等人选取 ING 在加拿大和美国创办的两家直销银行为研究对象，考察其金融服务营销理念的形成背景和内涵，提出三个方面的金融服务营销理念：一是金融服务营销需要建立切实可行的价值创造逻辑；二是金融服务营销需要有效对接与整合各方的价值主张、资源投入和行为，最终实现互惠互利的价值共同创造；三是金融服务营销需要倡导和传播健康、安全的生活方式和负责任的企业行为及消费行为。冀航（2015）[155]认为产业项目的发展促进社会经济的整体进步，银行可以抓住产业项目建设带来的机遇，强化贷款营销效能，从根本上促进国民经济的全面进步。文章就产业项目建设中强化贷款营销效能进行探究。在营销渠道和营销工具方面，周娅娅（2014）[156]认为未来营销的重点是网络营销，要结合电话银行与手机，积极构建一体化的系统平台，要加强网上银行、物理网络和自助银行的建设。近年来随着金融科技的深入发展，数字化营销已经成为商业银行获取竞争优势，巩固和提升消费者满意度水平的重要战略手段。所谓数字化营销，是指采用大数据挖掘对商业银行客户进行精准接触、细分、营销、管理和维护。王彦博（2018）[157]等人提出数字化营销的一个重要载体就是客户标签的开发与应用。零售客户标签本质上是搭建以客户为中心的画像体系，即基于数据挖掘技术、关系网络分析技术、客户行为轨迹技术和文本分析技术，对客户人口统计特征、资产、负债、交易等属性信息的深入解析。孙涛和王汉宸（2020）[158]认为无人银行在社会的普及与推广对商业银行传统的信贷营销模式形成了挑战。在此背景下，他们基于信息管理和金融科技应用的创新来源提出了商业银行创新营销模式架构——"挡拆营销法"，即营销班组由面对客户的前台人员和实时处理信息的后台人员构成，这一营销方式通过前后台的协作能够将商业银行核心系统的优势更高效地发挥出来，从而提高营销成功率。罗煜等（2022）[159]也进一步肯定了数字化等网络技术对商业银行信贷产品营销的重要性。他们从传统业务结构变迁的视角探讨了数字化对商业银行信贷营销以及经营转型的影响。具体而言，他们选取了我国 187 家商业银行 2010—2019 年的网点与财务数据，研究发现数字化能够提高商业银行的信贷产品营销能力，开展数字化营销能够使银行更好的服务实体经济。

1.2.7 信贷创新

随着消费信贷业务的产生和不断发展，消费信贷也面临着越来越复杂的市场环境和发展困境，多方面的因素制约着消费信贷的发展，因此需要持续创新，以寻求新的发展路径，实现新的发展。卜国琴（2000）[160]很早就关注到我国消费信贷的发展问题，认为消费者自身、金融机构和市场都会对消费信贷产生制约，应当从观念、市场、信用、制度、产品和服务六个方面进行消费信贷创新。潘筱培等人（2001）[161]则认为应当从风险防范、金融影响和金融工具三个方面对消费信贷进行创新。彭家跃（2001）[162]提出应当从物质基础、消费观念、信用环境、运作机制和配套市场上创新，以促进消费信贷业务的发展。张婷（2006）[163]认为金融制度的创新是消费信贷业务的根本出路，应当从基本制度安排、个人信用担保体系、个人贷款利率市场化、消费信贷法律体系建设和社会信誉制度五个方面进行优化。桂蟾（2009）[164]认为我国商业银行消费信贷业务的发展面临着个人信用制度不完备、地区之间发展不平衡、风险防范和风险转移机制缺失以及产品同质化现象突出的问题。何振亚（2009）[165]则认为中国消费信贷的发展面临着诸多制约因素，一是消费者承贷能力较弱；二是政策法规不完善；三是社会信用体系建设滞后；四是交易费用过高。应当要创新消费信贷业务，提升消费金融的服务水平，一是要制订消费信贷业务发展的战略，研究和把握消费市场需求；二是要积极支持扩大内需，发展新型的消费金融服务机构；三是要改善用卡环境，降低用卡成本。王晶（2010）[166]认为我国消费信贷发展不平衡，城乡之间存在较大差异，应当健全社会保障制度，促进消费信贷的平衡发展。刘天楚等人（2013）[167]则通过实证研究发现，人民币升值会提升消费信贷，因此在开放经济条件下要维持经济基本面决定的汇率水平，并把外汇储备保持在适当范围内。罗延枫（2006）[168]、赵静思（2010）[169]、纪路宇等人（2017）[170]提出应当把发展消费信贷作为一项系统工程，在促进社会经济发展、健全社会保障制度的基础上，调整消费信贷结构、转变居民消费理念，并促进信贷立法。李杨等人（2017）[171]研究发现居民低收入是造成我国消费信贷余额以及人均余额不足的主要因素，因此，提高居民收入是发展我国信贷业务的重点。

很多学者也把研究重点放在不同类型的消费信贷业务创新上，朱琳（2016）[172]着眼大学生消费信贷这一业务创新，认为应当从金融教育机制、互联网企业社会责任和征信体系三个方面对大学生消费信贷进行正确引导。对于农村消费信贷，俞梅（2009）[173]认为农村地区消费观念、基础设施比较落后，农民未来预期收入不确定性大，农村金融体系和社会保障机制都有所欠缺，若要促进农村消费信贷发展，首先要提高农民素质，改善农村消费环境，提高农民收入，并在法律法规、防范制度、社会保障体系、金融产品创新方面进行努力。对于线上信贷业务，石娜（2015）[174]、余新华等人（2021）[175]认为应当加快产品的创新和业务的流程改造，以促进小微企业银行信贷业务和线上信贷业务发展。对于汽车消费信贷，宋芳秀（2009）[176]认为开展汽车消费信贷意义重大，应当进一步优化汽车消费信贷的发展环境，加快发展汽车金融公司，何燕（2011）[177]则认为应当从市场主体方面对汽车消费贷款进行创新。尹振涛和李泽广（2021）[178]从商业银行竞争策略同质化的角度实证检验了竞争规避机制对商业银行金融创新的影响。他们利用我国商业银行近 20 年的财务数据研究认为，传统信贷市场竞争度的提升会加快商业银行金融创新业务的扩散，且竞争的加剧会强化金融创新在相似银行之间的扩散效应，从而发现"竞争规避"机制在不同银行群组间的创新效仿行为中扮演了关键角色。他们的研究丰富了学界有关理解银行开展金融创新活动的动机的相关内容。张丽平和任师攀（2022）[179]在充分肯定商业银行消费信贷创新和消费信贷产品升级对于满足消费者对金融服务需求的变化、释放我国消费的巨大内需潜力以及拉动经济增长方面作用的前提下，认为商业银行在利用金融科技不断推出消费信贷创新之时，也更应该关注新消费信贷产品质量的提高，以防范化解消费信贷创新过程中已有和潜在的风险。只有在培育新的消费信贷产品、构建消费信贷创新机制的过程中，维护消费信贷有序健康的发展环境，才能有力地增强消费对经济发展的基础性作用。汤淳和刘晓星（2022）[180]则探讨了商业银行创新如信贷创新等对系统性风险的影响。他们利用 2008—2018 年的中国上市商业银行数据研究发现，创新对系统性风险具有倒 U 型非线性影响，银行创新水平存在临界值，小于临界值水平的银行创新会增加系统性风险，而现阶段样本银行创新水平均已突破临界值，当前信贷创新等银行创新有助于抵御商业银行的系统性风险。

1.3 新发展格局下消费信贷业务运行环境分析

我国经济已经进入增速换档期，表现为经济增长速度自 2012 年开始结束了近 20 年超过 10% 的高速增长，转型中的中国经济，已开始进入消费拉动的新发展格局，消费作为经济增长"稳定器"的作用愈加突出，而消费信贷则为居民消费的增长创造了有利条件。随着信贷市场的不断发展，国家出台了一系列与促进消费信贷相关的政策法律，为市场的稳定繁荣提供了保障。

1.3.1 宏观经济环境

2020 年，习近平总书记在中央财经委员会第七次会议上强调要构建"以国内大循环为主体、国内国际双循环相互促进的新发展格局"。同年 5 月 14 日，中共中央政治局常委会会议则首次提出，"深化供给侧结构性改革，充分发挥我国超大规模市场优势和内需潜力，构建国内国际双循环相互促进的新发展格局"。此后，新发展格局在多次重要会议中被提及，党的十九届五中全会更是将"双循环"纳入《中共中央关于制定国民经济和社会发展第十四个五年规划和二〇三五年远景目标的建议》之中。2021 年，《中华人民共和国国民经济和社会发展第十四个五年规划和 2035 年远景目标纲要》提出要形成强大的国内市场，构建新发展格局，一是要畅通国内大循环，二是促进国内国际双循环，三是加快培育完整内需体系，这意味着消费对经济发展的基础性作用进一步增强，消费信贷作为促进居民消费升级的重要抓手和助力双循环发展格局的加速器，也迎来了新的机遇。

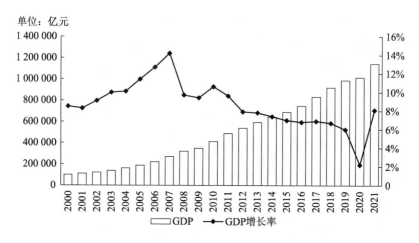

图 1.1　2000—2021 年中国 GDP 总量及 GDP 增长率

资料来源：国家统计局

新发展格局背景下，我国经济形势呈现出许多特征：第一，我国GDP 总量由之前的高速增长转为中高速增长，具体表现为，我国从 2012 年开始 GDP 总量就结束了持续近二十年的 10％以上的高速增长，从而进入了新的增速换挡期，这也是我国经济进入新发展格局的重要标识。2016 年至 2018 年的 GDP 增速分别为 6.7％、6.8％、6.6％，年均增速为 6.7％，2020 年受新冠肺炎疫情影响，GDP 增速放缓，仅有 2.23％，2021 年经济回暖，GDP 增速为 8.1％，是 2012 年以后的最高水平。第二，我国经济结构在不断优化升级，最终消费需求成为经济第一推动力，第三产业逐渐成为经济主体，同时居民收入也在不断上升，新农村建设成果丰硕，城乡差距逐渐缩小。据 2013 年国家统计局公布的数据，我国第三产业的增加值占 GDP 比重达到 46.7％，已经超越第二产业，成为我国第一大产业。2015 年第三产业增加值占比首超50％，达 50.2％，2021 年这一比例已攀升至 55.56％。第三产业占比持续上升表明我国产业结构调整在不断深化，第三产业已成为我国当前及下阶段经济增长的新潜力、新空间。另外，从 GDP 支出法核算角度来看，GDP 由消费、投资、政府购买和净出口组成。国家统计局的数据显示，2011 年以来，我国最终消费率不断上升，2021 年最终消费支出对经济增长的贡献率达 65.4％，成为经济增长的第一拉动力。第三，从要素驱动、投资驱动转向创新驱动。我国经济经过改革开放 40多年的快速发展，人口红利逐渐消失，资源紧缺、环境约束矛盾突出，造成要素的规模驱动力减弱，投资回报的边际效应递减，从而经济增长将更多依赖技术进步和人力资本质量，这将逐步实现经济增长动力由要素驱动向创新驱动转变。

"双循环"新发展格局下，商业银行的消费信贷业务也出现了许多不同于之前的特点，最突出的表现为机遇与挑战并存。首先，经济发展方式的转变和经济结构的调整，为商业银行消费信贷业务持续较快地发展提供了新的发展机遇和增长动力。我国要充分利用国内国际两个市场、两种资源的优势，以国内循环为主体，国内国际双循环相互促进，推动中国的高质量发展，这就要求我国必须依托强大的国内市场，贯通生产、分配、流通和消费各个环节，形成需求牵引供给、供给创造需求的更高水平动态平衡。充分发挥消费信贷对消费的助推作用，增强消费对经济发展的基础性作用。消费信贷是助力消费扩容、升级的重要抓手，更是构建消费"新生态"任务中的重要一环。一方面，消费信贷可以通过释放流动性，提升边际消费倾向，直接拉动消费和经济增长。由于消费信贷可以缓解居民当期收入对即期消费约束，实现消费行为的计划性和一生效用最大化，使得居民能够借助消费信贷来完成消费跨期行为，从而激发居民的消费潜力，实现消费对经济增长的有效拉动。另一方面，发展消费信贷可以充分发挥其对消费结构升级、产业结构调整的引导作用。通过加大对新消费重点领域的金融支持和促进"互联网＋"技术在金融领域的应用，大力催生新业态与新动力，协同推进消费升级和产业升级，围绕消费升级的方向进行投资、创新和生产，化解过剩产能，提高投资和创新有效性，从而实现经济更有质量和效益的增长。因此，消费信贷运行机制的改进和完善可以创新和提升消费信贷产品供给，带动新的消费需求，推进消费结构升级，进而为经济增长创造动力，促进经济社会在新发展格局下的平稳发展。

其次，消费信贷业务虽然潜力巨大，但其业态尚处逐渐成熟期，现在仍面临诸多挑战，其中暗藏的风险不容小觑。一是过度发放住房贷款的风险。个人住房贷款一直被商业银行视为风险小、收益稳定的优质资产，加之近年来我国经济下行压力加大，实体企业萎靡，不良贷款持续上升，商业银行普遍呈现出对个人住房贷款业务的偏好。2015 年以来，在稳健中性的货币政策环境及棚改等去库存政策的作用下，房地产价格与住房贷款规模均大幅上升，房地产泡沫逐渐膨胀，金融风险也逐渐积聚。一旦房价出现大规模下跌，将给商业银行甚至整个金融系统带来难以估量的冲击。商业银行应充分吸取 2007 年美国次贷危机的教训，高度警惕住房消费贷款的风险。二是银行业资产质量受到经济超预期下滑的影响，信用风险集中暴露。银行业的经营状况与国家整体经济的运行状况是紧密联系的，资产质量受到经济增速、经济结构、经济质量等多重因素的影响。如果我国经济出现整体上的下滑，则会影响到银行业的资产质量以及不良贷款回收等工作。三是区域以及城乡发展失衡导致信用资源分配不均衡的问题。一方面，城乡以及区域发展失衡成为我国当前经济生活中存在的突出矛盾之一，由此导致信用资源向富裕人群倾斜，难以向西部及农村地区渗透，这逐渐成为制约消费信贷发展的重要因素；另一方面，消费信贷作为信用资源分配的一种形式，其对经济发展的促进作用更取决于信用资源的有效配置，如果消费信贷在区域以及城乡发展不均衡也会带来经济增长的不平衡，扩大地区以及城乡经济发展的差距。

1.3.2　市场竞争环境

消费升级以及经济结构的不断优化成为推动我国经济增长的新动

能。在政策红利不断释放、居民收入持续增长、消费观念逐渐转变等因素驱动下，消费信贷市场进入爆发期，市场容量以每年 20% 左右的增速扩张，同时消费信贷供给主体单一化格局被打破，消费信贷市场生态圈不断完善，以商业银行为代表的传统金融机构及以互联网消费金融公司为代表的新兴机构之间的竞争日渐趋于白热化。

从消费信贷市场的整体规模来看，根据艾瑞咨询以及中国人民银行最新发布的数据，如图 1.2 所示，2021 年，我国消费信贷规模达到了 54.88 万亿元，同比增长 10.71%。在我国传统金融增速放缓的情况下，消费信贷的快速增长成为了推动整个金融行业增长的核心动力。而消费信贷相比传统信贷的最大优点在于，它固定了用户的资金用途。值得注意的是，虽然目前我国消费信贷占消费的比重与美国等发达国家接近，但形式上有很大区别，从图 1.3 可看出，我国的消费信贷构成中房贷的占比始终保持在较高位置，占据消费信贷构成的较大比重，其次为信用卡消费贷款，其余类别的消费贷款占比较小。

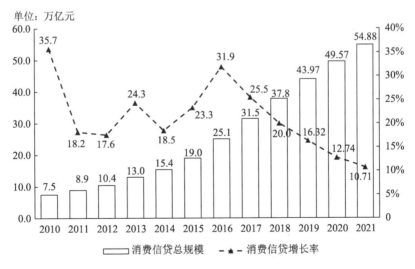

图 1.2 中国消费信贷市场规模

资料来源：中国人民银行

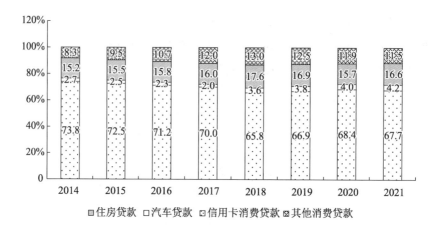

图 1.3　中国消费信贷结构

资料来源：艾瑞咨询

　　由竞争格局出发，我国消费信贷市场基本形成了以商业银行为核心，消费金融公司、互联网金融平台及小额信贷机构为辅的多元化消费信贷市场。一是自 1999 年商业银行开展个人消费信贷业务以来，传统商业银行一直处于市场主导地位，商业银行提供的消费信贷品种仅仅涉及汽车、住房等耐消品，而对于推动消费结构升级的教育、旅游等消费信贷服务甚少，因此我国消费信贷的开展水平是不高的，消费信贷占比也非常低。随着我国经济增速持续下滑、经济结构调整和经济转型进程的推进，商业银行的资产端业务开始逐渐向个人消费信贷业务倾斜，由于商业银行拥有严格的风险控制体系、丰富的用户数据，因此在个人消费信贷市场上占据了较大份额。同时，商业银行除了发挥自身优势外，还积极发展金融科技、创新业务模式、搭建电商平台弥补自身在消费场景上的先天短板，不断推出适应市场、基于场景的线上消费信贷产品。二是消费金融公司崭露头角。2009 年 7 月 22 日，为了弥补产品种类欠缺、机构单一和供给与需求的现实矛盾，中国银监会经过研究，决定正式发布《消费金融公司试点管理办法》，这也是银监会致力于发展真正意义上的消费金融公司的具体举措。这一管理办法规定了成立消费金融公司的具体细节，包含建立公司的条件和公司可涉足的业务范围等，该办法也说明消费金融公司作为新生事物出现在我国消费信贷市场上。截至 2018 年末，全国共有 26 家消费金融公司获得了牌照。消费金融公司的业务范围主要集中在包括家电、房屋装饰、教育、旅游在内的各项消费贷款，而不涉及房贷和车贷，这一点在管理办法中也有体现。

在定位目标客户这一点上，具有稳定收入或是有稳定经济来源的中低阶层消费群体是消费金融公司的主要目标客户群。三是互联网金融平台抢占线上先机。2012 年开始，互联网金融开始在国内兴起，以趣分期、分期乐为代表的互联网金融企业开始向个人消费者提供包括分期付款在内的信用借贷服务。金融与互联网的紧密结合大大推动了金融普惠化的进程。阿里巴巴推出的"天猫分期购"以及"花呗"等理财产品和京东于 2014 年 2 月推出的"京东白条"都为两大平台自身用户开办了分期消费服务。许多电商平台也纷纷开设将线上平台与线下销售网络结合起来的 O2O 消费金融模式。以花呗、京东白条等为代表的互联网消费金融相对于传统消费金融行业的主要优势在于：第一，多维度、大量的数据积累能够增加通过数据管理风险的科学性，提升传统金融的数据价值。就这一点来说，互联网与风险管理的结合可以说是一种必然的趋势。另外，将自身数据触角和范围进一步伸展，加深与消费流通企业的合作，强化对消费者行为的全方位把控，促进了行业生态链的完善。四是 P2P、小额贷款公司和线下贷款中介公司发挥消费信贷补充功能。它们都是为无法在传统金融机构贷款的中小企业或个人提供小额贷款资金，属于民间借贷的范畴，它们都在很大程度上推动了普惠金融的发展，弥补了传统金融机构的不足之处，但问题在于这些公司尚未得到良好的监管，没有合法营运的牌照，这对消费信贷市场将产生一定的风险隐患。

值得注意的是，这种多元化的消费信贷市场不仅极大地满足了消费者个性化、定制化需求，也对处于核心市场地位的传统商业银行消费信贷业务造成了不可小觑的冲击。一是商业银行的中介功能受到挑战。在 P2P 网贷平台上，借款人将包括金额、时间、利息以及还款方式等在内的资金需求公布出来，贷款方通过平台对借款人的资金需求以及相关信息进行了解，并决定是否发放贷款给借款人，这样双方便实现了自助式借贷，资金的供需双方便脱离了商业银行这个媒介。随着人们对 P2P 交易模式的接受和认可，网络借贷的迅速发展，导致商业银行这一金融中介的重要性逐渐降低。二是挤占商业银行的客户资源。商业银行开展消费信贷业务的优势之一是具有庞大的物理网点，这些物理网点为商业银行带来了坚实的客户基础和丰富的客户资源。但网络借贷由于借助了互联网技术，使得个人通过互联网的融资具有快捷、方便、高效的体验，这大大弱化了商业银行的物理网点优势，从而使得商业银行的客户资源被瓜分。更重要的是，网贷平台使得商业银行掌控资金流的优势在客户的争夺上处于被动地位，因为平台能利用互联网技术获得客户的信息流和资金。这庞大的客户基础使得网贷平台在与商业银行的竞争中占据上风，获得了更多的博弈筹码和话语权，这为互联网企业网络融资提供了巨大的业务潜力和盈利空间。三是对商业银行的经营服务模式造成冲击。商业银行传统消费信贷业务的特点是信贷环节较多、流程固定、审贷时间较长，这种服务模式使得商业银行不能很好地适应互联网金融高速发展的现状。互联网金融平台将互联网技术充分运用到了运作模式上，充分重视客户体验，因此能给客户提供比银行更加灵活的信贷产品。例如，阿里小贷可以根据用户交易数据分析并得出其信用度，这样使得风险得以缩小，并且大大地降低了挑选客户的成本。阿里小贷利用这种网络技术的经营服务模式，使得的客户在融资上具备了黏性，从而能够有效地留住客户。

1.3.3　法律政策环境

消费信贷属于典型的金融活动，相对应地，必然存在一定的风险，那么，如何防范信贷风险，为资金供求双方创造一个安全稳定的市场是一个亟待解决的问题，相关法律政策的颁布与实施就成为解决这一问题的有效途径。

1.3.3.1　消费信贷相关政策法规

我国的个人消费信贷业务起步较晚，大约产生于 20 世纪 80 年代中期。在这个时点上，我国住房制度开始了快速的改革，这一行动大大加快了城市住宅商品化的进程，也促进了整个金融体系的变革。为了满足居民个人住房消费需求，各商业银行在国内先后开办了个人住房贷款业务。进入 90 年代以后，推动国内消费需求的稳定增长，已经成为国家经济发展的一项长期政策，为此，中国人民银行制定了相关政策法规来积极引导商业银行开拓个人贷款业务，并以此推动消费信贷市场的运行与发展。1996 年，中国人民银行允许四大国有商业银行办理个人住房贷款和小额存单质押贷款，此政策成为政府正式支持个人消费信贷业务的起点，自此，我国的消费信贷业务逐步发展起来。有关消费信贷的相关政策法规如表 1.1 所示。

表 1.1　我国消费信贷政策法规

发布时间	文件名	主要内容
1999 年	《关于开展个人消费信贷的指导意见》	要求各商业银行积极开展办理各种消费信贷业务，明确提出消费信贷要成为新的商业银行业务增长点。
2009 年	《关于进一步加强信贷结构调整促进国民经济平稳较快发展的指导意见》	针对性地巩固和培育消费信贷增长点，积极制定、研究和落实有助于扩大消费的信贷政策措施，将与民生联系紧密的产业，例如汽车、住房、教育等领域的消费信贷作为重点进行集中推进。
2009 年	《消费金融公司试点管理办法》	该办法给出了消费金融公司的定义、出资人资格条件、注册资本、业务范围、有关监管指标以及有关消费者利益的保护，为试点消费金融公司的准入、监管和规范经营提供了法律保障。
2013 年	《消费金融公司试点管理办法（修订）》	增加了消费金融公司的主要出资人类型，降低了主要出资人持股比例要求，增加吸收股东存款业务，取消了营业地域限制，从而鼓励更多非金融企业设立发起消费金融公司。
2016 年	《关于加大对新消费领域金融支持的指导意见》	《意见》从积极培育发展消费金融组织体系、加快推进消费信贷管理模式和产品创新、加大对新消费重点领域金融支持、改善优化消费金融发展环境等方面提出了一系列金融支持新消费领域的细化政策措施。

（续表）

发布时间	文件名	主要内容
2018年	《完善促进消费体制机制实施方案（2018—2020年）》	方案指出要进一步提升金融服务的质量与效率，要加快消费信贷产品与管理的创新，加大对重点消费领域的政策支持，但前提是要在风险可控、商业可持续与保持居民合理杠杆水平的情况下进行。同时要引导商业保险机构加快创新，开发针对性的保险品种。
2020年	《关于促进消费金融公司和汽车金融公司增强可持续发展能力、提升金融服务质效的通知》	《通知》提出要强化消费者权益保护，最大限度减费让利，正确发挥促消费作用，立足行业特色和功能定位，创新产品，增强服务能力，促进消费升级。

在今天，我国在信贷领域的立法工作以及相应的法律法规出台比较缓慢，迄今为止还未能有一部专门针对消费信贷的法律法规，因此个人消费贷款活动的规范，以及个人消费信贷关系的调整仍然处于无法可依的局面。我国只有在《商业银行法》《担保法》《合同法》等其他相关法律中会有部分内容涉及到消费信贷，因此，我国的消费信贷市场还并不完善，亟待有关部门出台有针对性的相关政策法规来进行有效监管。

1.3.3.2 个人住房信贷相关政策法规

最早关于个人住房信贷的法律法规是由中国人民银行在1995年发布的《商业银行自营住房贷款管理暂行办法》，该《办法》明确规定借款人申请用于购买、建造和修缮自住住房贷款的条件、贷款的期限、贷款的利率、贷款的指标管理等各方面的具体要求，为商业银行开办个人住房贷款业务奠定了基础。随后中央相关部门针对个人住房贷款出台的政策法规如表1.2所示。

表1.2　个人住房贷款政策法规

发布时间	文件名	主要内容
1998年	《个人住房贷款管理办法》	允许各商业银行开办个人住房贷款业务。

（续表）

发布时间	文件名	主要内容
1999 年	《关于调整个人住房贷款期限和利率的通知》	《通知》为最大限度上刺激居民的贷款需求，以法律形式规定商业银行降低贷款利率，同时增加贷款额度，将额度由原来的最高 70% 调整为 80% 和 90%，同时延长贷款期限，最长可至 30 年。
2003 年	《中央国家机关个人住房贷款政策性贴息管理暂行办法》	中央国家机关住房资金管理中心将开办个人住房贷款政策性贴息业务。
2006 年	《关于进一步加强房地产信贷管理的通知》	《通知》要求国内银行要加强对按揭贷款的管理，积极开展个人首套自住房的按揭贷款，引导消费者合理进行个人住房贷款消费。在个人住房贷款业务之外，银行还应稳步发展二手房贷款市场，规范相应的业务操作流程。
2007 年	《关于加强商业性房地产信贷管理的通知》	《通知》主要支持购买首套中小户型自住住房的贷款需求，提高了第二套及以上住房贷款的首付比例及利率水平，以此强化住房贷款的管理。《通知》还加强房地产信贷征信管理，增加商业用房购房贷款的利率水平和最低首付款比例。
2010 年	《关于规范住房公积金个人住房贷款政策有关问题的通知》	对于购买第三套及以上住房的缴存职工家庭，停止向其发放住房公积金个人住房贷款。
2015 年	《三部门关于个人住房贷款政策有关问题的通知》	《通知》决定进一步强化住房公积金对合理住房消费的支撑作用。对于缴纳过住房公积金的消费者，如果是使用公积金贷款来购买的住房为首套自用房，则可以享受最低 20% 的首付款比例；对于已经拥有一套住房，相应贷款已结清的这部分消费者，如果想要再次使用住房公积金来贷款购买自用住房，则最少需要支付 30% 的首付款。
2016 年	《中国人民银行、中国银监会关于调整个人住房贷款政策有关问题的通知》	居民家庭在未实施"限购"措施的城市，首次购买普通住房时申请商业性个人住房贷款，原则上最低首付款比例为 25%，各地可视情况向下浮动 5 个百分点；对于为了改善居住条件而再次申请个人住房贷款购房，且之前购房贷款未结清的家庭，最低首付款比率最低为 30%。对于实施"限购"措施的城市，则按原规定实行个人住房贷款政策。
2017	《关于维护住房公积金缴存职工购房贷款权益的通知》	《通知》明确要求房地产开发企业不得拒绝缴存职工使用住房公积金贷款购房。

从 20 世纪末期，我国允许商业银行开办住房贷款业务开始，有关部门就颁布了多部与住房贷款相关的法律法规，总体来说，住房贷款经历了从宽松到严格的政策和立法历程。在住房贷款发展初期，有关部门在贷款额度、贷款期限以及贴息等方面给贷款者提供了优惠政策，鼓励居民贷款购房，以此刺激和活跃我国住房贷款市场。随着我国贷款市场的不断繁荣，与住房贷款相关的风险也逐渐暴露，再加上金融危机的影响，我国在住房贷款的立法与政策颁布上渐渐趋向严格，监管当局采取了提高首付、限购等防范风险的措施。

1.3.3.3　汽车消费贷款相关政策法规

总的来说，我国政策法规中专门针对汽车消费贷款的较少，整理如表 1.3 中所示。

表 1.3　汽车消费贷款政策法规

发布日期	文件名	主要内容
1998 年	《汽车消费贷款管理办法》	汽车消费贷款的试点行仅限于四家国有商业银行，汽车仅限于国产汽车。
2004 年	《汽车贷款管理办法》	各商业银行、城乡信用社以及获准经营汽车贷款业务的非银行金融机构均可开展车贷业务，强调贷款风险和贷款管理相匹配的原则。
2009 年	《汽车产业发展政策》	该发展政策在一定程度上允许从事汽车消费信贷业务的金融机构采取相应措施，进一步地改进汽车信贷抵押办法，在条件合适时允许消费者以所购汽车作为抵押品获得所需的汽车消费贷款。
2017 年	《汽车贷款管理办法》	《管理办法》为了进一步促进汽车贷款消费，规范汽车贷款管理，规定了几款主要车型的贷款最高发放比例：传统动力汽车为 80%，商用传统动力汽车为 70%，自用新能源汽车为 85%，商用新能源汽车为 75%，二手车为 70%。
2017 年	《关于调整汽车贷款有关政策的通知》	《通知》为释放多元化消费潜力、推动绿色环保产业经济发展、提升汽车消费信贷市场供给质效，鼓励各金融机构切实加强汽车贷款全流程管理。
2021 年	《商务领域促进汽车消费工作指引》	《指引》提出要积极协调金融机构加大对汽车个人消费信贷支持力度，适当下调首付比例和贷款利率，延长还款期限；针对汽车库存融资、供应链金融等提供特色金融服务，丰富汽车消费金融服务。

与汽车消费贷款相关的政策法规主要对发放汽车消费贷款的机构、贷款抵押办法等方面进行了规定，该部分政策法规较为欠缺，尚待完善。

1.3.3.4　助学贷款相关法律法规

教育是立国之本，强国之基。为实现教育强国这一宏伟目标，国家对此投入了大量资源。自 1999 年，我国助学贷款开办以来，相关部门足够重视，针对这一特定业务发布了相当多的鼓励支持政策措施，主要内容如表 1.4 所示。

表 1.4　助学贷款政策法规

发布日期	文件名	主要内容
1999 年	《关于国家助学贷款的管理规定（试行）》	中国工商银行为中国人民银行批准的国家助学贷款经办银行，明确了助学贷款的申请和发放，贷款利率和期限等各方面要求。
2000 年	《关于助学贷款管理的补充意见》	经办银行由中国工商银行扩大到中国银行、中国农业银行和中国建设银行，中央财政贴息的国家助学贷款试点城市由 8 个扩大到全国范围。
2004 年	《关于进一步完善国家助学贷款工作的若干意见》	建立国家助学贷款风险补偿机制，获得借款的学生可在毕业后根据就业情况，在一到两年后开始还贷，并且在 6 年之内还清，从而代替当下自学生毕业之日起即开始偿还贷款本金、4 年内还清的办法。
2006 年	《高等学校毕业生国家助学贷款代偿资助暂行办法》	对于自愿到西部边远地区基层单位参加工作，服务年限超过三年的应届毕业生，只要其就读的高校属于中央部门所属的全日制普通高等学校，自 2006 年起，中央财政代为偿还其在校学习期间的国家助学贷款本金及其全部偿还之前产生的利息。
2007 年	《关于在部分地区开展生源地信用助学贷款试点的通知》	《通知》决定在湖北、重庆等五省市开展生源地信用助学贷款试点，该贷款性质为信用贷款，家长和学生共同承担还款责任。
2008 年	《商业助学贷款管理办法》	《办法》明确了商业助学贷款的主体和对象，在充分考虑商业助学贷款服务群体的金融需求特点的基础之上，针对贷款中的基本要素，例如期限、金额、利率、支付方式、还款方式等提出了原则性的要求，建立助学贷款违约通报制度。

（续表）

发布日期	文件名	主要内容
2008 年	《关于大力开展生源地信用助学贷款的通知》	生源地信用助学贷款项目是国家于 2008 年起承办的，同时国家也鼓励银行类机构开办此类业务，以便于进行大范围推广，增加生源地信用助学贷款的覆盖范围。
2014 年	《关于调整完善国家助学贷款相关政策措施的通知》	全日制普通本专科学生在同一学年内不得重复申请获得校园地国家助学贷款和生源地信用助学贷款，只能选择申请办理其中一种，调整国家助学贷款资助标准，并进一步细化国家助学贷款资助比例。
2015 年	《关于完善国家助学贷款政策的若干意见》	《意见》主要在贷款政策上进行了完善，从而有效建立国家助学贷款的还款救助机制，简化学生的贷款手续，并且一定程度上减轻学生的还款负担。学生在校就读期间，贷款利息由财政全额补贴，贷款最长期限由 14 年延长到 20 年，在还本方面，将宽限期由 2 年调整为 3 年。
2019 年	《中国人民银行　教育部　财政部关于切实推进国家助学贷款有关问题的通知》	各高等学校要积极动员家庭经济困难学生申请国家助学贷款，并向学生大力宣传国家助学贷款有关规定以及制度；高等院校必须恪尽职守，做好学生申请贷款时的审核与把关工作，详细收录学生的具体情况，指导协助学生办理贷款。在此之后，学校必须将申请贷款的学生的相应情况收入个人档案，并协助银行做好学生个人信息查询系统的相关工作。最后，学校还应当对学生加强诚信教育，营造诚实守信的氛围。
2021 年	《关于进一步完善国家助学贷款的通知》	《通知》提出生源地信用助学贷款工作继续以国家开发银行为主承办，鼓励其他银行业金融机构开展生源地信用助学贷款。

我国商业银行助学贷款相较于其他种类消费贷款，具有更强的政策性与公益性，它由最初的单一银行经办、八个试点城市逐渐扩张发展起来，还款期限也从毕业开始还款、4 年内还清渐渐放宽。我国国家助学贷款政策和立法立足于学生的切身利益，旨在缓解经济困难学生在学期间的压力，为我国教育事业的发展提供更坚实的支柱。

1.3.4　信用信息环境

良好的信用信息环境是消费信贷业乃至整个信贷市场的基石，建立完善的征信体系对于我国金融基础设施的建设有着重要意义，这一举措有利于减少或避免信息不对称带来的信用风险，同时还能降低个人信用拓展的盲目性，减少逆向选择行为，维护信用体系的稳定，推动信用体系健康发展。

近十几年来，中国人民银行组织银行业金融机构建成了我国集中统一的企业和个人征信系统（即金融信用信息基础数据库），该系统中的数据全面覆盖了我国所有持牌金融机构，为社会上所有参与信贷活动的人都建立了单独的信用档案，这一系统能在金融机构的风险管理方面发挥重要的基础性作用。

在覆盖范围方面，如图 1.4 和图 1.5 所示，截至 2020 年底，企业和个人征信系统分别为 6 092.3 万户企业及其他组织、11 亿自然人建立了信用档案。个人征信系统已成为世界上收录人数最多的征信系统。

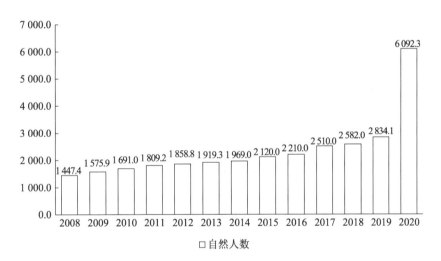

图 1.4 2008—2020 年企业征信系统收录企业和其他组织数量

资料来源：中国金融年鉴

在采集信息方面，个人征信系统采集了共计 8 类公共信息，涉及的数据项超过 80 项。征信系统在维护金融稳定、防范和化解金融风险、促进信贷市场健康发展等方面起到了重要的作用。一方面，征信系统有助于授信机构快速了解居民个人的信用状况，识别并拒收高风

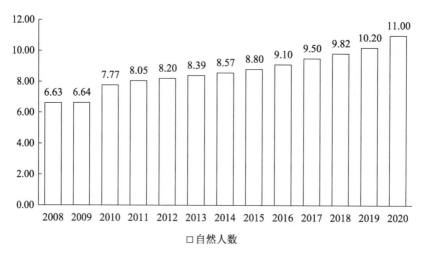

图 1.5　2008—2020 年个人征信系统收录自然人数

资料来源：中国金融年鉴

险客户，预警潜在信贷风险，加强贷后管理，清收不良贷款，大幅提高不良贷款回收率；另一方面，征信系统帮助授信机构提高了信贷审批效率，降低了金融交易成本，改变了信用风险管理模式，提高了贷款决策和风险定价的科学性，同时也扩大了消费信贷规模，促进了我国信用卡产业、信用贷款和国家助学贷款等信贷业务的快速发展。但我们也应深刻意识到我国当前的征信体系仍然存在很多亟需解决与完善的问题，其中最突出的问题在于"信息孤岛"。随着应用场景不断增多，征信由金融向非金融场景应用的拓展，已成世界个人征信业的发展潮流。目前央行提供的个人征信报告中主要记录的是信贷信息，但具有相当价值的众多个人信用信息仍然分散存在于法院、电信运营商和教育部门等部门或机构，不同部门之间难以共享这些信用信息。同时，除金融数据外的跨部门、跨领域数据的数据标准仍不统一，难以实现信息整合，令众多信用信息成为"孤岛"。此外，人口覆盖率低、信用评估缺乏统一标准等均是制约我国征信业发展的重要因素。

1.3.5　社会文化环境

一直以来，传统的消费观念促使中国人只敢精打细算地花着昨天攒下的钱，却不敢预支未来的收入，结婚、买房、子女教育、医疗、养老等所需的大额费用让很多普通家庭不得不早早就进行预备性储蓄。中国的国民储蓄率据国际货币基金组织公开的数据显示，从 20 世纪 70 年代起至今一直居于世界前列。20 世纪 90 年代初我国居民储蓄能占到 GDP 的 35％以上，到 2005 年，这一数字更是高达 51％，与之相反，全球平均储蓄率则仅为 19.7％。2015 年，我国人均储蓄接近 4 万元，住户存款余额突破了 54 万亿元。据 2015 年初中国人民银行行长周小川会议讲话，亚洲金融风暴以后，我国的储蓄率不降反增，目前储蓄率约为 50％，占 GDP 一半左右。而美国从 1959 年到 2014 年间，人均储蓄率最低时仅为 0.8％，最高时则是在 2014 年达到了 5.6％。我国高储蓄率的现实，与居民对现实生活的担忧有关。目前我国居民储蓄的主要动机不是为了盈利，而是为了消费、教育和预防这三方面的支出预留资金。消费方面的储蓄主要是为了购买汽车、住房等耐用消费品，教育方面的储蓄则是为了支付自己或子女的各项教育支出，预防方面的储蓄则主要用于购买养老、医疗和失业相关的保险基金。另外由于我国的社会保障制度还不够完善，因此居民对于未来支出的预计并不乐观，这些都是影响居民储蓄的重要因素。

所以，如何让喜欢存钱的国人敢花钱，如何平衡与调整储蓄与支出之间的比例，是新发展格局下推动经济可持续发展、增加内需所亟须解决的问题。从实际上来看，民众进行提前消费不但可以刺激消费总量增长，而且能够为人们的生活提供动力，激励人们更加努力工作，从而清偿自己的负债。除此之外，适度的负债还能提高投资效率，提高国民的家庭生活质量。随着居民预期收入和生活水平的上升，早先存钱消费的习惯已越来越不适用于现状，我国民众的消费观念也正在经历由"无债一身轻"到适度负债的转变，这种社会文化环境的变迁在一定程度上也有利于消费信贷的发展。相关数据显示，随着收入的上涨和消费环境的改善，居民对交通通信、文教娱乐用品及服务、医疗保健商品以及教育经费的需求增加，人们的消费观念也随之改变。

1.4　商业银行消费信贷业务功能分析

伴随着我国金融发展水平的不断提高，家庭金融意识的逐渐深化，消费贷款为贷款的供求双方提供了资金运用与资金来源的渠道，为促进消费扩大内需创造了有利的条件，消费信贷业务分别从微观、中观和宏观三个层面在缓解消费者流动性约束、拉动商业银行利润增长、促进宏观经济快速发展等方面都发挥着越来越重要的作用。

1.4.1　缓解消费者流动性约束

在微观层面上，消费信贷具有在一定程度上缓解流动性约束的作用，这种约束作用也被称为"信贷约束"，即居民从金融机构、个人或非金融机构取得借款以满足消费时所受的限制。

流动性约束对居民消费行为的影响主要体现在两个方面：一是，流动性约束存在着在未来发生的可能性，这种可能性会减少消费者的现期消费；二是，流动性约束无论是通过何种渠道产生作用，都会使得消费者的当期消费产生显著的下降。缓解流动性约束的主要措施是发展消费信贷。首先，消费信贷的产生和发展在居民购买力方面，可在一定水平上调和日益丰富的商品或劳务的销售与消费者有限的购买力之间的矛盾，更好地改善居民的生活。其次，在消费升级方面，消费信贷能促使潜在需求转化为有效需求，从而培育消费热点、活跃消费市场、增加有效需求、促进消费升级。最后，信贷约束对于预防性储蓄具有显著影响，信贷约束在现实生活中普遍存在，这将导致居民将储蓄视作一种保险手段，以减少未来可能的收入下降所产生的影响。如果消除了信贷约束，储蓄将会降低，当期消费也会有所增加，这对于我国的消费不足是具有一定的刺激作用。

1.4.2　拉动商业银行利润增长

随着我国的经济不断发展，居民生活水平得到了快速提高，居民所涉足的经济活动也不再局限于储蓄和消费，这使得各大金融机构更加重视对于金融服务的创新，金融业的竞争日益激烈。各地的商业银行为满足消费者日益增长的需求和不断升级的消费结构，业务重点逐渐从批发业务转向零售业务，并不断推出相应的金融产品，包括信用卡业务、住房和汽车消费贷款等。就当前情况来看，商业银行在大力发展消费信贷的同时，也在其业务形式上不断推陈出新，这使得我国金融市场的活力得到相当大的激发。

在中观层面，消费信贷作为刺激居民消费，促进社会经济增长的一种重要手段，已经逐步成为拉动我国商业银行利润增长的主要方式，它的发展可以为银行业带来新的利差收入。首先，消费信贷实际上是一种比较优质的资产，近些年来消费信贷的发展使得商业银行贷款的结构实现多元化，这进一步降低了商业银行贷款资金的风险。其次，消费信贷除了能为银行带来利差收入，还能创造例如工本费、手续费在内的非利差收入。再次，商业银行以利润为中心的考核机制驱动消费贷款投放加大。近些年来，包括国有商业银行在内，各商业银行内部都建立了以经济效益为中心的业绩考核机制，考核指标体系中利润一项开始占有非常重要的位置。当前我国经济下行压力加大，商业银行不良贷款也有所增加。而消费贷款具有的风险低、增速快的特点，正逐渐成为商业银行新的利润增长点。

1.4.3 促进宏观经济快速发展

在宏观层面，消费信贷业务通过两个渠道来推动经济增长，第一，消费信贷刺激消费并通过消费的增加和消费的乘数效应来促进经济增长；第二，消费的功能是劳动力的再生产和人力资本投资，根据内生经济增长理论，人力资本引入是保证资本的边际产量递增的前提条件，消费信贷使消费提前实现有利于提高当期的人力资本投资，从而实现经济以更高的增长率增长。

1.4.3.1 消费信贷通过增加最终消费促进经济增长

消费经济理论认为，消费作为需求力量拉动经济的增长，经济增长反过来又促进消费水平的提高，消费与经济是相互依赖、相互促进的。

根据宏观经济学原理，GDP 由消费、投资、政府购买和净出口构成，即：

$$Y = C + I + G + (X - M)$$

式中，Y 表示 GDP 总量；C 表示消费；I 表示投资；G 表示政府购买；X 表示出口；M 表示进口。

可以看出，消费对经济增长的拉动作用通过直接途径和间接途径两种方式得以实现。一方面，消费本身就是 GDP 的组成部分，消费增加多少，GDP 就相应增加多少，消费不是通过别的变量，而是通过其自身直接对经济起拉动作用；另一方面，消费形成对产品的需求，对产品的需求通过加速原理的作用引发放大了的引致投资需求，而投资同样是 GDP 的组成部分，投资的增加同样拉动经济的增长，消费就这样通过拉动引致投资间接地拉动了经济增长。

消费是人类生存和发展的基本前提。经济学意义上的消费是指人们为满足自身需要而对产品和劳务的购买支出，它由基本消费支出、平均消费倾向和可支配收入决定，即：

$$C = C_0 + b(Y - T)$$

式中，C 表示总消费；C_0 表示基本消费支出，且 $C_0 > 0$；b 表示边际消费倾向，且 $0 < b < 1$；Y 表示 GDP 总量；T 表示税收水平，$(Y - T)$ 构成了人们的可支配收入。

由此可见，经济的增长会促进消费水平的提高。从数量角度来看，一方面，在税收水平既定的情况下，经济的增长直接促成可支配收入的提高，可支配收入的提高通过边际消费倾向的作用使得消费相应地增加；另一方面，一般情况下经济的增长总是带来人们生活水平相应的提高，生活水平的提高会使基本消费支出增加，进而也使总体消费水平提高。从质量角度来看，经济的增长会促进消费结构的升级，这在一定程度上同样会增加消费，使总体消费水平提高。

由以上分析可知，消费与经济之间是相互依赖、相互促进的关系，当二者形成良性互动循环时，可以实现消费与经济的可持续发展。

消费金融可以通过消费与经济相联系并相互发生作用。整体而言，消费金融的存在一方面可以使当前潜在的消费能力得到充分发挥，另一方面可以使未来的消费提前，两方面的作用促成当期消费的增长，消费的增长则通过直接途径和间接途径拉动经济的增长；经济的增长又从数量和质量两方面促进消费水平的提高，消费水平的提高又会激发新一轮的消费金融需求。因此，消费金融通过消费与经济发展相联系，在消费与经济互动发展的基础上形成了消费金融与经济的互动发展；一旦这两个互动形成良性循环，消费金融、消费和经济就能共同实现可持续发展。具体到模型，有：

$$Y = C + I + G + (X - M)$$
$$C = C_0 + b(Y - T)$$

两式联立，求解得到：

$$Y = \frac{C_0 - bT + I + G + (X - M)}{1 - b}$$

可以看出，基本消费支出（C_0）和边际消费倾向（b）是决定 GDP 的两个至关重要的变量。消费金融的存在一方面能够使基本消费支出增加，另一方面能够使边际消费倾向提高，从而促进经济总量增长，与经济发展形成良性互动；如果考虑到市场经济自发调节作用下经济总量的增长往往伴随着经济结构的优化，可以认为消费金融在更高的层次上促进了经济的发展，二者之间的良性互动关系将更为稳固。

总而言之，消费信贷以消费为中介，与经济形成相互支撑、相互促进的互动发展关系，在一定条件下三者的发展能形成良性循环。

1.4.3.2　消费信贷通过增加人力资本投资促进经济增长

内生经济增长理论认为人力资本是影响特定经济体经济增长的重要因素，人力资本的引进使得资本的边际产量为正，从而资本存量的增加能够实现经济的加速增长，同样资本存量的差别也能够解释不同经济体之间产量的差异。

经济部门的产量由柯布—道格拉斯生产函数来衡量：

$$Y(t) = K(t)^{\alpha}H(t)^{\beta}[A(t)L(t)]^{1-\beta-\alpha},$$
$$\alpha > 0, \quad \beta > 0, \quad \alpha + \beta < 1 \tag{1.1}$$

单位有效劳动资本的边际产量为:

$$MP = \frac{\partial y}{\partial k} = \alpha k(t)^{\alpha-1}h(t)^{\beta}$$
$$= \alpha K(t)^{\alpha-1}H(t)^{\beta}(A(t)L(t))^{1-\alpha-\beta} \tag{1.2}$$

由于实物资本投资的增加会带来产量的增加,而产量的增加会带来人力资本投资的增加,从而使得实物资本投资的边际产量递增。

其中 K 为实物资本,H 为人力资本,L 表示工人数;在生产过程中,一单位实物资本供应一单位的劳动力和一定数量的人力资本。当金融部门将储蓄全部转化为投资时,K、L、A 和 H 的运用方程为:

$$\dot{K}(t) = s_K Y(t) \tag{1.3}$$

$$\dot{L}(t) = nL(t) \tag{1.4}$$

$$\dot{A}(t) = gA(t) \tag{1.5}$$

$$\dot{H}(t) = s_H Y(t) \tag{1.6}$$

用 s_K 表示产量中用于实物资本积累的比例;s_H 表示资源中用于人力资本积累的比例,假设 s_K、s_H 为外生变量,由经济体的金融体系的发展水平和经济政策决定;g 为技术进步率;n 为劳动力的增长率。假设生产的规模报酬不变,且满足人力资本和实物资本两变量条件下的稻田条件 (David Romer 1999)。下面分析单位有效劳动的产量:定义 $k = K/AL$,$h = H/AL$,$y = Y/AL$。该定义加上 (1.2) 式可推出:

$$y(t) = k(t)^{\alpha}h(t)^{\beta} \tag{1.7}$$

根据 k 的定义可得:

$$\dot{k}(t) = \frac{\dot{K}(t)}{\dot{A}(t)\dot{L}(t)} - \frac{K(t)}{[A(t)L(t)]^2}[A(t)\dot{L}(t) + L(t)\dot{A}(t)]$$
$$= s_K k(t)^{\alpha}h(t)^{\beta} - (n+g)k(t) \tag{1.8}$$

同理可以得到:

$$\dot{h}(t) = s_H k\,(t)^{\alpha} h\,(t)^{\beta} - (n+g)h(t)$$

对于 k 而言，经济均衡的条件是 $\dot{k}=0$，换言之就是 $k=[s_K/(n+g)]^{1/(1-\alpha)} h^{\beta/(1-\alpha)}$，$\beta<1-\alpha$，说明 k 对 h 的二阶导数为负。通过这一结论，可以得到图 1.6 中 $\dot{k}=0$ 时 k 和 h 的组合。同理，可得到 $\dot{h}=0$ 时 k 和 h 的组合。因此在 $\dot{k}=0$ 且 $\dot{h}=0$ 时，经济达到特定结构参数条件下的均衡。

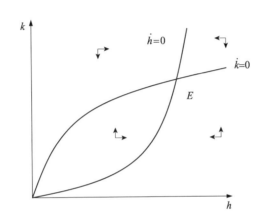

图 1.6　k 和 h 的动态学与均衡增长路径

资料来源：［美］戴维·罗默，《高级宏观经济学》，北京：商务印书馆，1999[1]

若消费信贷业务的发展使得居民当期的消费水平提高，人力资本投资比例上升，即 s_H 上升为 s'_H，得到：

$$\dot{h}(t) = s'_H k\,(t)^{\alpha} h\,(t)^{\beta} - (n+g)h(t) \tag{1.9}$$

$\dot{h}=0$ 曲线右移。

$H(t)$ 上升为 $H(t)'$ 资本的边际产量为：

$$MP = \frac{\partial y}{\partial k} = \alpha k\,(t)^{\alpha-1} h\,(t)'^{\beta}$$

$$= \alpha K\,(t)^{\alpha-1} H\,(t)'^{\beta} (A(t)L(t))^{1-\alpha-\beta} \tag{1.10}$$

边际产量的增长带来产量的增长，产量又继续反作用于人力资本投资和实物资本投资，直到达到均衡，即图 1.7 中的 E' 点，从此经济

以更高的增长率增长，即消费信贷通过增加人力资本投资而实现经济
增长效应。

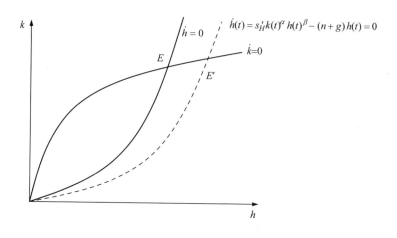

图 1.7   消费信贷对经济增长的影响

2 我国商业银行消费信贷
业务发展现实考察

我国商业银行消费信贷的运行，是不断适应外部环境变化的结果。20 世纪 90 年代末期，我国经济进入需求约束阶段，在运行上呈现供给相对过剩的特征，有效需求不足成为焦点问题。出于拉动内需、刺激经济增长的需要，国家出台了一系列鼓励消费的政策，从而促使商业银行消费信贷业务的发展，并逐步进入市场高速成长期。为了客观分析我国商业银行消费信贷运行规律，不仅需要立足于我国消费信贷运行的发展历程、运行特征和存在的问题，还需要对比国外消费信贷的运行来进行分析比较与经验借鉴。

2.1 商业银行消费信贷业务发展历程

我国消费信贷起步于 20 世纪 80 年代中期，中国建设银行深圳市分行于 1985 年发放了深圳市首笔个人住房抵押贷款，这笔贷款同时也是全国首笔个人住房抵押贷款，但之后十余年间业务品种只有单纯的住房消费信贷，业务发展速度缓慢。我国消费信贷实现快速发展、规模不断扩大是在改革开放之后，在这个时候，市场经济迅速发展、深化，推动了消费信贷在商业银行贷款中的比重的上升，从而在客观上起到了促进国民经济发展、扩大内需的积极作用。

2.1.1 启动阶段（1985—1997 年）

20 世纪 80 年代中期，随着城市住房分配体制改革的推进，住房消费信贷先行启动，深圳等沿海部分地区个别商业银行开始办理以个人楼宇按揭贷款为主的信贷业务，拉开了我国消费信贷业务发展的序幕。到 90 年代，我国消费信贷已经基本形成了买方市场，消费信贷得到了长足的发展，商业银行在这时也为了适应经济社会这一新的发展需求开始积极推广消费信贷。《商业银行自营住房贷款管理暂行规定》是中国人民银行于 1995 年 7 月公布的一部针对消费信贷业务的政策法规，为商业银行发放个人住房抵押贷款提供了政策依据，我国的消费信贷业务正式踏上征程。然而，我国的消费信贷在开展初期，进程较为缓慢，截至到 1997 年年底，商业银行消费信贷规模仅有 172 亿元。

2.1.2　规范成长阶段（1998—2003 年）

1998 年，国外总需求受亚洲金融危机的影响而减少，出口对经济增长的拉动作用也由于我国商品出口受到抑制而明显降低，整个宏观经济表现出明显的通货紧缩趋势。在这种形势下，政府开始采取促进消费扩大内需的调控策略以拉动经济增长，为消费信贷的发展创造了契机。同年 5 月和 9 月，《个人住房贷款管理办法》和《汽车消费贷款管理办法》由中国人民银行发布，从而为我国消费信贷的发展提供了政策上的指导。我国消费信贷业务量增长明显，消费信贷余额截至 1998 年年底达到了 732.74 亿元，较 1997 年环比增长了 326.01%。人民银行在 1999 年至 2000 年这段时间内，又连续发布了《关于开展个人消费信贷的指导意见》以及《关于国家助学贷款管理规定》。商业银行由于有国家政策扶持，纷纷将消费信贷作为新的工作重点，住房、汽车、助学等个人消费贷款规模逐步扩大。截至 2003 年年末，我国消费信贷余额高达 15 732.6 亿元，是 1998 年的 21 倍，规模增长明显。

2.1.3　调整发展阶段（2004—2009 年）

我国消费信贷发展在 2004 年以后呈现出曲折增长的态势，原因主要是宏观经济形势复杂多变，国家对于消费信贷的宏观调控态度也几度调整。在国家政策调控以及自身发展中存在的问题影响下，我国消费信贷在 2004 年到 2006 年期间步入低谷。为了抑制过热的房地产市场，人民银行果断采取措施，在 2004 年到 2006 年不到两年的时间内进行了多达三次加息操作，并于 2005 年 3 月发布意在打压房地产市场中的投机行为的《关于调整商业银行住房信贷政策和超额准备金存款利率的通知》。2007 年，人民银行先后六次上调基准利率以收紧市场流动性，并在同年发布了《关于加强商业性房地产信贷管理的通知》。2008 年，受国际金融危机的影响，我国出口贸易急剧下降，政府又重新对宏观政策进行了调整，商业银行消费信贷得益于国家推出的各种鼓励消费的消费信贷优惠政策，在 2009 年出现大规模复苏。据中国人民银行统计，我国消费信贷余额截至 2009 年年底达到了 55 366.05 亿元，同比增加了 18 131.2 亿元，几乎为 2004 年至 2008 年五年间消费信贷的增量之和。

2.1.4 快速发展阶段（2010 年至今）

我国大众的消费方式和消费观念随着我国消费结构的持续升级和消费总量的增长发生了长足的变化，消费信贷正在一步步地被大众所接受，消费信贷业务也从之前的慢速发展进入了新的快速发展阶段。2010 年以来，北银消费金融有限公司、中银消费金融有限公司、四川锦程消费金融有限责任公司、捷信消费金融有限公司先后成立，成为首批试点消费金融公司。之后，试点范围进一步扩大，消费金融公司的构成渐趋多元化，海尔、联通、苏宁等大型企业纷纷制定战略规划，筹备建立消费金融公司。2015 年 6 月，国务院常务会议一致通过逐步扩大消费金融公司试点至全国的决定，这一决定说明消费金融公司的发展正在受到国家进一步的政策鼓励。随着政策的放开以及居民消费需求的增加，包括商业银行、消费金融公司、汽车金融公司等在内的市场主体纷纷开始挖掘和拓展消费信贷业务，消费金融市场最大的供给方由具有业务能力和资金优势的商业银行担任。我国消费信贷规模截至 2021 年年底已达到了 54.88 万亿元，相比 2010 年的 7.5 万亿元，8 年间我国消费信贷规模增长 7 倍之多，我国消费信贷规模呈加速度增长。

2.2　商业银行消费信贷业务运行中的优势

我国消费信贷业务自 20 世纪末 80 年代以来，取得了较大成果，对各参与主体均带来了极大的正效用，这也在一定程度上刺激了其自身的发展，使其发展表现出了规模扩张强劲、品种丰富等优势。

2.2.1　信贷规模扩张强劲

我国的消费信贷业务起步较晚，直到 1997 年才开始在全国范围内开展，当年的消费信贷业务总量仅为 172 亿元，但我国消费信贷的规模随着政府扩大内需、鼓励消费政策的实施而得以迅速增长。如图 2.1 所示，我国消费信贷规模由 2008 年的 3.7 万亿元人民币增加至 2021 年的 54.88 万亿元人民币，其中 2009 年到 2021 年期间我国个人消费信贷年均增速高达 23.39%，而同期美国消费信贷[①]年均增速不到 5%，相

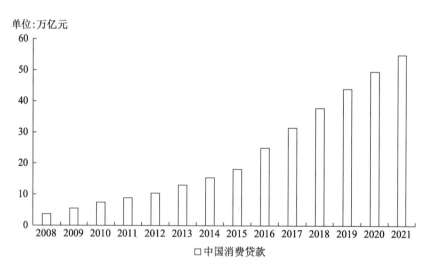

图 2.1　2009—2021 年我国消费贷款发展情况

资料来源：根据中国人民银行相关数据整理得到

---

① 为统一口径，在计算美国消费信贷时，加上住房抵押贷款。

比之下，我国消费信贷的增势强劲。

此外，我国消费信贷占金融机构信贷总额的比重呈明显的上升趋势。如图 2.2 所示，2004 年，我国消费信贷总额占金融机构信贷总额的比重仅为 9.89%，而截至到 2021 年年末，占比已达到 28.48%，相对于美国消费贷款占居民消费信贷总额的比重，已经实现了反超。

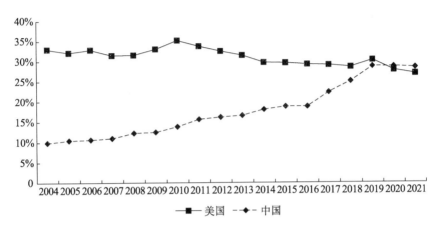

图 2.2　消费信贷占金融机构信贷总额的比重

资料来源：根据同花顺数据库相关数据整理得到

2.2.2　贷款品种日趋丰富

目前我国消费信贷是以住房按揭贷款为主体的，除此之外，还包含汽车消费贷款、信用卡贷款、教育助学贷款等，是一个品种繁多的综合性贷款业务体系。近年来，随着金融市场的发展，各大银行逐步推出不同新型贷款品种，在贷款用途、担保方式、放款渠道、放款方式、还款方式等方面进行了一系列的创新，从各方面满足不同类型客户的资金需求。

在贷款用途方面，目前我国商业银行已不仅仅限于传统的住房、汽车、助学方面。如中国工商银行推出的个人文化消费贷款，即工行向借款人发放的用于个人教育培训、旅游、婚庆、美容健身、俱乐部会员活动等文化消费用途的贷款，中国建设银行推出的家装贷也是具有装修融资服务功能的个人贷款产品；在担保方式方面，主要有抵押、质押、保证和组合担保等方式；在放款渠道方面，银行既可以通过柜台发放贷款，也可以通过商户 POS、电子银行等渠道自助发放贷款；在放款方式方面，贷款客户既可以申请一次性放款，也可以申请循环贷款；在还款方式方面，更是有等额本息还款法、到期一次还本付息法等多达十几种方式。

同时，各大商业银行也结合其企业文化及特点，在客户个人消费贷款业务上相继推出各具特色贷款。比如招商银行在 2015 年初推出的"闪电贷"，这是我国首款基于移动互联网的贷款产品，通过这个产品，客户可以在手机上享受到全天候的自助贷款申请服务，最快仅需耗时一分钟即可完成单笔贷款的发放。毫无疑问，"闪电贷"能够在很大程度上满足客户的经营资金周转需求以及日常消费需求。此外，中国平安壹钱包携手平安信用卡于 2015 年 9 月发行第一张互联网＋信用卡——平安壹钱包花漾信用卡。壹钱包花漾卡与传统信用卡不同，额度由用户自己掌握，用户购买的定期理财或存入壹钱包账户的活期资产共同构成壹钱包花漾卡的消费额度。根据用户的消费情况，壹钱包花漾卡还会随机提供额外的现金消费奖励，这些奖励将返还到用户的壹钱包账户，这为客户提供了区别于其他信用卡的"花越多赚越多"体验。具有这些创新特点的壹钱包花漾卡就此成为第一张会赚钱的信用卡，它能为用户的每一分钱创造两份价值，充分满足了用户理财、取现、消费、收款等各项资金使用需求。截至 2021 年底，壹钱包已经形成了一个涵盖贷款、存款理财、购物、生活缴费等功能的消费信贷生态体系，线上线下消费场景因此得到进一步丰富，这不仅为客户提供了全方位的金融服务，更激发了客户潜在的消费需求。

2.2.3　金融科技助力发展

在如今这个高频率、小额度的消费信贷时代，商业银行传统的消费信贷发展模式受到了极大的挑战，如何通过金融科技来助推消费信贷模式的升级，是摆在商业银行面前的一道难题。但借助包括大数据、生物识别、AI 等先进技术的金融科技，能够帮助银行有效解决目前突出的一系列问题，比如获客难、决策慢、风控难等。

　　首先，金融科技可以帮助商业银行开辟接触客户的新路径与方式。相比传统的线下获客方式，商业银行借助互联网技术能创造许多新的服务场景，增加客户的黏性，提供更高效的服务。其次，金融科技能够促进风险控制方面的创新。这主要体现在银行可根据大数据来进行对客户的综合判断与评价，充分挖掘客户在信贷行为、合作方等不同领域的信息与风险数据，从而综合判断可授予客户的授信额度。再次，金融科技可以为消费者带来消费信贷服务的新体验。金融科技借助生物识别、AI 等技术，可以实现 7×24 小时的在线实时授信，大大便利了客户的使用。最后，金融科技也可以通过分析客户的共性特征，例如行为一致性、IP 地址等帮助银行应对欺诈行为。

　　不少对市场反应灵敏的商业银行正是由于金融科技的上述优势，提出了要打造自己的金融科技银行，或纷纷宣布与电商企业和科技公司开展合作。比如近年来的招商银行，它通过积极布局消费信贷相关领域，同时利用金融科技，形成了所谓"攻防有道"的立体竞争格局，这也使得招商银行成为了消费信贷领域的领头羊。具体来看，"攻"主要体现在加快零售业务部、信用卡中心和消费信贷子公司三大业务立体布局，通过打造全方位的消费信贷服务体系，从而使得自己的业务能覆盖到不同层次的人群；"防"则体现在对于风险的防控上，通过利用金融科技来反欺诈，通过建立平台来吸引流量，创造消费服务场景，实现消费信贷与网络、数据、科技的结合，不断满足客户升级的消费需求。

　　其业务体系呈现出以下两个显著特点：一是聚焦存量客群，发挥自身优势促进零售信贷业务发展。针对优质存量客户，招商银行通过零售信贷部提供灵活、高效的贷款产品，比如抵押消费贷款和线上小额信用贷款。二是线上线下双向打通，结合场景开展信用卡消费信贷。信用卡中心凭借良好的信用卡客户基础，利用"掌上生活 APP"完成线上服务与线下场景的结合，针对部分细分场景推出汽车分期、预约境外临时额度等产品，通过场景的渗透能力，充分挖掘消费者的需求。

　　由此可以看出，大多数银行都将金融科技作为自己的转型方向和发展重点，中国银行业日益重视与发展金融科技。传统银行纷纷利用金融科技来为自己提供低成本高效率的基础设施，通过金融科技创新不断提升资产配置能力和风险管理能力，包括互联网、大数据、AI等先进技术的应用，将优化银行系统的运作，使传统商业银行的服务变得更加高效、便捷、安全。

2.2.4　政策推动效应明显

我国商业银行的消费信贷业务具有明显的政策推动效应，具体表现为从一开始，消费信贷市场的发展就是由城市住房体制改革所推动的，在这个过程中，住房市场货币化引起的房价上升明显超出了同期的居民收入水平。

在保证储蓄动机的前提下，居民不得不通过消费贷款来提高购房能力。1998年至2007年期间，消费信贷业务受到国家政策的强力扶植，商业银行的消费信贷业务量实现了较快增长。随后，中国人民银行为避免房地产市场的过热现象进行了利率调整，以至于当年消费贷款的规模增速急剧下降，商业银行的住房消费贷款业务被间接抑制了。2009年，随着各种消费信贷优惠政策的出台，我国的消费信贷实现了大规模的复苏，规模增速突破20％，上升至48.69％。此后，商业银行消费信贷增速逐渐回归至合理的增长区间，整体上随着经济发展态势的变化而变化。2015年末至2016年初，我国接连出台指导意见，加大对新消费领域的金融支持，促进了产品和消费信贷管理模式的创新，优化了消费环境，我国消费信贷业务也在推动之下得到快速发展，规模增速重新突破30％，上升至34.23％。

对比美国的消费信贷发展，如图2.3所示，由于美国银行业自1910年便开始介入消费信贷领域，至今已超过一百年的历史，其所支撑的消费信贷市场相对成熟，受政府政策影响较小。尽管2008年次贷危机对美国的住房抵押市场造成一定影响，但其规模增速依然稳定。而我国的消费信贷处于发展初期，增速较快，但对政府政策的反应较为敏感，呈现较大波动。

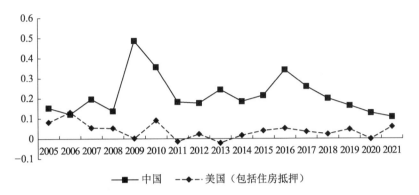

图 2.3　2005—2021 年中国和美国的消费贷款增速

资料来源：根据同花顺数据库相关数据整理得到

2.2.5　风险分散能力较强

随着个人消费贷款规模的逐步扩大，我国商业银行消费贷款的不良贷款额逐步上升，但与商业银行普通贷款业务及美国的消费贷款业务相比，其不良贷款率低，具有较强的风险分散能力。

如图 2.4 所示，2012 年到 2019 年期间，我国年均的消费信贷的不良贷款率不到 0.7%，仅有普通贷款不良贷款率的二分之一左右。2019

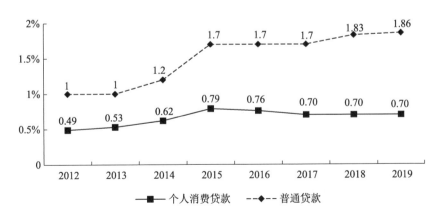

图 2.4　商业银行个人消费贷款与普通贷款的不良贷款率（%）

资料来源：根据银监会年报整理得到

年，银行信贷资产质量进一步下降，普通贷款的不良贷款率上升至
1.86％，较 2012 年上升了 86％，而个人消费贷款的不良贷款率增幅只
有 42.86％。相比之下，个人消费贷款的不良贷款率增幅是比较低的，
这说明，商业银行可以通过开展消费信贷业务实现盈利，同时还起到
了分散整体信贷风险的功能。截止 2019 年末，个人消费贷款的不良贷
款率仅为 0.7％，远低于同时期普通贷款不良贷款率的 1.86％，消费信
贷业务有效分散了银行整体的信贷风险。

如表 2.1 和表 2.2 所示，与美国银行消费贷款的撇账率相比，我国
商业银行的不良贷款率相对较低，所面临的信贷风险较小。2017 年，
美国所有银行消费贷款的撇账率为 2.26％，是我国个人消费贷款不良
贷款率的 3.2 倍。以信用卡为例，如表 2.1、表 2.2 所示，美国银行信
用卡的撇账率基本保持在 3％以上，而目前我国信用卡的不良贷款率低
于 2％，只有以易耗品——汽车为标的的消费贷款不良贷款率偏高，总
体看来，我国商业银行消费信贷的风险管理能力较强。

表 2.1   美国所有银行消费贷款撇账率（％）

	2015 年	2016 年	2017 年	2018 年	2019 年	2020 年	2021 年
消费贷款	1.81	2.15	2.26	2.26	2.30	1.50	0.91
信用卡	2.91	3.45	3.63	3.57	3.65	2.58	1.57
其他消费贷款	0.80	0.95	0.94	0.97	1.00	0.61	0.40

表 2.2   我国商业银行各类消费贷款不良贷款率（％）

	2014 年	2015 年	2016 年	2017 年	2018 年	2019 年
消费贷款	0.62	0.79	0.76	0.70	0.70	0.70
信用卡	1.49	1.84	1.9	1.6	1.60	1.90
汽车	2.07	2.15	2.29	1.50	1.30	1.20
住房按揭贷款	0.29	0.39	0.36	0.3	0.30	0.30
其他	1.19	1.59	1.73	1.40	1.30	1.40

资料来源：根据中国人民银行相关数据和银监会年报整理得到

2.3　商业银行消费信贷业务运行中的劣势

对比国外具有悠久历史的消费信贷市场，我国消费信贷发展不到40年时间，虽然取得了一定成果，但还是存在一定差距的，也正是由于我国的金融市场不完善，信贷立法体系不健全等阻碍消费信贷发展的因素存在，消费信贷在其发展的过程中，在结构、产品、风险管理等方面表现出了一定的劣势。

2.3.1　市场发展相对滞后

一是消费信贷市场参与度较低。从个人消费贷款占居民消费总额的比例来看，随着居民消费意愿的转变和收入水平的提升，我国消费信贷总量持续增长，消费信贷在居民消费支出中所占比重整体上处于上升态势。但相比于美国，我国居民的消费信贷意识较弱，参与度不强，有消费信贷的家庭大多以房贷为主，且在整体家庭消费支出占比中较低；而据美联储公布的消费者金融调查项目（SCF）显示，美国70%以上的居民家庭至少持有一种消费信贷产品。如表2.3所示，与美国相比，我国消费信贷占居民消费总额的比重明显较低，2021年，我国个人消费贷款占居民消费总额的比重只有21.22%，而美国则达到了28.20%。

表 2.3　个人消费贷款占居民消费总额的比重（剔除个人住房贷款）

		2017 年	2018 年	2019 年	2020 年	2021 年
消费信贷占居民消费总额的比重（%）	美国	0.29	0.29	0.29	0.30	0.28
	中国	0.19	0.23	0.24	0.22	0.21

资料来源：根据同花顺数据库相关数据整理得到

二是消费信贷二级市场有效度不足。从理论层面来看，消费信贷的规模体量较小、信贷成本较高并且具有较高的风险。利用二级市场出售消费信贷资产能提高消费贷款的流动性，较好地实现资产与负债、风险与收益之间的匹配。美国自1985年就出现了基于信用卡、汽车贷

款、学生贷款、房屋权益贷款等的资产支持证券（ABS），而我国直到
2005 年才开始探索推进信贷资产证券化，2015 年 4 月才正式推行信贷
资产证券化注册制。2014 年 3 月，招商银行发行了国内首单信用卡资
产证券化，2018 年我国个人消费贷款 ABS 发行金额仅为 1 101.78 亿
元，而 2018 年美国仅学生贷款 ABS 发行金额就达到了 189 697.6 亿美
元。与美国相比，我国消费信贷二级市场起步晚、规模小、发展滞后。

2.3.2　信贷结构较为单一

从期限结构上来看，我国商业银行消费信贷的期限结构以中长期
贷款为主。中长期消费信贷占消费信贷总额的比重一直在 75％以上。
如图 2.5 所示，2008 年至 2021 年间，短期消费信贷占比在总体上呈现
出了缓慢上升的趋势，由 2008 年的 11.12％上升至 2021 年的 17.05％；
中长期消费信贷占比变化与之相反，在总体上呈现出下降的趋势，由
2008 年的 88.88％下调至 2021 年的 82.95％。

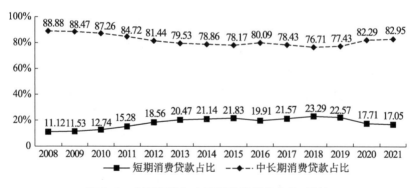

图 2.5　中国短期与中长期消费贷款占比（％）

资料来源：根据中国人民银行相关数据整理得到

我国商业银行以中长期贷款为主的消费信贷结构，主要是受个人
住房贷款的影响。因此，进一步从产品结构上来分析，在商业银行消
费信贷中，个人住房贷款持续占据主导地位。如图 2.6 所示，我国消费
贷款中个人住房贷款的比重自 2017 年之后与美国相近，一直处于较高
位置。另外，房贷以外的其他消费信贷业务规模较小，2021 年占比仅

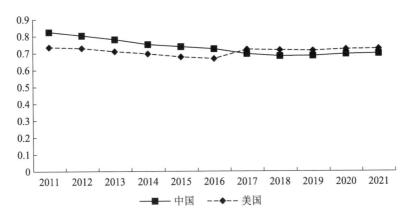

图 2.6　中美两国个人住房贷款占消费贷款的比重

资料来源：根据同花顺数据库相关数据整理得到

有 30.17％。

个人住房贷款所主导的消费信贷结构，使商业银行在开展消费信贷业务时，存在一定程度的资产负债期限错配的挑战。由于资产证券化这一商业模式在消费信贷业务中尚未全面展开，期限较短的存款是消费信贷资金的主要来源，消费信贷业务的扩张可能使得商业银行出现潜在的流动性风险。随着利率市场化进程的日益加快，经济波动所带来的影响逐渐加深，期限结构匹配问题使商业银行的经营管理面临巨大挑战。

与美国相比，我国消费信贷的供给方是以商业银行为主要机构，这就造成了我国消费信贷产品的品种单一、结构不合理的局面。个人消费类信贷业务在美国有着悠久的发展历史，主要表现特征为参与的主体机构较多，相应产品的种类多样，产品模式也更加细化。通常情况下，美国将消费信贷分为循环和非循环两种类型的信贷，从产品种类出发通常分为学生信贷、汽车信贷、信用卡贷款、循环房屋净值贷款、发薪日贷款等，产品的期限不同且较为灵活。对比我国可以发现，我国的消费信贷结构并不合理。从 2010 年起，住房贷款在我国消费信贷整体规模中所占比率超过 70％，占比排在第二位的是信用卡贷款，这种现象凸显了我国消费信贷结构的不平衡，依赖于不动产抵押的消费信贷授信模式严重阻碍了我国消费金融的快速发展。

2.3.3 区域发展不平衡

由于消费信贷的发展需要以一定的经济水平和信贷需求作为基础，而我国各地区的经济条件存在差异，银行等金融机构往往选择经济较为发达的东部地区开展消费信贷业务，造成欠发达的西部地区消费信贷业务发展严重滞后，区域分布极不平衡。如图 2.7 所示，2018—2020 年，我国东部地区各省份消费贷款余额占全部贷款比重始终高于50%，处于主导地位。而中部、西部地区消费贷款余额占比均在 20%左右浮动，东北部地区所占比重则是始终低于 5%。从消费贷款增速来看，2018—2021 年各个地区都呈现出下降趋势，这可能是因为各商业银行在稳步推进消费贷款业务发展时更加注重消费信贷业务的质量而非速度。从年平均增速来看，中部地区的平均增速最快，达到了18.5%，西部次之，也超过了 15%，东部和东北部的年平均增速分别为 14.2% 和 13.7%，总体呈现出 "中西高东低" 的特点。

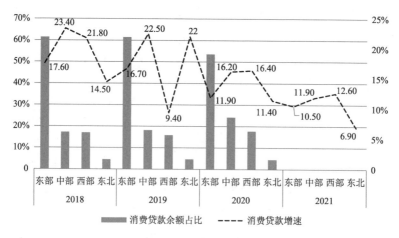

图 2.7　2018—2021 年我国各区域个人消费贷款情况

资料来源：根据中国区域金融发展报告整理得到（2021 年消费贷款余额占比未公布）

另外，与我国典型的二元经济结构相对应，我国消费信贷也存在显著的城乡差异。在消费信贷需求方面，我国农村居民的收入水平和消费能力较低，居民消费观念相对传统；而在消费信贷供给方面，分布于我国农村地区的能够开展消费信贷业务的银行等金融服务机构的网点数量较少，由此导致我国绝大部分消费信贷都投放于城市，农村地区的消费信贷占比极小。

2.3.4　产品同质化严重

随着社会经济的不断发展，各大商业银行之间的竞争日益激烈。一旦某个商业银行推出一项新的金融产品，其他商业银行都会蜂拥而至，基于该创新点推出各项本质相同的产品或服务。消费信贷亦是如此，这样就造成了我国商业银行在消费信贷产品上的同质化现象严重。我们把五大国有商业银行的主要消费信贷产品整理进行对比，内容如表 2.4 所示。

表 2.4　国有商业银行主要贷款品种一览表

项目	住房类	汽车类	助学类	其他
中国银行	个人住房公积金贷款、个人一手房住房贷款、个人二手房住房贷款	个人消费类汽车贷款	国家助学贷款、理想之家·留学贷	个人网络循环贷款、工薪贷·企事业员工的专属贷款
中国建设银行	个人住房贷款、个人再交易住房贷款、公积金个人住房贷款、个人住房组合贷款	个人汽车贷款	国家助学贷款、"学易贷"个人教育贷款	下岗失业人员小额担保贷款、家装贷
中国工商银行	一手个人住房贷款、二手个人住房贷款、个人住房公积金（组合）贷款、个人自建住房贷款、个人直客式住房贷款	个人自用车贷款	个人助学贷款、个人留学贷款	个人家居消费贷款、个人文化消费贷款
中国农业银行	个人一手住房贷款、个人二手住房贷款、个人住房与公积金组合贷款、置换式个人住房贷款、个人住房直客式贷款、个人住房接力贷款	个人汽车贷款	国家助学贷款、留学贷款、商业助学贷款	家装贷、个人综合授信贷款
交通银行	个人一手房按揭贷款、个人二手房按揭贷款、个人保障性住房贷款、个人住房公积金贷款	个人消费汽车贷款	国家助学贷款	个人住房装修贷款

　　从表 2.3 中我们可以看出，五大国有商业银行的消费信贷品种同质化极其严重，这样就直接导致了我国商业银行直接的激烈竞争。在产品同质化的情况下，银行只有从贷款利率、贷款服务、附赠产品等方面来提高本行贷款产品对客户的吸引力，这种竞争状况不利于我国金融业产品的创新以及金融市场的活跃性。

2.3.5　风险管理水平低

　　我国现有政策法规主要是约束企业与银行的信贷关系，以生产性贷款为主要代表，因此大多数银行在开展消费信贷业务时往往是移植生产性贷款的做法。为有效开展个人消费信贷业务，各商业银行均制订了相应的管理规范和服务办法。消费贷款管理办法一般包括对消费信贷贷款对象、贷款条件、贷款人申请条件、贷款的审批和偿还等内容。消费信贷通常以担保的形式发放，担保形式包括质押、抵押和保证担保。消费信贷在处理方式上通常要经过一定的流程，在管理上关键在于风险控制。在消费信贷的业务流程上，通常为：贷款受理→贷前调查→贷款审核与放款→贷后管理→贷款回收。

　　以个人耐用消费品贷款的程序为例，可以用图 2.8 来描述：

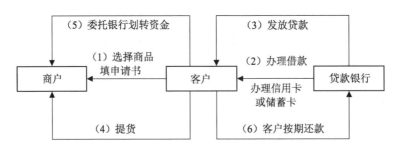

图 2.8　耐用消费品信贷的运作程序

资料来源：于璐，詹蕾.《消费信贷运作指南》，成都：四川大学出版社，2000[181]

　　由于消费信贷运作方式移植了生产性信贷的做法，尚未建立起一套适合消费信贷业务发展的风险管理体系，因此就目前而言消费信贷风险管理水平在很大程度上受制于生产性信贷的风险管理水平。我国国内银行风险管理以 1984 年的"期限管理"为起点。1995 年《中国人民银行法》《商业银行法》《票据法》《担保法》相继实施，为商业银行风险管理提供了法律依据。1996 年推出的《贷款风险度》管理是银行风险管理的重大创新举措。1999 年中央银行推出《授信管理》，将之与《授权管理》相结合，是我国现阶段控制银行风险的两大手段。

消费信贷的风险管理一般包括贷前的风险识别和防范、贷后的风险管理以及贷款风险的分担。在贷前风险识别和防范这一过程中，主要发展方向为征信体系的建立，我国在这一方面取得了一定成效，央行从 2004 年初开始着手组织商业银行建设全国集中统一的个人征信系统，并于 2011 年 2 月正式启动了征信系统二代建设。2013 年征信系统被定位于"金融信用信息基础数据库"，作为专业机构，负责建设、运行和维护，为信贷市场的风险管理与市场稳定提供了强有力的支撑。但是从现实社会发展状况来看，我国部分地区征信系统组织构架的建设不够健全，征信体系基本功效的发挥不够充分，征信组织尚未有效发挥其在信贷市场中的功能，从而导致征信市场的建设发展乱象丛生，严重制约了我国征信体系的整体发展进程。另外，我国当前消费信贷发放机构对贷款发放以后的各种风险缺乏预警机制。对于信用风险的度量和管理，商业银行通常采用"两呆一逾"的口径对不良资产与贷款进行分类，产生了很多弊端。现采用以风险度量为依据的五级分类法，将贷款分为正常类、关注类、次级类、可疑类和损失类五级。由于资产证券化尚未在消费信贷领域广泛运行，使得商业银行的资金来源渠道有限，仍然是通过对流动性缺口的测算，进而快速调整资产负债结构，使之达到金额匹配、期限匹配。通常情况下，商业银行为了避免短期利率上升而带来的固定利率贷款的损失采取压缩贷款期限的做法[182]。

在贷后的风险管理以及贷款风险的分担方面，我国也尚缺乏一套自上而下的信贷管理机制。首先，未建立专门的信贷决策机构，导致对于商业银行，尚且没有可行的办法拟定其信贷风险管理的相关制度，也不能有效拟定其在信贷过程中对贷款人的信用评定标准；其次，银行在对客户信用进行评估和分析时，大多采用比率分析方法，该方法较为传统且是以定性分析为主，缺乏全面系统、行之有效的定量分析手段，从而使信用评估结果不够准确。而关于信贷管理内控制度，我国商业银行信贷业务的各项决策大都是由管理人员依据信贷业务相关工作人员收集整理的资料信息做出决策，而对于个人信用评级等信息在各业务环节和业务部门流转传递过程中的材料可信度和真实度尚未进行考虑，致使管理者的决策结果缺乏一定程度的科学性、合理性水平；对于参与信贷活动的工作人员素质、技能培训也存在不足之处，商业银行对信贷业务员工的评价考核体系不够完善，因此造成相关员工的工作素养和技能水平较低，进一步扩大了因人员操作失误等问题而导致的主观信贷风险。

2.3.6　法律法规不完善

由于没有专门针对消费信贷业务的法律法规，目前各商业银行在开展消费信贷业务时仍然沿用《商业银行法》《贷款通则》《担保法》《票据法》《合同法》等法律法规的相关规定。然而这一系列法律法规都只是间接为消费信贷进行护航，其中的规定也只是零碎且不完善的，如我国与消费信贷有关的中介服务体系，再如个人信用体系、资产证券化体系、担保体系以及实现信用风险发生后实现风险补偿的商品二级市场。我国在中介服务体系方面的建设还处于起步阶段，缺乏有效的手段来区分个人隐私数据和合理征信范围的数据，因此亟需建立明确的法律法规界限，既要保障消费者的合法权益和隐私权还要明确银行信贷工作人员从事信用业务的内容和职责，避免由于信用体系不完善而产生纠纷，努力缩小我国消费信贷市场的风险。当前我国暂时还不存在一部专门为消费信贷建立的完整体系，为适应消费贷款健康发展的需要，亟需建立相应的法律法规，基于我国消费信贷的业务特征和实际情况，同时兼顾和保护消费者和商业银行等多方业务关联人的合法权益不受侵犯，尽快建立起适合我国现实国情的消费信贷担保保证制度和商业保险制度。

2.4   商业银行消费信贷业务经验借鉴

20 世纪初期，国外商业银行的消费信贷业务已经开始起步，同时期专门经营消费信业务的金融机构也开始出现。目前，消费信贷的业务规模占全信贷业务规模的比重显著增加，在欧美等发达国家这一比率多为 20%—40%，个别国家甚至高达 60%。消费信贷业务产生的收入已经成为部分银行的主要收入来源，成为银行业重要的资产业务和盈利渠道，贷款消费这一消费形式已发展成为居民个人的重要消费选择模式。

2.4.1   以多元发展为路径的美国消费信贷

作为世界上经济最发达的国家，美国已经形成了较为完善的消费信贷体系。在消费信贷业务发展的时间长度、发展规模、产品种类、法律制度等方面，美国的发展均较为成熟。从图 2.9 可以看出，自 2005 年以来，美国消费信贷余额整体上呈上升趋势，商业银行的个人消费信贷余额由 2005 年的 22 909.28 亿美元增长至 2021 年的 44 313.12 亿美元，15 年间年均增速高达 6.23%。

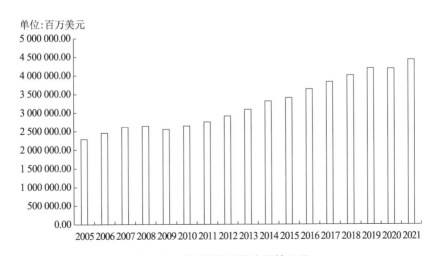

图 2.9   美国消费信贷余额情况图

资料来源：根据 wind 资讯数据整理得到

美国的消费信贷市场发展较早，各方面制度体系相较其他国家都更加完善，除了在信用制度、法律体系、风险管理等方面领先于其他国家之外，从消费信贷的总体情况来看，其主要特点为多元化发展，主要表现在消费信贷品种和机构上。

第一，丰富的个人消费信贷品种。美国的消费信贷按消费者信用方式划分，主要可分为零售信用、现金信用和不动产抵押贷款三大类。零售信用是指市场上的零售商以赊销的方式为消费者提供产品和服务，消费者基于信用媒介直接向零售商购买产品和服务的交易行为，而现金信用是消费者作为借款人向贷款人借贷，以借贷的现金支付购买商品或服务的费用，将来再将所贷金额归还贷款人，即"现在借款，现在支付，现在购买，以后偿还"。现金信用与零售信用最大的不同是：前者是第三方向消费者提供信用，而后者是销售商向消费者提供信用。不动产抵押贷款则是以房地产或企业设备抵押品所发放的贷款。另外，按贷款还款方式划分，美国商业银行的消费信贷通常包括以下种类：分期付款型信贷、开放性循环贷款、一次性偿清型信贷和住宅抵押贷款。

第二，众多的个人消费信贷机构。美国的消费者信贷机构主要包括以下几种：①商业银行；②信用合作社；③消费者金融公司，此类公司是小额分期付款贷款的主要提供者，贷款对象大多数是工人；④工业银行，它是一些州依据工业贷款法组建的银行公司，主营业务是发放消费者分期贷款；⑤储蓄和贷款协会，在 19 世纪 80 年代以前只接受存款和抵押贷款，80 年代以后被允许向消费者发放贷款；⑥其他类型贷款机构等。

2.4.2　以综合立法为导向的英国消费信贷

英国在消费信贷业务的发展中，最大的成功之处在于《消费信贷法》的颁布，英国于 1974 年颁布的《消费信贷法》是资本主义世界消费信贷的典范，该法案提倡保护弱势消费者个人和群体的权益不受侵犯，倡导建立保障交易安全的信贷担保制度。从图 2.10 可以看出，英国消费信贷余额从 2000—2018 年近二十年的时间中，增长了一倍以上，除 2008 年受到金融危机的影响有所下降外，其余年份均呈现上升

趋势，且增速在近几年有所放缓，其中住房抵押贷款增长速度明显快
于信用卡贷款。

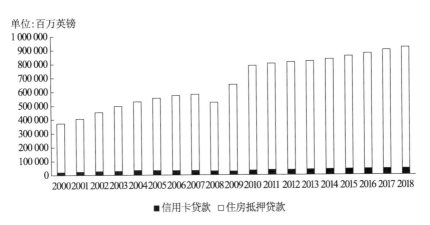

图 2.10 英国信用卡贷款与住房抵押贷款增长情况图

资料来源：根据 wind 资讯数据整理得到

　　从英国的消费信贷发展史可以看出，商业银行只有以完善的法规
体系为基础，以强有力的法律支撑为保障，才能在开展消费信贷活动
时有效减少风险事故的发生，消费者才能充分运用消费信贷，满足其
消费需求。总体来看，为英国的消费信贷发展做出卓著贡献的就是其
《消费信用法案》的颁布与实施，该法案表现出以下基本特征：

　　第一，宽松的市场准入制度。公平交易局采用业务审查制度来管
理消费信贷市场的准入，《消费信用法案》对申请者采取"适合性"准
入标准，这一标准是抽象且宽松的，业务牌照的授予对象是适合经营
消费信贷业务的申请者，对于申请人的资本要求该法案没有设立任何
的门槛要求。

　　第二，严格的信息披露制度。《消费信用法案》对信息披露义务做
出了明确的规定，要求贷款方在不同阶段承担不同的披露义务。不管
是商业广告发布、缔约前谈判，还是合同成立、履行的过程中，每个
阶段均有严格的信息披露规定，且贷款方必须按规定披露相应内容，
否则需承担严重的法律后果。

第三，权威的司法救济制度。公平贸易局通过实施相应的措施和手段对信贷活动中存在的不公平现象进行干预，同时该法案还制定了司法救济制度，增强了司法机构发挥行政作用的能力，凸显了行政机构在消费信贷中的地位。行政机构有权对信贷交易过程中不公平行为做出判决，并强化了判决相应信贷交易的法律效力。

2.4.3　以监督管理为基础的日本消费信贷

据文字记载，日本在很早之前就已经有个人信用的雏形，至今已有近千年的历史。尽管日本开展消费信贷业务的历史悠久，但是现代意义上的消费信贷起始于二战后，而消费信贷业务规范发展，并逐渐建立相应的制度是在 20 世纪 60 年代以后。当时，商业银行为了吸收存款和挖掘新型业务，推出了个人消费信贷业务。日本的消费信贷业务经历了 50 多年的发展，业务规模和水平由相对落后发展到较为成熟，消费信贷逐步达到了与其国家经济发展相匹配的水平，到目前为止，日本已经发展成为消费信贷大国，并且拥有完备的消费信贷体系。从图 2.11 可以看出，日本的消费信贷量从 2005 年到 2018 年十三年间，除 2006 年稍有下降外，其余年份均呈现出稳步上升趋势。

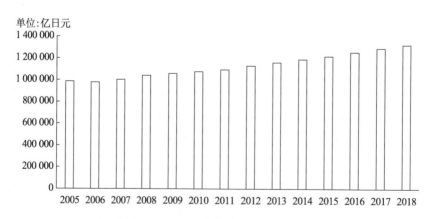

图 2. 11　日本消费贷款发展情况图

资料来源：根据 wind 资讯数据整理得到

总而言之，虽然日本的消费信贷市场的起步晚于欧美等国家，但是其发展迅速，特别是在监督管理体制方面，形成了一套有别于其他国家的独具特点的市场化运作模式。

第一，市场管理。在日本，提倡以政府为主、市场为辅的消费信贷管理模式，尤其重视消费者个人的消费信贷管理。在日本管理个人消费信贷的机构部门称之为"金融厅"，主要职责是统一负责金融市场的正常有序运作，在各地区与金融厅相对应的管理部门称之为"财务局"，主要职责是管理各地区金融市场中消费者的各项事务，这一专门监管部门的成立，为消费信贷业务的健康发展奠定了坚实的基础。

第二，不良债务管理。在消费信贷业务运行的过程中，部分消费者往往会由于各种原因发生银行贷款违约现象，致使个人信用水平下降，银行不良贷款增加，对消费者信用评级和银行的日常经营产生不利影响。消费者由于债务累积过多而失去偿还能力，从而个人信用评级下降直至破产，商业银行因为不良贷款累积导致坏账增加，严重影响自身的经营状况和发展前景，因此，日本制定了严格的不良债务管理办法。

第三，个人信用管理。随着经济社会的发展，日本已逐步建立起独具特色的征信体系，个人信用的管理系统建设日益成熟完善。消费信贷的发放依赖于个人的信用评级，还款同样是有赖于个人自身的信用，因此基于信用的贷款和偿还风险水平较高，但是由于个人信用在日本形成较早，依靠信用进行贷款的观念已深入人心，成为金融机构发放贷款的基础。

2.4.4 以利益保护为侧重的澳大利亚消费信贷

澳大利亚的消费信贷存在已久，受国际金融的影响，澳大利亚进行了新一轮的金融改革，通过实施诸多改革措施和强有力的经济结构调整，保证了国家经济和社会发展战略目标的实现，同时也为建立让消费者放心的信贷消费法律环境作出了巨大努力。我们利用其家庭信贷数据来进行简要分析（如图 2.12），从 20 世纪八十年代末期到现在，澳大利亚家庭信贷总体上来说处于缓慢上升的过程中，从 1989 年的

173.57 亿澳元增加到了 2021 年的 2 595.45 亿澳元，增长了近 15 倍。
但其增速波动较大，在经历了九十年代前期的大落大涨后，其家庭信
贷增速在九十年代中后期较为稳定，基本保持在 12% 左右，2000—
2003 年有所上升，此后除 2021 年增速有所上升外，其增速整体上进入
了波动下降的过程，但信贷总数是向上增长的。

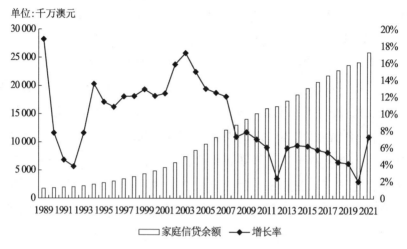

图 2.12　澳大利亚家庭信贷余额增长情况图

资料来源：根据 wind 资讯数据整理得到

　　在澳大利亚的消费信贷发展过程中，无论是制度立法，还是体系
建设，利益保护这一主题都贯穿始终。在双方或多方的金融博弈中，
正是这种以利益保护为侧重的消费信贷运行方式，为澳大利亚信用消
费的健康发展提供了保障。其特点主要表现为：

　　第一，给予金融机构特殊的权利。金融机构消费信贷活动的盈利
水平与国家的金融政策密切相关，利润受外部经济金融环境的影响较
大，同时金融政策和金融环境也会随着经济社会的发展变化而改变，
这种改变的发生可能是高频率的，目的是为了更好地适应消费信贷市
场发展过程中出现的新特征和新风险。政府金融政策的制定者为了保
障金融机构在新的风险变化中更好地经营，消费信贷法律法规的制定
者往往会给予金融机构特殊的权利，从而适当地平衡金融机构在消费

信贷市场变化的过程中所面临的各种外部风险。这一政策的实施使得其消费信贷更加灵活多变，能适应更多贷款者的贷款需求，刺激信贷市场的健康运行。

第二，贯彻倾向性保护消费者利益的立法精神。由于贷款人与金融机构在信贷关系中的地位是不平等的，尤其是涉及法律关系的事务处理中，贷款人往往处于弱势地位，只是依赖于金融机构自身的自律来保障贷款人的合法权益是很困难的，因此，政府相关部门通过强大的法律法规政策的制定来约束和保障贷款人相应的责任和权益，保障信贷消费者的合法利益不受侵犯。此外，政府当局非常注重对现有法律的补充和完善，经过多年的发展和经验的积累，澳大利亚拥有完善健全的保障贷款人合法权益的消费信贷法律体系。

2.4.5　比较分析与经验借鉴

美国、日本、英国和澳大利亚等发达国家消费信贷市场的起步都较早，经过长时间的发展，无论在机构运行、风险调控，还是在监管方面都已趋于成熟，已经形成了一个相对比较完善的消费信贷市场。而与之相比，我国消费信贷起步较晚，加之早期经济环境较为混乱，其市场无论是规模还是发达程度，与上述国家都存在很大差距。因此，鉴于中国目前信贷市场整体情况，我们应该结合发达国家信贷市场发展经验，积极谋篇布局，根据中国实际情况取其精华。

第一，统一消费信贷立法。以英国为例，基于多年立法实践，英国于 1974 年制定了《消费信用法案》。该法案的主要价值体现在平衡已有制度间的矛盾，强化了立法与执法之间的协调性，其完善的法律制度和治理体系是信贷市场健康飞速发展的重要保证。我国的消费信贷立法尚处于探索阶段，且步伐较慢。纵观我国现有的法律法规文件，可以发现现行法规的保护和处罚对象几乎都是针对法人金融机构，缺少专门针对消费贷款人的法律规定，对个人的失信违约处罚措施不够明确。面对这一现状，商业银行在开展消费信贷业务时银行的权利不能够得到有效保护，一旦出现贷款人违约失信时缺乏相应的法律处罚。我国的商业银行虽然有针对消费贷款人失信行为的配套措施，但整体上仍然缺乏具有专业性、针对性、强制性的信贷消费法律法规，因此，金融监管当局有必要根据我国的金融市场的完善程度，金融环境的发展程度来进行立法，借此来推动我国消费信贷市场的发展。

第二，完善个人信用制度。在美国，所有的社会公民都有自己的"社会安全号"（SSN），每个安全号记载了每个美国公民近乎全部的个人信用信息，包括个人的银行账户号、信用卡账户号、税号和社会医疗保障号等信息。由于存在这一个社会安全号，每个美国公民没有办法在安全号上作假，因此，当今的美国已经拥有一套包含全社会所有公民的完备个人信用体系。同样地，日本在其金融市场发展的过程中，也建立了适合自己国情的个人信用管理系统。而我国的个人征信系统和全社会的信用管理体系还处于建设的过程中，与消费者活动相关的单位不能实现信息共享，而且还缺少提供权威的个人信用信息的部门机构，商业银行、个人消费者和消费品供应商之间存在严重的信息不对称现象，严重阻碍了消费信贷市场的发展，所以加快健全个人信用法规，建立健全的个人征信体系具有积极的现实意义。

第三，建立有效监督管理机构。日本的消费信贷体系中具有庞大且强大的行业组织，这些组织在推动行业发展和消费信贷市场的管理过程中发挥着极其重要的作用，尤其是在产业的规划设计与发展中，市场运行秩序的组织保障和维护中，消费者合法权益的保障实施和强化中，政府主管部门发挥着不可替代和影响深远的作用。澳大利亚在消费信贷市场的发展改革中逐渐突出强化了对信贷消费者正当权益的保护，并且成立了专门的管理机构确保法律政策的执行实施。我国在这方面所做的还远远不够，整体监管比较滞后，不能合理控制好风险，随着我国信贷消费的发展，对信用消费者的保护不容忽视。

第四，促使消费信贷多元化。美国的消费信贷品种是极其丰富的，从最早开始的零售信用到现金信用，再到不动产抵押贷款，可谓应有尽有，极大地满足了消费者的信贷需求。此外，其贷款人也可根据自身实际情况，选择不同的还款方式，既方便又灵活。近年来，随着我国经济实力不断提高，消费信贷虽然在规模上有较大发展（主要体现在居民住房贷款、汽车贷款方面），但其种类与发达国家相比仍显不足，旅游贷款、助学贷款、抵押贷款等份额占比仍不合理，债务人还款方式也较为单一，市场进一步细分程度仍处落后，不能满足不同收入层次、不同消费需求的消费者需要，中国存在广阔的消费信贷市场，还有很多可深耕细作之处。

第五，破除传统消费观念桎梏。发达国家居民几乎都有提前消费的理念，消费对经济拉动的贡献是极为巨大的，居民素质较高，他们并不是盲目的提前消费，而是根据自身实际情况合理借贷。在中国，受短缺经济的影响，大部分消费者仍然以传统消费观念为主导思想。"无债一身轻"的传统消费观念在消费者的消费思想中根深蒂固，"先入为主"的传统消费观念仍然深刻地影响着当前消费信贷市场的发展。为此，国家要通过多渠道引导和转变居民传统消费观，倡导居民适度负债消费、适当超前消费，逐步摆脱无债消费观，以多种措施提升个人对信用意识的认知，增强个人消费信用水平。另外，依靠市场经济环境的自身调节能力，充分发挥市场主体的引导力量，以市场为导向转变居民的消费观，逐步适应提前消费和信贷消费。总之，发展消费信贷就必须破除转变传统的消费观念。

第六，完善社会保障制度。上述发达国家都具有一套完善成熟的社会保障制度，这些国家的社会保障制度与其消费信贷的发展高度契合，健全的社保体系与消费信贷的超前消费模式相辅相成，有效促进了消费信贷市场的稳健发展。以美国的社会保障制度为例，社会安全生活补助是美国社保体系的重要一环，其不仅仅能够为老年人、低资产家庭及残障人士提供每月的福利补助，还具备人寿保险功能，使得美国工薪族即使在受伤后无法获得工作收入时也能通过这一补助获得基本生活保障，从而使得该国居民在进行消费贷款时无需考虑以后还款对基本生活的影响。另外，美国的联邦社会保险体系、失业补助金体系及公共援助金体系等保障了公民的基本生活，且在工作、生活、医疗及教育方面的社保也趋于完善，从而使得居民能够放心进行消费信贷。我国应该借鉴欧美发达国家的相关经验，逐步完善教育、医疗、养老等社会保障制度，让广大居民能够有效降低超前消费所对应的还款压力，消除消费信贷的后顾之忧，进而促进我国消费信贷的高质量发展。

3 我国商业银行消费信贷
业务运行机制构建思路

2016 年 3 月 5 日政府工作报告明确提出"鼓励金融机构创新消费信贷产品",旨在通过提高消费信贷经营主体多样性、产品差异性,促进国民消费水平增长,合理推进消费规模扩增和结构升级。此后,人民银行、银保监会等部门陆续出台多项政策推动消费信贷快速有序发展。作为消费信贷卖方市场的主力军,我国商业银行消费信贷业务的运行,对我国金融结构和宏观经济环境有重要影响。如何建立起适合我国商业银行发展特点的消费信贷运行机制,使消费信贷成为提升经济增长的"绿色"引擎,成为人们关注的焦点问题。

3.1 消费信贷业务运行机制构建的基本设想

商业银行业务运行是我国金融改革与经济发展的风向标,构建和完善消费信贷机制,将涉及我国商业银行结构甚至整个金融体系结构的调整,因此,在构建商业银行消费信贷运行机制时,应确立符合商业银行发展规律的构建目标,遵循信贷业务可操作性等原则。

3.1.1 消费信贷业务运行机制构建目标

商业银行的经营目标是在实现"三性"平衡的基本目标的同时追求价值最大化的最终目标,而我国商业银行消费信贷业务运行机制的构建目标与其经营目标保持一致。

3.1.1.1 价值最大化的最终目标

近年来，随着商业银行股份制改革步伐的加快，国有银行也加快了经营管理的改革创新进程，通过完善公司治理结构逐步向市场化方向发展，"利润最大化"的经营目标已经成为过去时，现代商业银行经营的最终目标是"价值最大化"。

所谓商业银行价值最大化是指银行基于财务上的合理化运营，选取最为合适的财务策略，全面考量资金成本的时间价值以及风险与收益的平衡关系，在保证银行能够长期且稳定发展的基础上，使商业银行总价值达到最大。因此，价值最大化是从长期经营角度来定义的，不是一个短期的概念，涉及到资金的时间价值，其基本思想是将商业银行长期稳定发展摆在首位，强调在价值增长中满足各方利益关系。那么，消费信贷作为商业银行的一项主要日常业务，在运行的过程中同样遵循这一目标，即价值最大化。消费信贷作为商业银行发出的贷款，具有贷款的一般性质，如有一定的贷款利率、贷款期限，需要抵押物（信用在此同样视为抵押物）等，这些规定都是为以后收回贷款本息所作的一系列准备，以便商业银行能够实现在风险一定下的收益最大化或在收益一定下的风险最小化。因此，消费信贷在发放时，不可能只考虑到收益，而是要结合风险与收益进行衡量，即以其价值最大化为目标，这样才有利于消费信贷业务的健康、稳定发展，从而实现商业银行经营的长期性与可持续性。

3.1.1.2 "三性"平衡的基本目标

商业银行拥有金融中介和特殊企业的双重身份，这种特殊的身份特征决定了其在资金获取和安排使用上具有高负债、高风险和逐利性等特点，因而必须充分考虑银行的"安全性、流动性、盈利性"，将三性平衡与协调作为其经营活动的首要目标。那么，商业银行如何达到"三性"平衡就成为了商业银行管理的一个重要难题，在不同的发展阶段，商业银行的经营理论与管理方法都不完全相同，从最早的资产管理理论，到负债管理理论，再到资产负债综合管理理论的变化过程，凸显了商业银行在持续追求更加稳健的经营理念，持续寻求在收益、风险和资本的平衡关系。

　　"三性"平衡的经营理念渗透到商业银行的各项业务中，消费信贷业务也不例外。首先，消费信贷作为商业银行贷款的一种，必须以安全性为前提，若不能保证消费信贷的安全，不能保证消费贷款在到期时能安全收回本息，消费信贷的坏账损失将会增加，银行消费信贷业务经营风险将无法控制。其次，在发放消费贷款时，要充分考虑其流动性，商业银行的存款负债期限相对较短，而商业银行消费贷款以个人住房贷款和汽车消费贷款等中长期贷款为主，"短存长贷"局面使银行必须加强对消费信贷业务的流动性管理。最后，商业银行发放贷款的最终目的还是收到其发放贷款的回报，即实现其盈利性，在追求利润的过程中实现其资金的优化配置。

3.1.2　消费信贷业务运行机制构建原则

　　消费信贷业务机制的构建应符合商业银行消费信贷运行规律、满足实际业务操作流程，具体构建包括三点原则：与消费信贷运行特征相一致、与商业银行内控制度相协调、与实际业务操作过程相匹配。

3.1.2.1　与消费信贷运行特征相一致

　　我国消费信贷与其他发达国家相比，起步较晚，发展环境欠佳，但也呈现出了一定特征，如信贷规模扩张强劲，贷款品种日趋丰富，贷款审批批量处理等。这一系列特征都是市场发展的结果，体现的是现代消费者的消费需求，是符合金融市场潮流的。因此，在构建我国商业银行消费信贷业务运行机制的过程中，必须要结合我国消费信贷市场运行的特征，与其保持步调一致，这样构建出来的业务运行机制才能在最大限度上刺激我国消费信贷市场的发展，促进银行的利润增长，实现其价值最大化。

3.1.2.2　与商业银行内控制度相协调

　　商业银行内控制度是指商业银行董事会、监事会、高级管理层和全体员工参与的，通过制定一套系统化的制度、流程和方法，达到控制对象的动态化过程和机制。根据《商业银行内控制度指引》，我国商业银行内部控制的目标包括保证国家有关法律法规及规章的贯彻执行、保证商业银行发展战略和经营目标的实现、保证商业银行风险管理的有效性等。因此，我国商业银行消费信贷业务运行机制的建设要与商业银行的内控制度相协调，以此来保证该项业务的可持续发展。当然，我国商业银行在当前金融变革、金融创新不断的大环境下，其内控制度也面临着制度建设滞后、制度空缺风险等问题。因此，内控制度也在不断进行动态变化与完善。针对这一情况，我国消费信贷业务的运行机制也需不断进行调整与完善。

3.1.2.3 与实际业务操作过程相匹配

我国消费信贷在处理流程上，主要分为以下几步：贷款受理、贷前调查、贷款初审、贷款发放、贷后管理、贷款偿还、结清贷款处理，其中每一个步骤都会有专业化的工作人员进行业务操作，以保证消费信贷的安全性、流动性与盈利性。在操作过程中，要求信贷及其相关部门充分发挥"上传下达"的作用，多方获取各种信息，确保信贷政策落实到位。同时，最大限度地提高信贷审批的工作效率，尽可能地避免由于操作的不规范而给商业银行造成的损失。可以看出，消费贷款在日常生活中对工作人员的实际操作有着极高的要求。因此，我国商业银行消费信贷业务运行机制的建设也要与此相匹配，避免两者之间的冲突。

3.1.3 消费信贷业务运行机制基本架构

我国商业银行消费信贷运行机制主要包括安全管理机制、经营效益机制和发展扩张机制三个方面。这三方面在银行消费信贷业务运行的过程中相互制约、相辅相成，安全管理机制既是经营效益机制和发展扩张机制的前提，也是制约，经营效益机制是安全管理机制和发展扩张机制的目的，发展扩张机制是经营效益机制的保障。

基于商业银行经营安全性的首要基本目标，构建消费信贷业务安全管理机制，包括预防消费信贷风险的信用评价机制和对风险进行审查与跟踪管理的风险管理机制；基于商业银行价值最大化的最终目标，构建消费信贷业务的经营效益机制，包括消费信贷业务风险补偿的定价机制和引导银行改善经营的绩效评价机制；基于商业银行可持续经营的内在要求，构建消费信贷业务的发展扩张机制，包括开拓潜力市场的营销机制和实现规模扩张的创新机制。其中安全管理机制是前提、经营效益机制是核心、发展扩张机制是动力，所构建的消费信贷业务运行机制如图 3.1 所示。

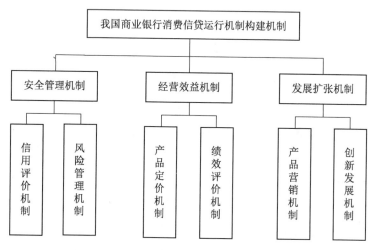

图 3.1   我国商业银行消费信贷运行机制框架图

3.2   消费信贷业务的安全管理机制

在商业银行经营管理的"三性"原则中，安全性放在第一位，可见安全管理对于银行日常经营发展的重要性，而消费信贷的安全管理机制主要包括信用评价机制和风险管理机制两方面。消费信贷业务的运行过程本质上是一种信用活动的运行过程，因此，商业银行在经营消费信贷业务时，必须对消费者的信用状况进行科学评价，在此基础上做出合理的消费信贷业务经营决策。风险管理机制则是对银行消费信贷业务所面临的各项风险进行应对与管理，如信用风险、流动性风险、政策风险等，以此来确保商业银行消费信贷的安全性。

3.2.1 消费信贷业务信用评价机制

健全的消费信贷业务信用评价机制是商业银行预防消费信贷业务风险、保障消费信贷资金安全的关键。商业银行通过消费信贷业务信用评价机制的有效运作，能对消费者的信用记录、信用能力和信用风险做出全面的分析，得出科学的消费者信用评价结论，并以此为依据决定是否向消费者提供消费信贷服务和以何种方式、何种附加条件向消费者提供消费信贷服务，从源头上预防和控制消费信贷业务风险，保障消费信贷业务经营的安全性。

当前我国商业银行消费信贷业务信用评价机制不健全，运行成本高且缺乏效率，不利于消费信贷业务风险的预防和控制，有待于进一步完善。主要问题表现为：

（1）未能建立起有效的消费信贷信用评价系统。一方面，我国商业银行缺乏科学的消费信贷信用评价指标体系。我国商业银行在评价消费者信用水平时过分注重消费者工作与收入的稳定性，较少涉及其他能反映消费者信用状况的指标。另一方面，我国商业银行缺乏科学的消费信贷信用评价模型，通常根据经验作出定性判断，严重影响了消费信贷信用评价结果的准确性，降低了评价结果的可信度。

（2）消费信贷信用评价的信息成本过高。由于缺乏覆盖全社会的居民个人信用信息网络，一方面，我国商业银行对消费者提供的各种资信证明的真实性难以准确和有效地判别，双方之间存在严重的信息不对称，因此必须通过专门的信用评价系统对消费者的信用状况进行评价。另一方面，我国消费者的个人信用信息极为分散，商业银行的信息搜集工作繁重且缺乏效率，信息成本极高。同时，我国的个人征信机制不完善，缺乏专业化的个人征信机构，商业银行无法通过与专业化的个人征信机构合作来降低自身消费信贷信用评价的信息成本。

（3）缺乏有效的法律法规体系。我国信用管理方面的法律法规体系不健全，无法为商业银行消费信贷业务信用评价机制的运作提供有力的法律保障。我国缺乏专门的《信用管理法》和《消费信贷法》，未能从法律层面规范商业银行对消费者的信用评价过程，以致双方在这一过程中的权利和义务没有在法律上得到明确，既难以确保评价结果的有效性，又未能切实保障消费者个人的隐私权；我国缺乏针对个人征信业的专门性法律，使我国个人征信机制的建设无法可依，既不利于个人征信机构的成立和运作，也不利于居民个人合法权益的保障。

（4）信用文化环境欠佳。我国缺乏良好的信用文化环境，未形成与市场经济相适应的信用氛围，不利于商业银行消费信贷业务信用评价机制的有效运作。具体表现为部分消费者利用虚假证明材料，骗取商业银行的住房贷款、汽车贷款，从而给银行造成损失；部分消费者对信用卡额度进行恶意透支；部分大学生对申请的助学贷款进行恶意违约等现象。信用制度、社会诚信、失信惩戒机制的缺失，使消费信贷业务的交易成本和风险都居高不下，进一步阻碍消费信贷经营效益的提高。

针对上述商业银行对消费者信用评价过程中存在的问题，构建消费信贷业务信用评价机制的具体工作包括：完善消费信贷信用评价指标体系，消费信贷信用评价系统是对消费者进行信用评价的基础，其科学性是确保评价结果准确、客观的关键；建立科学合理的消费信贷信用评价模型，规范对消费信贷信用评价指标数据进行综合评价的消费信贷业务流程；利用互联网技术，通过与政府部门、其他金融机构、电商平台等掌握个人征信信息的机构合作，丰富信息来源渠道，整合信息资源，将消费信贷信用评价的信息成本控制在可接受范围内；国家需加快制定出个人信用制度方面的法律以及相配套的法规，完善信用管理相关的法律法规体系，为银行增强消费信贷风险防范能力、保护个人隐私提供坚强的后盾；推动社会诚信体系建设，加大征信宣传教育，促使人们规范自身信用行为，建设良好的信用文化氛围和环境，从道德上规范人们的信用行为，提高商业银行消费信贷业务信用评价机制的运行效率。

3.2.2　消费信贷业务风险管理机制

消费信贷业务本质上是商业银行信贷业务的一个分支，一般性信贷业务所固有的风险在消费信贷业务中同样存在。相对于其他类型的信贷业务而言，消费信贷业务具有低风险、规模扩张迅速等特点，但其庞大的业务规模易诱发风险的积累效应。为了保障消费信贷资金的安全性，实现商业银行的稳健经营，必须加强对消费信贷业务的风险管理。此外，消费信贷业务风险过高易导致商业银行信贷资金的损失，降低其盈利水平。为了提高消费信贷业务的盈利能力，实现商业银行的利润最大化目标，也必须加强对消费信贷业务的风险管理，实现消费信贷业务的可持续发展。

当前我国商业银行消费信贷业务风险管理机制不完善，未能实现对消费信贷业务风险的有效控制。主要问题表现为：

（1）缺乏有效的消费信贷业务风险内控机制。作为消费信贷业务的经营主体，加强自身消费信贷风险管理是商业银行有效控制消费信贷业务风险的根本途径。完整的消费信贷业务风险内控机制包括贷前审查、贷后管理和违约追偿三个方面内容。在贷前审查方面，我国商业银行缺乏有效的消费信贷信用评价系统，未能对消费者的信用状况做出合理的评价，并且没有贯彻"贷审分离"的消费信贷业务经营原则，以致贷前审查工作失效，未能从源头预防和控制消费信贷业务风险；在贷后管理方面，由于消费信贷业务具有单笔额度小，笔数总量多等特点，信贷业务工作者在贷后检查时难以实现逐笔定期审查，贷后检查环节执行并不规范，贷后管理浮于形式，造成银行信贷风险的累积。同时由于信贷业务员工数量有限，工作人员贷后审查管理的能力有限，往往会错失最佳催收时机，从而造成贷款资源的损失。在违约追偿方面，我国商业银行缺乏专业化的违约追偿部门，未能对出现违约的消费信贷业务进行有效追偿并使信贷资金损失最小化。

（2）金融市场不完善。金融市场的不完善使商业银行通过金融创新向金融市场分散消费信贷业务风险的渠道受阻。风险分散是商业银行消费信贷业务风险管理的重要内容之一，商业银行向金融市场分散消费信贷业务风险的方式主要有消费贷款出售和消费贷款证券化。一方面，我国商业银行难以通过消费贷款出售实现消费信贷业务风险向金融市场分散。我国缺乏发达的消费信贷二级市场和成熟的机构投资者，商业银行消费贷款出售因受到市场机制和买方需求的双重制约而难以实现；另一方面，我国商业银行难以通过消费贷款证券化实现消费信贷业务风险向金融市场分散。与消费贷款出售相比，消费贷款证券化属于更为高级的金融创新，需要充分发达的证券市场、专业化的资产证券化中介机构、完善的保险与担保机制和成熟的监管体系，这些条件都是我国短期内难以具备的，因此我国商业银行消费贷款证券化目前缺乏可行性。

（3）抵押物变现难。抵押物的处置权是消费信贷资金安全的最后一道保障，消费贷款的抵押物一般是消费物品，例如住房抵押贷款常常以贷款人的新购房屋为抵押物，大额耐用消费品贷款的抵押物一般为该消费品本身。消费信贷的申请人不能够正常偿还贷款时，抵押物的变现能力已经变差，由于此时的抵押物已经被使用，即使强制性变卖抵押物，但是抵押物的收回价格往往远低于贷款额度。除此之外，消费贷款的对象为社会中流动性比较强的居民个体，因此商业银行对抵押物的控制力较弱，经常面临无法按约收回抵押物。我国的消费品二级市场不发达，抵押物变现能力差，商业银行行使抵押物处置权的执行成本极高，抵押对消费信贷资金安全的保障能力极为有限，严重制约了我国商业银行通过抵押对消费信贷业务风险进行管理和控制的能力。

针对上述商业银行对消费信贷业务风险管理过程中存在的问题，构建消费信贷业务风险管理机制的具体工作包括：建立行之有效的消费信贷业务风险内控机制，控制贷前审查过程中的信用风险和操作风险，加强贷后风险跟踪管理；建立科学的消费信贷风险识别系统，对消费信贷业务风险进行动态跟踪管理并及时采取措施将消费信贷业务风险控制在萌芽状态；建立专门的消费贷款违约追偿部门，提高违约追偿能力；推动消费信贷产品买卖市场发展、鼓励机构投资者参与消费信贷买卖和消费贷款证券化交易活动，完善金融市场体系，使之能在一定程度上起到分散消费信贷业务风险的作用；加快建设高效率的消费品二级市场，消费信贷抵押品变现能力增强，使商业银行通过行使抵押物的处置权能实现对违约消费者的追偿，部分地甚至全部地挽回信贷资金的损失。

3.3　消费信贷业务的经营效益机制

提高消费信贷业务的经营效益是商业银行实现消费信贷业务可持续经营的内在要求，这就必须通过构建合理的消费信贷业务定价机制和绩效评价机制来实现。定价机制是指通过一定的方法措施来对商业银行的消费贷款进行合理定价，从而使银行达到贷款供需的平衡，实现其经营效益的最大化。绩效评价机制则是运用一定的评价方法对商业银行的各项指标进行评估，来衡量其绩效目标的实现程度，这直接关系到商业银行的经营效益，科学的绩效评价机制是商业银行提高消费信贷业务经营效益的必要条件。

3.3.1　消费信贷业务定价机制

合理的定价机制是商业银行扩大消费信贷业务盈利的需要。消费信贷业务定价过高不利于商业银行参与消费信贷市场竞争，定价过低则不利于商业银行实现目标利润，因此商业银行必须通过合理的定价机制对消费信贷业务进行科学定价，在市场竞争力和业务利润率之间求得均衡，实现盈利最大化。合理的定价机制也是商业银行补偿消费信贷业务风险的需要[183]。消费信贷作为一类具体的金融业务，其风险是客观存在的，只能分散而无法彻底消除，因此商业银行必须通过合理的定价机制对消费信贷业务的风险进行覆盖和消化，以维持消费信贷业务的高盈利水平。

长期以来，我国商业银行缺乏行之有效的消费信贷业务定价机制，这是制约我国商业银行消费信贷业务经营效益的首要原因。主要表现为：

（1）非市场化的利率决定体制使我国商业银行不具备构建合理消费信贷业务定价机制的条件。我国长期实行较为严格的利率管制，商业银行的存、贷款基准利率都由金融监管部门制定，商业银行在制定消费信贷利率时只能以相应的官方基准利率为基础上下小幅波动，由此形成的消费信贷价格不能充分反映消费信贷市场供求信息。同时，长期的以官方基准利率为基础的消费信贷定价行为也使得我国商业银行习惯于依赖既有存贷款利差维持经营，缺乏自主消费信贷定价的实践，在较大程度上丧失了构建合理的消费信贷业务定价机制的能力。

（2）缺乏风险覆盖能力。消费信贷业务客观存在着违约风险、操作风险和市场风险等多种风险，商业银行经营消费信贷业务的过程实际上是一个通过主动承担风险来获取风险报酬的过程。我国商业银行当前在消费信贷业务定价中采用成本加成定价法，贷款利率由资金成本、管理费用、呆账准备和必要报酬率决定，其中只有呆账准备在一定程度上反映了消费信贷业务的风险补偿。然而在目前的经营机制下，我国商业银行对各种类型的消费信贷业务制定统一的呆账准备金率，未能根据各类消费信贷业务风险的不同执行不同的呆账准备金率，更未能对单笔消费信贷业务执行有针对性的呆账准备金率。因此，我国商业银行现行的消费信贷业务定价机制未能落实收益与风险相匹配的原则，没有通过定价实现对风险的有效覆盖。

（3）定价机制缺乏灵活性。非市场化的利率背景下，我国金融监管部门允许商业银行在制定贷款利率时围绕相应的基准利率做小幅调整，但我国商业银行在实际操作中并未利用这一定价自主权对各笔消费信贷业务进行有针对性的定价，而是对于同一类型的消费信贷业务，在金融监管部门给定的利率浮动空间内一浮到顶或一降到底，造成同类型消费信贷业务定价一刀切的状况。此外，我国商业银行在消费信贷业务定价时通常采用固定利率，极少采用浮动利率，这就使消费信贷利率在业务持续期内既不能适应消费信贷市场供求状况的变化及时做出调整，也不能根据消费信贷业务风险的改变做出适应性反应。

（4）定价机制存在较多的技术性限制。消费者个人信用信息采集较为困难，增加了商业银行的信息成本，使其难以获得充分的消费者信用信息进行消费信贷定价决策；我国消费信贷业务起步较晚，商业银行缺乏足够的业务经营历史数据，难以科学地计量和估测消费信贷的违约概率和风险程度；我国商业银行也缺乏消费信贷业务定价领域的专门性人才，消费信贷业务定价机制缺乏充分的人力资源支撑。

针对上述商业银行对消费信贷业务定价过程中存在的问题，构建消费信贷业务定价机制的具体工作包括：以市场供求为基础科学地厘定消费信贷利率，以此实现消费信贷业务的价格的合理性，充分把握面向市场的消费信贷自主定价权；遵循收益与风险相匹配原则，根据消费信贷业务风险的大小确定合理的收益率，即在消费信贷业务定价中引入风险补偿机制，丰富风险补偿衡量指标，根据各消费信贷业务的风险确定不同的贷款利率，在定价中实现差异化、全面化风险覆盖；商业银行应充分利用贷款定价自主权，对同类型但不同风险的消费信贷业务实行差别定价，并采用浮动利率，在消费信贷业务持续期内对同一消费信贷业务的贷款利率进行灵活调整。

3.3.2 消费信贷业务绩效评价机制

消费信贷业务绩效评价是指从消费信贷业务经营主体即商业银行的利益角度出发，通过一系列定量与定性的研究，对商业银行开展消费信贷业务的效果和效率进行比较、判断和分析的过程。

通过对消费信贷业务经营绩效进行科学评价，商业银行能全面地总结消费信贷业务经营经验，为其制定消费信贷业务发展战略、创新消费信贷业务品种、改进消费信贷业务经营方式和扩大消费信贷业务经营规模提供充分的决策依据，使其能在正确决策的基础上全面提高消费信贷业务的经营效益。

我国商业银行目前尚未形成一套科学的消费信贷业务绩效评价机制，未能从战略和战术层面对消费信贷业务的经营绩效进行全面分析，制约了我国消费信贷业务经营效率的提升。主要表现为：

（1）未建立系统、完整的消费信贷业务绩效评价指标体系。消费信贷业务的绩效包含消费信贷业务的盈利性、安全性、流动性和成长性四个方面内容。目前我国商业银行对消费信贷业务绩效的评价主要是采用简单的财务数据，考察消费信贷的资产利润率、业务规模增长率和不良贷款率三个指标，且这三个指标只能分别部分反映消费信贷业务的盈利性、成长性、安全性。不难看出，这三个指标互不协同、不成体系；以这三个指标为基础，只能对消费信贷业务绩效四个方面内容中的三个方面做出非系统性的评价。因此，以这三个指标为基础的我国商业银行消费信贷业务绩效评价结论是片面和不合理的；我国消费信贷业务绩效评价指标体系缺乏系统性和完整性。

（2）绩效评价指标的选取缺乏科学性。例如，我国商业银行选取消费信贷资产利润率作为评价消费信贷业务盈利性的指标，但该指标的测算只考虑了消费信贷本金的资金成本，没有考虑本金的机会成本，也没有考虑商业银行自有资本的必要报酬率；又如，我国商业银行单独选取消费信贷业务规模增长率作为评价消费信贷业务成长性的指标，但该指标只能反映消费信贷业务总量的增长，而不能反映总量增长所产生的效益成长性，因此必须与其他指标配合使用。

（3）缺乏有效的消费信贷业务绩效评价方法。目前我国商业银行仅能通过对单个指标的测算得出消费信贷业务绩效的某些方面的评价结论，未能建立合理的评价模型对这些评价结论进行汇总，从而无法得出对消费信贷业务绩效的整体评价结论。当前我国商业银行的消费信贷业务绩效评价方法是一种不成熟的、就事论事式的评价方法，不足以形成对消费信贷业务绩效的综合评价结论。

针对上述商业银行对消费信贷业务绩效评价过程中存在的问题，构建消费信贷业务绩效评价机制的具体工作包括：建立系统、完整的消费信贷业务绩效评价指标体系，实现对资金利用效率、内部经营管理、创新能力以及顾客贡献等方面的综合考评，借以提高商业银行消费信贷业务经营效率，提升商业银行长远发展的竞争力，为消费信贷业务的绩效评价工作奠定坚实基础；增强评价指标的多元性、科学性、全面性，建立合理完备的绩效评价模型对评价指标数据进行处理，使绩效评价指标体系能系统地挖掘商业银行内部潜力，提高其经营管理水平。

3.4 消费信贷业务的发展扩张机制

消费信贷的发展扩张机制建设有利于提高商业银行放贷量，增加其市场份额及盈利，主要在营销机制和创新机制上进行建设。商业银行消费信贷营销机制与客户联系极其紧密，直接关系到其消费贷款的放贷量，完善的营销机制能够在极大程度上促进商业银行消费信贷的发展与扩张。在我国消费信贷产品同质化较严重的金融环境中，创新机制的建设显得尤为重要，一旦消费贷款在品种、偿还方式等方面有所创新，且符合消费者的需求，那么这是极其有利于提高商业银行的消费信贷市场占有份额的。

3.4.1　消费信贷业务营销机制

商业银行的消费信贷业务营销机制是指商业银行通过建立、维持和发展与消费者的关系，在充分满足消费者需求的前提下使之接受和购买消费信贷服务，从而实现自身利润最大化目标的方法和过程的总和。

构建有效的消费信贷业务营销机制是商业银行扩大消费信贷业务规模并提高消费信贷业务效益的需要。一方面，商业银行通过消费信贷业务营销机制的有效运作，将现有的消费信贷业务向广大消费者进行推销，使更多的消费者接受和购买其消费信贷服务，从而扩大消费信贷的业务面，从广度上实现消费信贷的规模扩张；另一方面，商业银行通过消费信贷营销机制的有效运作，向广大消费者推销各种创新型的消费信贷业务，使更多类型的消费信贷业务为消费者所接受，从而加深消费信贷的业务度，从深度上实现消费信贷的规模扩张。

有效的消费信贷业务营销机制主要包含消费信贷业务营销团队的构建和消费信贷营销手段的设计两方面内容。当前我国商业银行未能形成有效的消费信贷业务营销机制，严重制约了我国消费信贷业务规模的扩张。主要表现为：

（1）缺乏高效率的专业化消费信贷业务营销团队。长期以来，我国商业银行在金融市场上占据卖方优势而缺乏竞争意识，忽视金融营销队伍的建设；由于历史因素，我国商业银行长期以工商企业为主要服务对象，个人金融业务未受到足够重视。虽然近年来，随着以消费信贷为代表的个人金融业务的迅速发展，商业银行开始实行客户经理制，由专职客户经理经营消费信贷等个人金融业务，但仍未建立专门的营销团队；同时由于我国商业银行经营的惯性，大部分银行客户经理仍以优势方自居，坐等消费者上门办理消费信贷业务，而较少主动向消费者进行业务推销。消费信贷业务营销团队的缺失，使得我国商业银行消费信贷业务营销机制缺乏人力资源的支撑而难以有效运作。

（2）缺乏有效的营销手段。一方面，银行营业网点的经营功能单一，不能为消费者提供全方位的金融服务，无形中增加了消费者办理消费信贷业务的摩擦成本，影响消费信贷业务营销的效果。与此形成鲜明对比的是，在消费信贷业务经营较为成功的发达国家，商业银行通常将其营业网点建设成为"金融超市"，能为消费者提供全面的金融服务，增加了消费者通过传统方式办理消费信贷业务的便利性，最大限度地强化了其消费信贷业务营销的效果；另一方面，我国消费信贷业务的经营方式存在缺陷[184]。我国消费信贷贷款条件设计苛刻并且存在"人群歧视"的不合理条款，贷款手续过于烦琐，业务品种单调且业务标准不统一。这些缺陷使商业银行将一大批潜在的消费信贷客户拒之门外，从根源上制约了其消费信贷业务营销效果的发挥。

针对上述商业银行对消费信贷业务营销过程中存在的问题，构建消费信贷业务营销机制的具体工作包括：扩大消费信贷业务营销对象范围，建立消费信贷业务市场定位机制，准确进行市场细分、客户定位、业务定位；加快消费信贷营销渠道的多元化建设，形成包括网络营销、体验营销、合作营销等营销方式在内的系统营销网络；加强消费信贷营销渠道管理，建立并完善与业务发展相适应、满足客户需求的营销渠道，全面提升商业银行消费信贷的营销水平和营销能力。

3.4.2 消费信贷业务创新机制

创新是金融发展的永恒主题，金融创新推动了金融业的加速发展。作为一类具体的金融业务，消费信贷的产生和发展就是一个持续的金融创新过程。

建立完善的消费信贷业务创新机制是商业银行实现消费信贷业务规模快速扩张的关键。一方面，完善的消费信贷业务创新机制是商业银行参与消费信贷市场竞争、在既有消费信贷市场上实现业务规模扩张的需要。当前各商业银行之间的竞争日趋白热化，消费信贷作为优质业务更是各商业银行竞争的重点。这种情况下，商业银行只有形成完善的消费信贷业务创新机制，在消费信贷业务品种、流程和运作方式等方面积极创新，才有可能形成竞争优势，在提高盈利的基础上扩大自身的消费信贷市场份额，在既有消费信贷市场上实现消费信贷业务的规模扩张；另一方面，完善的消费信贷业务创新机制是商业银行开发消费信贷新市场的需要。各商业银行在既有消费信贷市场上的竞争是一个不断博弈过程，无法从总体上实现消费信贷业务规模的扩张。通过消费信贷业务创新机制的建立，商业银行能开发出新的消费信贷产品和新的消费信贷市场，形成新的利润来源，在实现自身消费信贷业务规模扩张的同时促进消费信贷业务总体市场的拓展。

当前我国商业银行尚未形成完善的消费信贷业务创新机制，使我国消费信贷业务在经历了初期规模快速扩张之后出现了扩张速度减缓趋势。主要表现为：

（1）缺乏高效的消费信贷产品创新机制。一是消费信贷业务品种较少。目前我国的消费信贷业务集中于住房贷款和汽车消费贷款，这与国外多样化的消费信贷业务形成了鲜明对比。二是消费信贷产品的创新性不强，模仿性过多。我国商业银行的消费信贷产品创新过分依赖于研究和借鉴国外经验，住房贷款、汽车消费贷款等主要消费信贷产品都是国外早已发展成熟的消费信贷业务。三是消费信贷产品创新的路径逆转。我国的消费信贷产品大多是由各商业银行总行在借鉴国外经验后进行"创新"、设计和推广的，没有充分考虑国内不同地区的差异性，消费信贷业务的经营效益因而也受到一定程度的影响。

（2）缺乏高效的消费信贷业务经营方式创新机制。一是消费信贷业务经营流程过于机械而缺乏创新性。我国商业银行出于防范风险的需要，设计了过于苛刻的贷款条件和较为繁琐的贷款办理程序，排除了一大批潜在的消费信贷客户；繁琐的业务办理程序增加了消费者申请消费信贷服务的摩擦成本，同样使一部分潜在的消费信贷客户流失。二是缺乏创新性的消费信贷业务合作经营机制。目前我国商业银行与保险公司、担保机构之间的消费信贷业务合作经营机制还很不成熟，仅仅实现了风险转移而未能有效地实现风险控制，并且没有形成充分体现"风险与收益相匹配"原则的利益分配机制，影响了保险公司和担保机构参与消费信贷业务经营的积极性，不利于消费信贷业务合作经营机制的长期运行。

（3）消费信贷业务创新理念存在偏差。我国商业银行进行消费信贷业务创新的理念存在偏差，偏重于在无序竞争中抢占消费信贷市场份额，在推出消费信贷新产品时往往不计成本、不求效益、不惧风险，以致难以通过消费信贷业务创新实现利润扩张和长期稳健经营目标。当前国内各商业银行正在进行的"信用卡大战"就是一个典型案例。为了抢占信用卡市场份额，国内各商业银行纷纷简化信用卡办理手续，降低信用卡申请条件，在全国范围内进行信用卡营销。短期内，简化办理手续和降低申请条件确实能快速扩张信用卡发行规模，但这也必然在一定程度上导致信用卡客户的整体信用风险增加，不利于商业银行信用卡业务的长期稳健经营。

针对上述商业银行对消费信贷业务营销过程中存在的问题，构建消费信贷业务营销机制的具体工作包括：深入分析消费信贷客户需求，立足于我国国情，提供多样化、差异化的消费信贷产品种类，根据市场需求创新和设计消费信贷产品，满足不同客户对消费信贷产品类型的需要；根据消费信贷业务的特性，灵活地对消费信贷业务经营流程进行创新，降低因机械运作程序限制消费信贷业务拓展空间的可能，加强与保险公司、担保机构等社会经济主体的经营合作，使商业银行能有效控制消费信贷业务风险，实现消费信贷业务良性运转；正确把握消费信贷业务创新理念，进行消费信贷业务创新时必须综合考虑成本与收益、市场需求前景和风险控制等因素，使消费信贷业务创新能达到控制成本、保障安全基础上最大限度地追求利润的目的。

4 我国商业银行消费信贷业务信用评价机制建设

消费信贷业务作为商业银行经营业务的重要组成部分，其健康发展能为银行经营效益的增长添砖加瓦。无论是对消费信贷业务进行绩效评价、风险定价还是有效进行风险控制，都是以完善的征信体系和信用评价体系为基础的。商业银行通过研究和制定个人信用指标体系，确定信用评价方法，利用数据挖掘技术进行处理，统一得到客户的信用行为、信用能力等评估结论，满足消费信贷业务经营的"三性"要求。建立科学有效的个人信用评价体系，有效缓解商业银行消费信贷业务中存在的逆向选择和信息不对称等问题，保障商业银行消费信贷业务对风险控制、经营效益和发展扩张目标的实现。

4.1 消费信贷业务信用评价机制建设的必要性

消费信贷信用评价是消费信贷业务开展的第一步，个人信用评价准确与否直接关系到消费信贷业务的经营效益和风险水平，构建消费信贷业务信用评价机制是消费信贷运行机制的首要任务。由于消费信贷市场中存在的信贷配给问题，易导致逆向选择过程；由于商业银行和消费者之间信息不对称，银行单纯依靠对消费者违约的处罚来控制消费信贷的违约率，将影响信贷业务的运行效率，不利于商业银行消费信贷的开展。构建消费信贷信用评价机制，完善个人信用评价指标体系，提高个人信用信息完备性与准确性，能有效减少信息不对称等问题，缩短消费信贷的审查时间，降低资格审查成本，提高消费信贷业务的工作效率，使消费信贷决策更具客观公正性。

4.1.1 信用缺失导致逆向选择

商业银行开展消费信贷业务，主要靠消费者提供的有关资料判断其信用水平，由于信息资源分散以及信息传递不畅，银行与消费者对有关信息的获取是不对称的。由此导致了消费信贷市场上的逆向选择和道德风险问题，影响了我国消费信贷的健康发展[185]。我们可将银行与消费者看作两个博弈方，用有关博弈理论来分析消费信贷市场在信息不对称条件下的运行机制和运行效率[186][187][188]。

假设消费信贷市场上存在信用好和信用差两类型消费者。银行将可以自主定价，即可根据消费者的信用水平和偿还能力确定贷款利率，给信用好的消费者的贷款利率低（i_1），给信用差消费者的利率高（i_2）。在商业银行与消费者的博弈中，信用好和信用差的消费者均可以申请高利率和低利率贷款，至于消费者到底会选择哪种类型贷款取决于博弈双方的收益和策略。假设只有信用差又想申请低利率贷款的消费者才需要弄虚作假，其伪装成本为 C，那么信用差消费者申请高利率贷款无得无失，申请低利率贷款则有一定风险，因为万一银行拒绝贷款就会损失一笔伪装费用 C。在银行与消费者的博弈中，整个博弈过程分为两个阶段，第一阶段消费者决定是否申请贷款，第二阶段银行决定是否发放贷款。如果消费者在第一阶段选择不申请，博弈在第一阶段结束，双方均无得失。如果消费者选择申请，博弈进行到第二阶段，银行选择是否发放贷款。银行的行为策略将根据博弈双方得益和消费者的策略以及概率决定。这个博弈模型可用图 4.1 表示，括号第一数字为银行收益，第二数字为借款者收益。根据模型基本意义，首先可以肯定 $V > W$ 和 $I_{i1} < I_{i2}$。从信用好消费者的收益中可以判断信用好消费者申请低利率（i_1）贷款是申请高利率（i_2）贷款的严格上策，那么则有 $P(i_1 \mid b) = 1$。而信用差的消费者申请低利率贷款，如果成功则获益 $W + \Delta I - C$，银行则损失利差收入 ΔI；如果不成功则白白浪费一笔伪装费 C，信用差消费者没有严格上策，其决策取决于银行的策略，若银行对所有的贷款申请者都同意发放，信用差消费者肯

定会选择低利率贷款，但在不知道银行的策略选择时，他理性的策略
是随机选择申请高低利率贷款，并且申请的概率 $P(i_1 \mid b)$ 必须使申请
高利率贷款的期望收益与申请低利率贷款的期望收益相等。

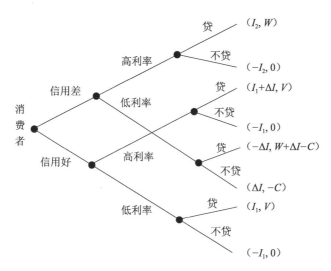

图 4.1　浮动利率博弈模型

从图 4.1 可以看出信用好、信用差的消费者都有可能申请高低利率
贷款，因此银行并不能简单地根据消费者申请贷款利率的高、低来判
断消费者的信用水平。银行的"判断"必须根据消费者的策略、经验
及贝叶斯法则[189]。银行的策略是当选择发放贷款的期望收益大于不发
放贷款的收益时，就发放贷款。

当 $C > \Delta I$ 时，信用差消费者的伪装成本高于贷款的利差收益，为
获得低利率贷款而弄虚作假不划算，信用差消费者将自觉选择申请高
利率贷款，即 $P(i_1 \mid b) = 0$，$P(i_1 \mid b) = 1$。信用好消费者申请低利
率贷款是申请高利率贷款的严格上策，所以 $P(i_1 \mid b) = 1$，$P(i_1 \mid b)$
$= 0$。这时利率的高低能完全反映消费者信用水平。银行对所有贷款
申请者都发放贷款，因为发放贷款是不发放贷款的严格上策。博弈实
现了最理想的市场完全成功的完美贝叶斯均衡，且这种市场均衡是最
有效率的。

如果 $\Delta I > C$，信用差消费者愿意通过伪装向银行申请低利率贷款。银行在博弈第二阶段的判断是所有消费者都会申请低利率贷款，即 $P(i \mid g) = P(g)$，$P(i_1 \mid b) = P(b)$。银行发放贷款的期望收益是 $E(R) = P(g)I_1 - P(b)\Delta I$，假设 $P(b)$ 很小，即银行相信还是信用好消费者占绝大多数时，可以认为 $E(R) = P(g)I_1 - P(b)\Delta I > 0$，银行发放贷款的期望收益大于 0。这时的博弈均衡是所有的消费者都申请低利率贷款，银行对所有申请都同意发放贷款，利率的高低完全不能反映消费者的信用水平。处于这种均衡的消费信贷市场是部分成功的，因为在这种情况下，潜在的交易利益能够实现，但同时也存在少部分不良交易使银行利益受损。

如果 $\Delta I > C$，且 $E(R) = P(g)I_1 - P(b)\Delta I < 0$，银行发放贷款的期望收益小于 0。在这种情况下，如果博弈双方的策略都局限于纯策略，银行理性的选择就是不发放贷款，从而消费者也只好选择不申请。要避免这样结果，博弈双方只有采取混合策略，银行以一定概率随机选择发放或不发放贷款，信用差消费者也以一定概率随机选择申请还是不申请贷款，概率的大小由贝叶斯法则确定。处于这种均衡下的市场是接近失败的市场，因为只有部分信用好消费者实现了潜在的交易利益，银行和信用差消费者的期望收益都是 0，且这种均衡很容易演变成市场完全失败的均衡。

消费信贷市场上的逆向选择主要表现为：信用差消费者驱赶信用好消费者的过程。由于信息不对称的存在，消费信贷市场很难达到市场完全成功的均衡状态，这时的消费信贷市场往往是部分成功的或接近失败的，即存在一定程度的信贷配给问题[190]。

4.1.2　信息不对称引致激励悖论

从理论上说，加大对弄虚作假骗取银行贷款行为的惩罚力度能改变博弈双方的行为策略。但在降低消费信贷违约率方面，难以发挥长期效应。这里存在着"激励悖论"的问题，因为加大违约惩罚力度，短期内消费者觉得弄虚作假不划算而减少欺骗行为，欺骗行为的减少使信贷人员放松警惕，而这又会使弄虚作假行为增加。可以通过一个博弈模型来说明这个问题。假设消费者在获得贷款后有两种选择：违约与不违约；银行在发放贷款后信贷员有两种选择：检查与不检查。设消费者违约且信贷员检查，违约被发觉，贷款被提前收回且被罚款 D 元，银行扣除检查成本得益 H；消费者违约而信贷员不检查，消费者违约成功得益 W，银行损失贷款 M。如果消费者不违约且信贷员检查，消费者没有损失得益为 0，银行白白浪费一笔检查成本 C；消费者不违约且信贷员不检查，双方无得无失得益都为 0。根据上述假设，博弈的得益矩阵用表 4.1 表示，数组中的第一数字是消费者得益，第二数字是信贷员得益。

表 4.1　信贷员与消费者的博弈

		信贷员			
		检查		不检查	
消费者	违约	$-D$	H	W	$-M$
	不违约	0	$-C$	0	0

由于这个博弈中没有纯策略纳什均衡，在一次博弈中无法预测博弈结果，在多次博弈过程中博弈双方将采取混合策略，即博弈方以一定的概率分布在可选的策略中随机选择的策略方式。

假设消费者选择违约的概率为 P_a，不违约的概率为 $1-P_a$；信贷员检查的概率为 P_b，不检查的概率为 $1-P_b$。消费者选择违约的概率必须使信贷员选择检查与不检查的期望收益相等，$P_a \cdot H - C(1-P_a)$ $= P_a(-M) + 0 \cdot (1-P_a)$，$P_a = \dfrac{C}{H+M+C}$。信贷员选择检查的概率必须使消费者选择违约与不违约的期望收益相等，$P_b(-D) + W(1-P_b) = 0 \cdot P_b + 0 \cdot (1-P_b)$，$P_b = \dfrac{W}{W+D}$。所以该博弈的混合策略均衡是：消费者以 P_a 的概率选择"违约"，信贷员以 P_b 的概率选择"检查"。$P_a = \dfrac{C}{H+M+C}$ 中并没有变量 D，也就是说消费者违约的概率与对消费者违约的惩罚 D 无关，加大对违约的处罚力度不能降低消费信贷的违约率，D 的增加会使 $P_b = \dfrac{W}{W+D}$ 减小，即加大处罚力度会降低信贷员"检查"的概率。这是因为，商业银行为了减少消费信贷中的违约率而加重对违约消费者的处罚，如果信贷员混合策略中的概率分布不变，此时消费者"违约"的期望收益为负值，因此短期内消费者会减少"违约"。但长期中，消费者减少"违约"会使信贷员更多地选择"不检查"，最终信贷员将"检查"的概率 P_b 减小到 P_b^* 达到新的均衡，而此时消费者"违约"的期望收益又恢复到 0，他将重新选择原混合策略。我们再讨论商业银行对信贷员加强贷款检查予以奖励使信贷员"检查"的收益从 H 提高到 H^*，或者对信贷员"不检查"贷款松懈失职行为给予处罚使其"不检查"贷款的损失从 M 提高到 M^*，博弈会出现什么结果呢？此时，如果消费者"违约"的概率分布不变，信贷员"检查"的收益为正，信贷员明智的选择是"检查"，信贷员加强"检查"会减少消费者违约的概率 P_a，直到 P_a 下降到 P_a^*，这又会使信贷员减少"检查"的概率直到恢复原策略选择，达到新的均衡。这可以从 $P_a = \dfrac{C}{H+M+C}$，$P_b = \dfrac{W}{W+D}$ 的表达式看出，增加 H、M 会使 P_a 减小，不会影响 P_b 的大小。

　　消费信贷的违约率与对消费者违约的处罚力度非线性相关；信贷员加强对消费信贷的审查、监管是降低消费信贷违约率的关键。这对商业银行经营消费信贷业务的启示是：银行应主要通过一定的激励机制和监督机制的设计促使信贷员在发放贷款后加强对贷款的后续跟踪管理，这样才能有效降低消费信贷的违约率，控制好消费信贷的风险。

　　本节从两个方面阐述消费信贷信用评价机制建设的必要性，一方面，在消费信贷信用缺失条件下，运用浮动利率博弈模型分析可知，利用消费者提供的相关资料进行消费信贷决策存在逆向选择与道德风险问题，需要建立全面的个人信用评价指标体系，提高个人信用信息完备性与准确性，改善信用缺失现状；另一方面，由于商业银行和消费者在信息获取上的不对称，单纯依靠对消费者违约的处罚来控制消费信贷的违约率是不可靠的，需加强对消费者信用状况的审查与对消费信贷业务的监管。完善个人信用评价体系、建设消费信贷信用评价机制势在必行。

4.2 个人信用评价指标体系的设计

信用评价就是运用一定的公式和规则，评价客户的信用价值（可信度）。传统的信用评价模型将预先通过统计方法确定的权重分配给贷款申请人的主要指标，由此产生的信用分配，作为银行贷款的依据。

健全的消费信贷评价指标体系是进行个人信用评价的一块基石，也是衡量评价结果公正与否的一把标尺。没有科学完整的消费信贷评价指标体系，是很难保证评价结果的准确客观。只有在恰当正确的指导原则下，建立消费信贷评价指标体系，才能确保评价结果的客观公正。

4.2.1 个人信用评价指标体系设计原则

一是全面性原则。全面性原则要求评价指标体系能够反映出所有影响消费信贷状况的要素，如果仅以某几项指标为依据进行评价，那么极易出现评价结果失真失实的错误。

二是科学性原则。科学性原则要求评价指标体系中各项指标既不重复，又不矛盾，指标之间有机配合，同时，必须设立完整完善的指标计算依据与评价标准。

三是针对性原则。针对性原则要求基于不同的评价目的和评价要求，制定不同的信用评价指标体系。由于我国的地区差异比较大，有一部分指标需结合各地的发展情况来确定。

四是合法性原则。合法性原则要求信用评价体系的建立必须遵守政策法规，既要体现国家政策导向，又要符合监管要求；既要考量经济效益指标，又要满足风险监管指标。

五是可操作性原则。可操作性原则要求信用评价指标体系要具有实用性，易于操作，便于开发相应的系统运行程序。

4.2.2 个人信用评价指标体系对比

目前我国的商业银行个人信用评价的指标体系并没有固定标准。发放消费贷款的商业银行都根据自己的准则来对借款人进行审查。

表 4.2 国内部分商业银行采用的个人信用评价指标体系

建设银行	年龄、性别、婚姻、健康、教育程度、户籍、单位类型、行业情况、职位、在本职位时间、职称、收入、家庭平均收入、在本银行的账户、储蓄账户余额、与银行的业务往来、是否银行职员、是否有其他贷款
中信银行	年龄、性别、婚姻、教育程度、户籍、单位类型、行业情况、职位、在本职位时间、职称、收入、家庭平均收入、家庭净收入、其他资产、保险、是否有其他贷款
民生银行	年龄、教育程度、户籍、单位类型、职位、收入、家庭净收入、金融资产、其他资产、保险、在本银行账户、是否有不良信用记录、卡消费积分
华夏银行	年龄、性别、婚姻、健康、户籍、单位类型、职位、在本职位时间、职称、收入、家庭平均收入、金融资产、其他资产、在本银行账户、与本银行的业务往来

资料来源：根据各商业银行官方网站相关资料进行整理得到

通过观察表 4.2 的相关资料信息，发现部分银行在其设定的评价体系中均有年龄、户籍、职位、收入等指标，由此表明这些指标在银行中认可度较高，重要性较强。对于是否银行职员、与本银行的业务往来、卡消费积分等指标的选取不同银行存在差异性。从以上银行的指标体系就可以看出，我国个人信用评价指标体系具有独特的中国风格，由于户籍体现出个人的地区流动特征，职称在很大程度上折射出个人还款能力，因此我国的商业银行几乎都会将这类指标列入信用评价的标准中，且作为信贷发放的重要依据。对比西方发达国家的个人信用评价体系，国内银行更加重视反映个人及其家庭稳定性和还款能力的指标，而很少关注反映个人及其家庭还款意愿的指标。这充分表明我国尚未形成较为成熟完备的个人信用评价体系。

4.2.3 个人信用评价指标体系设计新视角

互联网时代，商业银行个人信用评价指标体系所包含的范围将不断扩大。借助大数据平台，个人信用评价指标体系将涵盖信贷、保险、证券、政务、司法和电子商务等领域的个人信用信息。不仅包括个人基本信息和信贷交易信息、资信情况、荣誉记录、不良记录等信用信息，还将结合社交平台等工具，收集海量的网络数据，借助数据分析技术，将分散的信用数据集中化，形成客观真实的个人信用评价指标体系。

个人信用评价指标体系设计的首要环节是对个人信用信息的分类，以形成一套规范、高效、客观公正的个人信用信息指标体系。根据各种指标所反映的内容不同，本书将个人信用信息指标体系分类如表4.3，具体分为基本信息类、公共信息类、提示信息类以及其他信息类，各项内容分别反映了个人基本状况、公共事业交易、资质资格与奖励以及其他互联网记录等补充信息。

表 4.3　个人信用评价指标体系

基本信息	个人身份信息	识别信息、证件信息、居住信息、户口信息、通信信息、死亡信息、家庭信息、计生信息、境外人员信息
	教育信息	学位信息、学校信息、专业信息、学籍信息
	婚姻信息	结婚信息、离婚信息
	职业信息	工作单位、职务及时间、劳动合同信息、工作经历、退休信息
公共信息	公共交易信息	税务信息、物业管理信息、公共服务费用信息、移动电视费、电信费、网络使用费、合同履约情况
	资质资格信息	职业资格类、专业技术资格、执业资格、已注册国外职业资格
	社会保障信息	社保信息、住房公积金、社保救助、医疗救助、其他保障
提示信息	奖惩类信息	奖励信息、处罚信息、提示信息
	司法类信息	诉讼信息、监狱管理信息
其他信息	互联网信息	网购信息、网络社交信息
	信息查询记录	信用报告查询、个人资产查询
	个人声明信息	处罚异议声明、信用声明信息

4.3　个人信用评价方法的研究与应用

4.3.1　个人信用评价单一模型

个人信用评价单一模型指运用某一种单一的统计学模型或人工智能模型，将消费者按照某种标准划分为"好"客户和"坏"客户的方法。20世纪60年代，国外研究者已经开始关注信用风险，并对信用评价方法进行研究。亚洲金融危机过后，全球掀起了信用评价方法的研究热潮。迄今为止，个人信用评价方法大致经历了从统计学方法到专家系统法，然后到神经网络法，再到支持向量机方法。通过梳理国内外的相关方法，可以归纳为统计学和非统计学个人信用评价方法，具体分类如表4.4所示。

表4.4　个人信用评价方法

个人信用评价方法			提出时间
统计方法	参数统计方法	判别分析 Logistic 回归模型	20 世纪 60—70 年代
		贝叶斯网络	20 世纪 80 年代末
	非参数统计方法	K 最近邻方法 核密度分类法 聚类方法 决策树法	20 世纪 60—70 年代
非统计方法	专家系统法		20 世纪 80 年代
	神经网络方法	误差反向传播 多层感知器 算法网络 径向基函数网络 概率神经网络	20 世纪 80 年代中后期
	支持向量机方法		20 世纪 80 年代末

4.3.1.1　统计类方法

统计学方法指运用统计模型处理数据的方法，能最大限度地将定性分析与定量分析相结合，对数据的可解释性较强，模型稳定性较高。

目前最常用的统计学方法包括判别分析法、Logistic 回归分析法、贝叶斯网络、K 最近邻分析法和决策树方法。

判别分析法是依据确定情况下的分类标准以及样本所属类别的特征值对研究对象进行分类，该方法是最早应用于个人信用评价的统计学方法。判别分析法的目的是将全样本分为好和坏两个不同类别的子样本。在构建模型时通过对训练样本的具体特征进行训练，寻找到一定的判别规则并且建立起相应的判断函数，然后基于待分类样本的信息求解其中的未知系数，最后确定分类指标，并依据此判断函数判断新客户属于好客户或者坏客户。

Logistic 回归分析方法是一种广义线性回归模型，一般用于被解释变量为二元随机变量的情形，Logistic 回归通过拟合自变量与二元因变量之间的非线性关系，从而建立起解释变量与事件发生与否之间的关系。在该回归中基于采用极大似然估计来构建判别函数，通过对每个自变量的显著性水平进行检验，选取显著性最佳的变量作为自变量。

贝叶斯网络是基于概率分析、图论来刻画属性之间的依赖关系的一种网格结构模型，是以贝叶斯公式为基础的概率网络，利用贝叶斯模型可以直观地显示事件间的因果关系，其克服了传统回归算法的缺陷，在数据不足的情况下可以依靠专家知识建模，并能从结果到原因进行反向概率推理。贝叶斯网络是处理不确定性问题的重要工具。

K 最近邻分析法是典型的非参数分析统计学方法。其主要原理是基于样本的特征变量所建立的向量，在该向量空间中设定一种距离测度算法，主要用于测量两个样本之间的距离。对于新加入的样本信息，只需考量与之距离值最小的 K 个样本中好坏样本的比率，就能够判断新样本的信用水平。

决策树法的名字由来是因该方法的原理架构类似于树且多用于决策类问题，是典型的非参数识别方法。Makowski（1985）首次运行决策树法进行信用评估。决策树是由众多的节点和分支组成，决策树构建过程就是数据的切分过程，每次切分形成一个节点和多个分支，每个分支表示一类属性值。每次切分都要求分成的类别之间"差异"最大，不同的决策树算法意味着对"差异"衡量方式的不同。

4.3.1.2 非统计类方法

非统计学方法主要包括运筹学方法和人工智能分析方法。运筹学方法主要是先将管理问题抽象成一个模型，通过求解模型来获得解决问题的最优解，再依据最优解和组织的实际情况而制定的解决方案的方法。人工智能方法则是通过机器学习得出分类判断结论的方法。人工智能模型会对数据进行反复学习，预测精度高，也因此容易过度依赖样本数据，导致其可解释性与稳定性较差。目前最常用的非统计学方法包括专家系统法、人工神经网络方法和支持向量机法等。

专家系统是强大的智能计算机程序系统，系统内包含海量的某一领域专家的知识与经验，可以借助系统庞大的经验数据和知识，来处理相应的问题。换言之，专家系统依赖于系统内存储的海量的一个或者数位专家的知识与经验，通过推理和判断，模拟专家的决策过程，从而解决那些需要人类处理的复杂问题。

人工神经网络模型是基于对训练样本进行训练，从而确定神经网络中隐含层数、各层节点数以及层节点的连接权、传递函数值，然后依据一定的算法进行大量的训练以建立神经网络的输入与输出之间的映射关系，训练完成后通过对剩余数据样本进行测试可以得出剩余样本客户的信用分类情况。

支持向量机理论是机器学习算法的一种。支持向量机的基本原理是基于非线性转换实现维度变化和线性化处理，通过把输入空间的样本映射到高维乃至无穷维的特征空间中，使得输入样本空间的非线性问题转化为特征空间的线性可分问题，然后求取一个最优分类面以把样本线性分开。

4.3.2 个人信用评价组合模型

在模式识别的相关研究中，组合方法是极其重要的一大研究方向，现如今在在语音和手写识别、医疗诊断等实践中，组合方法已经被广泛应用，但是在个人征信领域，很少有使用该方法。组合模型在个人信用风险评价领域具有良好的性能，能够很好地平衡信用评价的准确性与稳健性的关系。当前广泛使用的多种个人信用评价模型的效果不佳，统计模型具有良好的稳定性但是准确度有待提升，人工智能模型的预测精度较高但稳健性有待提高，而组合模型能够实现高预测精度和强稳健性的完美结合。由于组合模型的分类信息整合了各个单一模型，因此其预测精度更为精准。同时由于组合模型的预测误差整合了单一模型的误差水平，因此其稳健性强于单一模型。

目前个人信用评价组合模型的构建思路有两种，其一是单一模型串联组合，即模型一的预测结果和其他特征变量串行作为模型二的输入变量，然后由模型二输出最终的预测结果。其二是多种单个模型的预测结果并联组合，每一种单一模型采用的分类算法不同。

4.3.3 模型比较与应用环境

单一模型和组合模型由于模型原理和前提假设不一样，它们存在各自的特征，表现出不同的优缺点，模型的适应性也不同。

4.3.3.1 单一模型的比较与应用

统计类方法的优势主要表现为模型具有较好的解释性和稳定性，劣势在于模型对样本数据的分布有诸多严格的假定条件。而对于非统计学模型，则很少被用于个人信用风险评价领域。20 世纪 90 年代之后，随着人工智能和机器学习技术的快速发展，机器学习的相关算法开始进入个人信用评价领域，逐渐形成了人工神经网络和支持向量机两种重要的数理建模方法。这两种建模方法的最大优势在于对样本的分类精确度较高并且方法本身对数据的分布特征没有严格限定，但是劣势在于模型稳定性不够且解释性不足。表 4.5 总结归纳了五种最常见的个人信用评价单一模型的优缺点。结果显示，单一模型不能同时满足模型稳健性与预测准确性的双重要求，改进空间非常有限。

表 4.5　个人信用评价单一模型比较

模型名称	优点	缺点
Logistics 回归模型	对数据没有严格假设条件、稳健性好、可解释性强、建模过程简单易操作	分类精度略低于人工智能模型

（续表）

模型名称	优点	缺点
决策树模型	对数据没有严格假设条件、模型分类精度较高、可解释性较强，能输出简单直观的评价规则	模型稳健性不够，容易出现过拟合、建模过程比较依赖专家知识和经验
贝叶斯网络	稳定性好、可解释性较强，建模过程简单易行，虽然不依赖专家经验，但可结合专家经验提高分类精度	模型分类精度较低
神经网络	对数据没有假设条件、分类精度高，能模拟数据间复杂的非线性关系	缺乏稳健性、缺乏可解释性
支持向量机	对数据没有假设条件、分类精度高	缺乏可解释性、稳定性一般

4.3.3.2　组合模型的比较与应用

组合模型包括串行组合和并行组合两种模型。

串行组合模型是指以某单一模型的输出结果作为另一种单一模型的输入值，因此也被称作叠加法。在串行结构的组合模型中，单一模型的分类预测精度可能并不高，但是当多个单一模型叠加在一起时，模型的预测精准度会得到提升。串行模式的组合结构整体分类精度取决于单一模型的排列顺序及其分类精度，实践中，通常将性能较好的单一模型置于排列顺序的前面。但是，串行组合有一定的缺陷，主要表现为可靠性相对较差，也就是说如果组合模型中的某一个分类器出现了错误，那么根据串行组合的特点，导致错误具有传递性，并由此造成错误积累和放大，最终将影响整个组合模型的效果。

并行组合模型是指将多个单一模型的输出结果通过一定的方法进行组合。单一模型的运行过程是相互独立的，预测结果之间不存在依附关系，同时，并行结构中各个模型可以同时进行，完成各自的运行结果，最终所有独立的结果可以在融合器中统一汇合。与串行组合模型相比，并行结构的突出优势在于稳健性很强，因为某一个基分类器（单一模型）的错误结果并不会影响整体的预测结果，因此实践中，并行结构的组合模型应用较为广泛。对于所有基分类器输出的分类结果需要寻求最佳的策略，将所有结果进行整合并得到最优的分类结果。在实践中，依据个人信用评价目标的情形不同，对所有基分类器输入的预测结果所采用的合成方法不同。若目标是预测贷款人是否会违约，此时单一模型的输出值为离散型的，不同结果值代表不同的违约类别（如输出 1 代表违约，0 代表没有违约），那么最佳的合成方法就是投票法；若目标是预测贷款人的违约概率，此时单一模型的输出值为连续型的，输出值的大小代表违约概率的高低，那么最佳的合成方法就是代数合成法。

4.4　个人信用评价模型的实证分析

为了检验 4.3 中个人信用评价方法的理论分析结果，本节分别从统计学方法和非统计学方法中选取其中一个模型，Logistics 回归模型和 BP 神经网络模型，构建单一模型以及两者的串行组合模型，对三种模型的总分类精度、第二类错误率、稳健性进行对比分析。

4.4.1　模型构建原理

单一模型是构建组合模型的基础，此处构建的是 Logistics 回归、BP 神经网络以及二者的串行组合模型，具体模型构建原理如下。

4.4.1.1　Logistics 回归

Logistic 回归作为个人信用评价领域广泛应用的模型之一，其基本原理如下：

设 y 为二元变量取值为 0 或 1，x_1，$x_2 \cdots x_p$ 是对应于 y 的已知变量，n 组样本数据为 $(x_{i1}$，$x_{i2} \cdots x_{ip}$；$y_i)$，其中 y_1，$y_2 \cdots y_n$ 是取值 1 或 0 的随机变量，y_i 与 x_{i1}，$x_{i2} \cdots x_{ip}$ 的关系如下：

$$E(y_i) = p_i = f(\beta_0 + \beta_1 x_{i1} + \beta_2 x_{i2} + \cdots + \beta_p x_{ip}) \qquad (4.1)$$

其中，函数 $f(x)$ 的取值范围在 [0，1] 内，且在该区间内的单调递增，对于 Logistics 回归

$$f(x) = \frac{\mathrm{e}^x}{1 + \mathrm{e}^x} \qquad (4.2)$$

于是 y_i 是均值 $p_i = f(\beta_0 + \beta_1 x_{i1} + \beta_2 x_{i2} + \cdots + \beta_p x_{ip})$ 的 $0-1$ 型分布，概率函数为

$$P(y_i = 1) = p_i \qquad (4.3)$$

$$P(y_i = 0) = 1 - p_i \qquad (4.4)$$

则 logistics 回归方程为

$$p_i = \frac{\exp(\beta_0 + \beta_1 x_{i1} + \cdots + \beta_p x_{ip})}{1 + \exp(\beta_0 + \beta_1 x_{i1} + \cdots + \beta_p x_{ip})} \qquad (4.5)$$

将以上回归方程作线性变换，就可以得到：

$$\ln\left(\frac{p_i}{1 - p_i}\right) = \beta_0 + \beta_1 x_{i1} + \cdots + \beta_p x_{ip} \quad i = 1, \ 2, \ \cdots, \ n$$

$$(4.6)$$

4.4.1.2　神经网络

人工神经网络是一种模仿生物神经网络结构和功能的数学模型或计算模型。其基本思想是从仿生物角度来模拟人的神经系统的运作方式，从而使得网络像人脑一样具有感知、学习以及推理能力。其中，BP（Back Propagation）神经网络模型是由 Rumelhart 等人在 1985 年提出的，是依照误差逆传播算法训练的多层前馈式神经网络。神经网络是由大量称为"神经元"的节点和之间相互联接构成，通常可将其结构可分输入层、输出层和隐含层。如图 4.2 所示。

图 4.2 描述了一个通常情形的 BP 神经网络结构图。输入层输入 n 个变量，即 n 个神经元，表示为 $X = (x_1, \ x_2, \ \cdots, \ x_n)$；输出层输出 m 维结果，即 m 个神经元，表示为 $O = (o_1, \ o_2, \ \cdots, \ o_m)$。$w_{ij}$ 表示输入层和隐含层的连接权重，T_{ij} 表示隐含层和输出层的连接权重。隐含层神经元个数为 i，根据具体情况确定，现有研究成果尚且不能明确给定隐含层节点数与其他参数间的函数关系，但是根据实践经验，当隐含层神经元个数满足 $h \leqslant \sqrt{n(m+3)} + 1$ 且大于 3 时，神经网络训

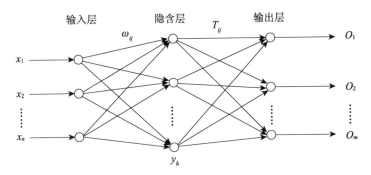

图 4. 2　BP 神经网络结构图

练结果能够较好地收敛到预设精度且稳定性较强，神经网络的学习训练效果比较理想。对于输入层，神经元 j 的输出即为输入变量 x_j，隐含层和输出层的输出结果是由相应的输入变量和权重决定。隐含层节点的输出：

$$y_i = f(\sum_j \omega_{ij} x_j - \theta_i) = f(net_i) \tag{4.7}$$

其中：f 是神经元传递函数，常用的有（-1，1）型的 $Sigmoid$ 函数，即 $f(x) = \dfrac{1 - \mathrm{e}^{-x}}{1 + \mathrm{e}^{-x}}$，和（$0$，$1$）型的 $Sigmoid$ 函数，即 $f(x) = \dfrac{1}{1 + \mathrm{e}^{-x}}$，$i = 1$，$2$，$\cdots$，$h$，$net_i = \sum_j \omega_{ij} x_j - \theta_i$，$\theta_i$ 为神经元 i 的阈值。输出层节点的输出：

$$O_l = f(\sum_j T_{li} y_i - \theta_l) = f(net_l) \tag{4.8}$$

其中：$net_l = \sum_j T_{li} y_i - \theta_l$，$l = 1$，$2$，$\cdots$，$m$，$\theta_l$ 为神经元 l 的阈值。给定真实值 t_l，输出值与真实值间的误差为：

$$E = \frac{1}{2} \sum_l (t_l - O_l)^2 = \frac{1}{2} \sum_l (t_l - f(\sum_i T_{li} y_i - \theta_l))^2$$

$$= \frac{1}{2} \sum_l (t_l - f(\sum_i T_{li} f(\sum_j (\omega_{ij} x_j - \theta_i) - \theta_l))^2 \tag{4.9}$$

将误差 E 分别对权值 ω_{ij}，T_{li} 求导，BP 神经网络采用最速下降算法，其权值的修正 $\Delta\omega_{ij}$，ΔT_{li} 应该正比于误差函数沿梯度下降，得到权值修正公式为：

$$T_{li}(k+1) = T_{li}(k) + \Delta T_{li} = T_{li}(k) - \eta\frac{\partial E}{\partial T_{li}} = T_{li}(k) + \eta\delta_l y_i$$

$$(4.10)$$

其中：$\delta_l = (t_l - O_l) \cdot f'(net_l)$。

$$\omega_{ij}(k+1) = \omega_{ij}(k) + \Delta\omega_{ij} = \omega_{ij}(k) - \eta\frac{\partial E}{\partial \omega_{ij}} = \omega_{ij}(k) + \eta\delta'_i x_j$$

$$(4.11)$$

其中：$\delta'_i = f'(net_i) \cdot \sum_l \delta_l T_{li}$，$\eta$ 为神经网络的学习速率。将误差 E 分别对输出节点阈值 θ_l，隐节点阈值 θ_i 求导，由于阈值的修正 $\Delta\theta_l$，$\Delta\theta_i$ 正比于误差函数沿其梯度下降，即：

$$\Delta\theta_l = \eta\frac{\partial E}{\partial \theta_l} = \eta\delta_l \qquad (4.12)$$

$$\Delta\theta_i = \eta\frac{\partial E}{\partial \theta_i} = \eta\delta_i \qquad (4.13)$$

我们得到阈值修正公式为：

$$\theta_l(k+1) = \theta_l(k) + \eta\delta_l \qquad (4.14)$$

$$\theta_i(k+1) = \theta_i(k) + \eta\delta_i \qquad (4.15)$$

因此，BP 神经网络模型具体算法如下：

① 初始化。给定网络误差范围 MSE 和迭代次数 Epochs，当 $k=1$ 时，给定网络初始权值 $T_{li}(1)$，$\omega_{ij}(1)$，和初始阈值 $\theta_l(1)\theta_i(1)$，以及学习速率 η；

② 计算隐含层和输出层的输出结果，$y_i(k) = f\left[\sum_j \omega_{ij}x_j - \theta_i(k)\right]$ 及 $O_l(k) = f\left[\sum_i T_{li}(k)y_i(k) - \theta_l(k)\right]$；

③ 误差反向传播，$net_l(k) = \sum_i T_{li}(k)y_i(k) - \theta_l(k)$，$\delta_l(k) =$

$[t_l - O_l(k)] \cdot f'[net_l(k)]$ 及 $net_i(k) = \sum_j \omega_{ij}(k)x_j - \theta_i(k)$，$\delta_i(k) =$
$\sum_l \delta_l(k)T_{li}(k) \cdot f'[net_i(k)]$；

④ 修正网络权值：$T_{li}(k+1) = T_{li}(k) + \eta\delta_l(k)$，$\omega_{ij}(k+1) =$
$\omega_{ij}(k) + \eta\delta_i(k)$ 以及阈值 $\theta_l(k+1) = \theta_l(k) + \eta\delta_l(k)$，$\theta_i(k+1) =$
$\theta_i(k) + \eta\delta_i(k)$；

⑤ 计算误差 $E = \dfrac{1}{2}\sum_l [t_l - O_l(k)]$，判断网络误差 $E <$ MSE 或
$k >$ Epochs，若是，输出 $O_l(k)$ 结束算法。否则，令 $k = k+1$，返回②。

4.4.1.3 串行组合模型

串行组合模型是指以某单一模型的输出结果作为另一种单一模型的输入值，因此也被称作叠加法。在串行结构的组合模型中，单一模型的分类预测精度可能并不高，但是当多个单一模型叠加在一起时，模型的预测精准度会得到提升。实践中，通常将性能较好的单一模型置于排列顺序的前面。但是，串行组合有一定的缺陷，主要表现为可靠性相对较差，也就是说如果组合模型中的某一个分类器出现了错误，那么根据串行组合的特点，导致错误具有传递性，并由此造成错误积累和放大，最终将影响整个组合模型的效果。

本书的串行组合模型是将 BP 神经网络和 Logistic 回归模型相串联。具体步骤如下：首先利用人工智能模型中的 BP 神经网络，通过训练样本建立信用评分模型，然后利用测试样本进行预测并输出相应结果，最后综合预测结果和测试样本的其他特征变量建立 Logistic 回归模型。构建上述串行组合结构的优势在于：BP 神经网络模型对于数据之间复杂的非线性关系模拟效果较好，因此提高了样本的分类精度，同时 BP 神经网络模型的输出结果作为 Logistic 回归模型的输入变量，进一步提升了样本的分类精度，除此之外，Logistic 回归模型具有较强的稳健性，保证模型最终结果稳健可靠。

4.4.2 数据样本及预处理

由于目前公共信息、提示信息、互联网信息等其他信息尚未数据

化，本部分主要通过对个人信用评价指标的基本信息指标进行实证，比较不同类型模型的特点和优劣势。

4.4.2.1 样本选择

国外银行、金融机构与学者所选择的指标体系主要从个人基本情况、信用行为与守信能力三大方面来考虑，基本情况反映了个人未来还款趋势，信用行为表明个人信用的历史信息，守信能力反映个人还款能力。具体指标如表 4.6 所示。

表 4.6　国外常用个人信用评分指标

因素	指标
基本情况	年龄、性别、婚否、工作行业、工作性质、工作稳定性、工作时间、在居住地时间等
信用行为	银行账户、信用报告被查询的次数、贷款额度、是否有担保、信用时间长度、已有无抵押贷款额度与个数、是否有其他贷款、是否有存款账户等
守信能力	房屋、保险、收入及其变化、拥有的其他资产、应征税资产数等

国内银行在对于个人信用评价的指标中较为关注个人的基本情况，对守信行为和宏观经济的影响因素重视度不足。根据中国社会科学院经济研究所收入分配与改革课题组出版的《中国居民收入分配实证分析》一书，主要从个人指标、经济指标、信用指标三个方面来选择信用评分指标。如表 4.7 所示。

表 4.7　国内常用个人信用评分指标

因素	指标
个人因素	年龄、性别、婚否、学历、单位类型、行业情况、职位与职务、就业年数与现单位工龄、住房情况等
经济因素	个人月收入、家庭人均月收入、金融资产、其他资产、保险等
信用因素	是否有不良信用记录、是否本行储户、是否本行职员、与本行业务关系、贷款额度和还款方式、其他存款、信用卡数与投资率等

国内外评价指标相比较可以发现，国内常用的个人信用评分指标与国外个人信用评分指标大部分相同，具有一致性。因此，为克服国内个人信用数据未公开的困难，实证分析选用公开的德国信用数据进行研究方法和研究过程的展示。

4.4.2.2 数据样本来源

德国信用数据样本集包括 1 000 个样本，根据是否被银行准许得到贷款这一标准，将样本分为"好客户"和"坏客户"，样本量分别为 700 个和 300 个。每个"客户"含有 21 个特征属性，前 20 个特征指标是刻画个人信用状况的属性指标，其中包括账户持续时间（月）、贷款数额、分期付款占月收入百分比、现居住状况、年龄、在本银行已有存款数目、应抚养人数 7 个数值型变量，以及经常账户状况、贷款历史状况、贷款用途、储蓄存款账户状况、现工作就业时间、个人状况及性别、其他债务或保证金、财产状况、其他分期付款计划、房屋状况、工作状况、电话、是否外籍劳工 13 个字符型变量，如表 4.8。

表 4.8 德国信用数据集属性名称

序号	属性名称	序号	属性名称
1	经常账户状况（Account）	11	现居住状况（Residence）
2	账户持续时间（月）（Duration）	12	财产状况（Property）
3	贷款历史状况（History）	13	年龄（Age）
4	贷款用途（Purpose）	14	其他分期付款计划（Other）
5	贷款数额（Amount）	15	房屋状况（Housing）
6	储蓄存款账户状况（Savings）	16	在本银行已有存款数目（Credits）
7	现工作就业时间（Employment）	17	工作状况（Job）
8	分期付款占月收入百分比（Installment）	18	应抚养人数（Maintenance）
9	个人状况及性别（Personal）	19	电话（Telephone）
10	其他债务或保证金（Debtors）	20	是否外籍劳工（Foreign）

资料来源：根据加州大学欧文分校机器学习库公布的德国个人信用数据整理得到

4.4.2.3 数据预处理

数据标准化。该数据样本集的数据类型分为两大类：数值型数据和字符型数据。由于不同的数据的量纲不同，因此在实证之前有必要对数值型数据进行无量纲化处理，以保证实证结果不受数据的量纲的影响。本部分采用最小-最大值无量纲处理方法对数值型数据进行线性标准化处理，即 $x'_{ij} = \dfrac{x_{ij} - \mathrm{Min}(X_j)}{\mathrm{Max}(X_j) - \mathrm{Min}(X_j)}$，$\mathrm{Max}(X_j)$ 和 $\mathrm{Min}(X_j)$ 分别表示第 j 个指标的最大值和最小值，x'_{ij} 表示处理后的标准化数值，其值介于 0 到 1 之间。字符型数据所对应的变量都是定性指标，因此需要将字符型变量进行归一化处理。

样本的平衡处理。由于数据样本集中的好坏客户数量不平衡，少量的坏客户的行为特征被大量好客户的行为特征所淹没，因此基于这种情形下的样本进行的信用评价，可能会使得这部分坏客户的贷款申请被银行接受，致使贷款坏账的增加。因此样本中好坏客户的比例要合适，可首先采用再抽样处理方法，改变非平衡数据的正负分类，然后对再抽样后的样本建模。再抽样过程包括对 700 个好客户进行欠抽样，抽取比例为 5∶7；对 300 个坏客户进行过抽样，抽取比例为 5∶3，使得好坏客户比例达到 1∶1。

样本子集的划分。本章的目的是为了建立模型评价客户好坏，为了得到相对准确的误差估计，在实证前需要将数据样本集划分为两个子集，一个子集是训练集，用于对模型的训练，称为训练样本或者训练集；另一个子集是检验集，用于对模型预测精度的检验，称为测试样本或者测试集。本章随机抽取全部样本的 2/3 作为训练样本，剩下的 1/3 作为测试样本。

4.4.3 实证结果分析

利用 SPSS Modeler18.0，分别对标准化的数据进行 Logistics 回归模型、BP 神经网络模型的单一模型构建，在此基础上进行串行组合模型的构建，并对三个模型的精确度与稳健性进行比较分析。

4.4.3.1 Logistics 回归模型

对源数据依次添加如下节点："类型"字段选项，选择用作预测的输入变量和目标变量；"平衡"记录选项，对样本进行过抽样与欠抽样；"分区"字段选项，划分训练样本集和测试样本集；"Logistics"建模选项，运行模型，部分结果分析如下。

显著性检验。表 4.9 是 Logistic 分析第一步时回归方程显著性检验的总体结果，当显著性水平 α 为 0.05，模型的似然比卡方检验观测值的 P 值为 0，小于 0.05，在 5% 的显著性水平下拒绝原假设，说明采用该模型是合理的。

表 4.9 Logistic 模型系数综合检验

		Chi-square	df	Sig.
	Step	311.304	48	0.000
Step 1	Block	311.304	48	0.000
	Model	311.304	48	0.000

模型拟合优度检验。表 4.10 显示了当前模型拟合优度方面的指标，模型的 2 倍的对数似然函数值为 654.620，数值较大即似然比值高，模型的拟合优度高。Cox & Snell R^2 及 Nagelkerke R^2 利用数量来解释 Logistic 模型中的估计精度，其值越接近于 1，模型对样本的拟合程度越高，本章所建模型的 Cox & Snell R^2 指标和 Nagelkerke R^2 指标分别为 0.360 和 0.480，模型拟合效果有待改进，但不影响本章对个人信用评价模型的比较分析。

表 4.10 Logistic 模型拟合优度

Step	−2 Log likelihood	Cox & Snell R Square	Nagelkerke R Square
1	654.620	0.360	0.480

模型预测分类检验。表 4.11 是模型的错判矩阵，数据表明，在实际被评为好客户的 341 人中，有 79 人被误判为坏客户，正确率为 76.8%；在实际被评为坏客户的 356 人中，有 74 人被误判为好客户，正确率为 79.2%。模型总的预测正确率为 78.0%，说明模型拟合效果

较好。

表 4. 11 Logistic 模型预测结果分类表

			Predicted		
	Observed		Default		Percentage Correct
			0	1	
Step 1	Default	0	262	79	76.8%
		1	74	282	79.2%
	Overall Percentage				78.0%

回归系数检验。表 4.12 是解释变量的系数检验结果。自变量的 wald 值越大，显著效果越好，当显著性水平 α 为 0.1 时，模型的 20 个自变量中，有 16 个自变量的 wald 检验概率——P 小于显著性水平 α，可以认为模型基本通过回归系数显著性检验。表 4.12 中显示了 7 个数值型变量的系数估计值（字符型变量没有系数估计值），其中对客户好坏评判影响最大的是账户持续时间，系数为 2.743。

表 4. 12 Logistic 回归系数检验结果

	B	S. E.	Wald	df	Sig.
Account			42.369	3	0.000
Duration	2.743	0.808	11.530	1	0.001
History			25.378	4	0.000
Purpose			32.233	9	0.000
Amount	1.958	0.981	3.980	1	0.046
Savings			12.138	4	0.016
Employment			5.394	4	0.249
Installment	1.173	0.313	14.073	1	0.000
Personal			9.218	3	0.027
Debtors			14.807	2	0.001
Residence	0.024	0.324	0.005	1	0.941
Property			3.872	3	0.276
Age	−0.566	0.591	5.916	1	0.038

（续表）

	B	S. E.	Wald	df	Sig.
Other			8. 907	2	0. 012
Housing			5. 595	2	0. 061
Credits	0. 980	0. 708	4. 916	1	0. 066
Job			2. 528	3	0. 470
Maintenance	0. 538	0. 284	3. 598	1	0. 058
Telephone			3. 722	1	0. 054
Foreign			4. 222	1	0. 040
Constant	−7. 967	1. 267	39. 537	1	0. 000

字符型变量采用分类算法处理后,在模型中以比类别少一个的虚拟变量形式体现,具体参数估计如表4.13。

表 4. 13　Logistic 回归虚拟变量估计结果

虚拟变量	系数估计	虚拟变量	系数估计
Account（1）	1. 455	Employment（1）	0. 915
Account（2）	1. 434	Employment（2）	0. 515
Account（3）	0. 099	Employment（3）	0. 251
History（1）	1. 839	Employment（4）	0. 022
History（2）	1. 867	Personal（1）	0. 008
History（3）	1. 318	Personal（2）	−0. 281
History（4）	1. 118	Personal（3）	−0. 862
Purpose（1）	1. 254	Debtors（1）	1. 818
Purpose（2）	−0. 367	Debtors（2）	2. 581
Purpose（3）	0. 060	Property（1）	−0. 391
Purpose（4）	0. 490	Property（2）	0. 122
Purpose（5）	0. 195	Property（3）	−0. 336
Purpose（6）	0. 871	Other（1）	0. 874
Purpose（7）	1. 387	Other（2）	0. 292
Purpose（8）	1. 691	Housing（1）	0. 757
Purpose（9）	−1. 264	Housing（2）	0. 124

（续表）

虚拟变量	系数估计	虚拟变量	系数估计
Savings（1）	0.835	Job（1）	−1.308
Savings（2）	0.337	Job（2）	−0.252
Savings（3）	0.596	Job（3）	−0.122
Savings（4）	−0.391	Telephone（1）	0.490
		Foreign（1）	1.235

分类精度与稳健性检验。模型采用将样本划分为训练集和测试集对 Logistic 回归模型的分类精度以及稳健性进行检验，结果如表 4.14，模型对含 705 个样本的训练集进行建模，预测正确的有 539 个，正确率为 76.45%；对含 301 个样本的测试集进行检验，预测正确的有 225 个，正确率为 74.75%。

表 4.14　Logistic 模型分类精度与稳健性检验结果

分区	训练集		测试集	
正确	539	76.45%	225	74.75%
错误	166	23.55%	76	25.25%
总计	705		301	

4.4.3.2　BP 神经网络模型

在源数据预处理基础上添加 BP 神经网络节点，部分结果分析如下。

模型概要。由表 4.15 可知，BP 神经网络模型为多层感知器结构，包含输入和输出节点，还包括一个或多个隐藏层。Cybenko 等（1989）曾经证明，不管模型系统多么复杂，只要数据量和隐含层节点数足够多，对模型的训练次数和时间足够充分，单个隐含层的神经网络模型能够在任意精度上进行充分有效拟合，因此在本章采用单隐含层的网络结构。隐藏层节点数目的确定可根据经验公式 $H \leqslant \sqrt{Input(Output+3)}+1$ 进行粗略判断，其中输入层、隐藏层和输出层的节点数分别用 $Input$、H 和 $Output$ 表示。经过实验计算初步估计隐藏层节点数目不超过 10 个，从 2—10 个节点数逐一进行测试，最终发现 10 个节点数最为合适，因此设定节点数为 10。当无法进一步降低误差时建模完成。模型测试集的总预测精度为 79.4%。

表 4.15　BP 神经网络模型概要

目标	Default
模型	多层感知器
所使用的停止规则	无法进一步降低误差
隐藏层 1 神经元	10
模型总预测精度	79.4%

模型预测分类检验。表 4.16 是模型的错判矩阵，数据表明，对实际被评为好客户的样本预测正确率为 77.0%；对实际被评为坏客户的样本预测正确率为 81.7%。模型总的预测正确率为 79.4%，比 Logistic 模型的拟合精度高。

表 4.16　BP 神经网络模型预测结果分类表

Observed	Predicted	
	0	1
0	77.0%	23.0%
1	18.3%	81.7%

分类精度与稳健性检验。模型将样本划分为训练集和测试集，并对 BP 神经网络模型的分类精度以及稳健性进行检验，结果如表 4.17，模型对含 710 个样本的训练集进行建模，预测正确的有 556 个，正确率为 78.31%；对含 302 个样本的测试集进行检验，预测正确的有 221 个，正确率为 73.18%。

表 4.17　BP 神经网络模型分类精度与稳健性检验结果

分区	训练集		测试集	
正确	556	78.31%	221	73.18%
错误	154	21.69%	81	26.82%
总计	710		302	

4.4.3.3 串行组合模型

将 BP 神经网络模型得到的预测结果作为一个输入变量，与其他特征变量一起建立 Logistic 回归模型。部分结果分析如下。

表 4.18 是组合模型的错判矩阵，数据表明，在实际被评为好客户的 252 人中，有 91 人被误判为坏客户，正确率为 63.9%；在实际被评为坏客户的 561 人中，有 55 人被误判为好客户，正确率为 90.2%。模型总的预测正确率为 82.0%，模型拟合效果好。

表 4.18 组合模型预测结果分类表

Observed			Predicted		
			Default		Percentage Correct
			0	1	
Step 1	Default	0	161	91	63.9%
		1	55	506	90.2%
	Overall Percentage				82.0%

回归系数检验。表 4.19 是解释变量的系数检验结果。当显著性水平 α 为 0.1 时，模型的 21 个自变量中，有 13 个自变量的 wald 检验概率——P 小于显著性水平 α，组合模型回归系数显著性检验效果不如单一 Logistic 回归模型的效果。

表 4.19 组合模型系数检验结果

	B	S. E.	Wald	df	Sig.
Account			29.924	3	0.000
Duration	1.080	0.826	1.709	1	0.191
History			24.356	4	0.000
Purpose			33.766	9	0.000
Amount	3.692	1.008	13.407	1	0.000
Savings			18.774	4	0.001
Employment			13.510	4	0.009
Installment	0.535	0.321	2.781	1	0.205

（续表）

	B	S. E.	Wald	df	Sig.
Personal			13.425	3	0.004
Debtors			9.278	2	0.010
Residence	−0.327	0.332	0.970	1	0.325
Property			4.755	3	0.191
Age	−0.474	0.599	0.625	1	0.429
Other			5.906	2	0.052
Housing			7.987	2	0.018
Credits	2.150	0.750	8.212	1	0.004
Job			8.231	3	0.041
Maintenance	−0.305	0.295	1.068	1	0.302
Telephone	0.317	0.261	1.477	1	0.224
Foreign	1.882	0.693	7.373	1	0.127
Default（1）	−0.585	0.317	3.393	1	0.065
Constant	−7.967	1.267	39.537	1	0.000

分类精度与稳健性检验。模型的分类精度以及稳健性检验结果如表 4.20，模型对含 811 个样本的训练集进行建模，预测正确的有 654个，正确率为 80.64%；对含 351 个样本的测试集进行检验，预测正确的有 282 个，正确率为 80.34%。

表 4.20　组合模型分类精度与稳健性检验结果

分区	训练集		测试集	
正确	654	80.64%	282	80.34%
错误	154	22.22%	69	19.66%
总计	811		351	

4.4.3.4　三个模型结果比较分析

将 Logistics 回归模型、BP 神经网络模型与串行组合模型的总分类精度、第二类错误率、稳健性进行对比分析，结果如表 4.21。

表 4. 21　三种个人信用评价方法预测精度比较

	Logistics 回归	神经网络	组合模型
总分类精度（%）	78.0	79.4	82.0
第二类错误率（%）	20.8	18.3	9.8
稳健性（%）	2.22	6.55	0.37

从三种模型的总分类精确度来看，精度从高到低依次为组合预测模型 82%，BP 神经网络 79.4%，Logistic 回归 78.0%，组合模型的精确度明显高于其他两个模型。

第二类错误率是将实际的坏客户错分为好客户的概率。由于将坏客户错分为好客户的成本要远高于将好客户错分为坏客户，因此在评价模型的性能效果时，第二类错误率是一个非常重要的指标。从上述结果可以看出，串行组合模型第二类错误率为 9.8%，明显低于 Logistics 回归模型 20.8% 和 BP 神经网络模型 18.3%，大大提高了个人信用评价的准确性，减少了银行因提供贷款所带来的风险。

稳健性是指模型在训练集和测试集上分类精度的变化率。由于人工智能模型对样本的深度学习与机器学习，使模型效果容易过度拟合，稳健性整体而言不如统计学模型，BP 神经网络稳健性 6.55%，大于 Logistic 回归 2.22%，模型结果印证了上述理论。串行组合模型的分类精度变化率，仅为 0.37%，说明组合模型结合结合单一模型优势，模型稳健性大大提高。

基于实证分析的结果可得出：作为重要的个人信用评价方法的组合模型在总体准确率、第二类错误率和稳健性方面较单一模型的优越性更为显著。

4.5　完善消费信贷信用评价机制建设的配套措施

良好的信用生态环境对于商业银行消费信贷信用评价机制的构建具有重大的促进作用。为提高商业银行个人信用评价指标体系的完备性，政府应发挥主导力量，对信用信息进行整合与利用；信用中介机构应配合政府工作的开展，积极推动消费信贷服务建设。在此过程中，信用信息使用者应把握信息公开与使用尺度，确保个人隐私不受侵犯。此外，社会各阶层应提高信用意识，培养征信理念，创造良好的信用环境。

4.5.1 加大政府信息公开力度

政府信息公开一般有狭义和广义之分，通常包含政务公开和信息公开两方面。狭义上是指政务公开，强调的是政府执法机关应当公开其执法依据、程序和结果。广义上的概念不仅包含政务公开，也要求政府主动公开其所掌握的其他非行政制度层面的相关信息。我国法律规定，政府机关有义务主动公开与我国公民、法人机构或组织自身利益相关的信息，但是对于公开的方式、公开的程度以及具体的项目内容尚且没有明确的规定。而现实状况中，我国政府机构掌握着全社会五分之四甚至更高比例的数据信息，大量的信息尚未充分公开，对于构建全社会高效完备的征信体系有一定的负面影响。因此，如何加快政府信息公开的步伐，推动信息资源的透明化进程，对我国征信体系的建设和发展意义重大。

随着大数据时代的到来，政府行政机关的信息公开应当顺应时代发展特征，加大信息公开的力度。大数据的价值是潜在的，实用价值对于政府机构和商业机构是同等的，行政机关应该创新渠道和技术挖掘数据的潜在信息。然而行政机构数据信息获取的地位比较特殊，对数据的利用效率较低，随着数据的开放程度加深，商业机构大力创新信息的获取渠道和方式，并且对数据的使用效率较行政机构更高。因此，政府机关应该加大数据信息的公布力度，使得商业机构能够充分利用政府获取的特殊数据，充分发挥数据的潜在价值，同时令社会商业机构和个人对数据的使用更加全面，推动整个社会的进步发展。为了使商业机构更加方便快捷使用数据，行政机关可以借助计算机技术收集并分类数据，规范数据格式，通过官方网站及时向全社会发布，且加大公开力度，增强数据使用的时效性。

4.5.2　促进信用中介机构发展

完善的消费信贷制度必须有健全的消费信贷中介机构作为组织保障，消费信贷中介机构将分散在不同部门的消费信贷信息在统一的原则下进行汇总、分类、储存，形成统一的消费信贷档案，并向特定的对象提供服务，消费信贷制度的各种效应正是通过专业的消费信贷信息机构的各种经营活动得到体现。

消费信贷服务中介机构是征信活动的经营主体，组建消费信贷服务机构应遵循市场原则，发挥市场竞争的作用，避免用政府行为代替市场规则。国际上，已有许多成熟的消费信贷征信机构运营模式，借鉴西方经验，我国社会信用制度建设可以分阶段实施，在不同阶段制定不同目标采用不同模式，从而形成一种具有特色的综合模式。具体而言，以欧洲模式为基础，以日本模式为补充，以美国模式为目标，突出中央银行的作用，以建立英、美式的市场化征信模式为目标，但在目前应当采取以政府为主导、市场化运作的过渡模式，逐步推进我国社会信用制度建设。我国构建消费信贷信息机构应采取渐进式策略，在条件成熟的大城市率先设立资信公司，并以此为中心，构建区域性辐射网络，最后实现构建全国性消费信贷体系的目标。

4.5.3　拓宽信用信息共享渠道

建设高效的消费信贷信用评价机制需要多方共同致力于信用信息的交流与共享。目前，我国的信用信息共享平台初步形成，该平台汇集了行政部门和地方政府提供的信用信息，实现了信息在部分专门机构中的共享使用。这一平台的主要功能体现在：实现了异地、跨部门的联合激励和惩戒工作，建立起"一处失信处处受限"的网络体系；全面的信用数据支持，提升了行政效率，减轻了行政机构的事前审核、事后监管的工作量；汇总并及时公开信用信息，降低了社会各机构部门的查询、使用成本。信用信息共享平台对准确进行信用评价的作用正在不断凸显，为更好地发挥其功能，各级政府部门、各部门以及各业态之间应进一步深化合作，拓宽信用信息共享渠道。

各部门之间应建立信用信息联动机制，提升工作效率。2016 年，北京市国、地税局推动联合惩戒措施，对重大税收违法案件信息及时公布，从而牵引和带动社会信用体制建设。这一措施在纵横两个方向上进行联动：一是上下互动，市区两级税务部门联动，对全社会公布案件信息，对逃税欠税、拒缴滞纳金且未出具相应担保证明的当事人限制其个人活动，同时将案件信息录入信用信息共享平台，拓宽信用信息共享渠道。二是横向联动，每个季度税务部门向其他 21 个联合惩戒部门发送公函，及时公布相关违法信息，为其他部门对失信行为人进行相应惩戒提供参考。

强化金融机构的信用信息共享，拓宽信息收集渠道。金融机构应当对贷款人的整体负债水平进行合理全面评估，尤其是贷款人的非银行融资信息。对于新增授信客户以及追加授信的存量客户，商业银行应查询内外部数据，掌握客户总体负债情况，判断客户是否存在过度授信，是否涉及担保圈、财务欺诈、跨行违约等风险因素，有效防控风险。

深化政府与金融机构的合作，推动公共信用信息与商业信用信息共享融合。例如，贵州省发改委于 2017 年与芝麻信用管理有限公司签订合作备忘录，实现了共享政府和企业各自掌握的信用信息，完善了信用产业的生态链，加快了我国信用体系建设的进程。

4.5.4 加快隐私立法保护进程

纵观西方国家的实践，征信立法对征信业的发展具有重要的影响意义。随着我国公民个人对隐私保护意识的增强，以及征信体系的完善，信用信息的主体对维护自身合法权益有着更高的要求。个人隐私保护与征信立法两者存在对立与矛盾，不同国家在协调两者关系，平衡立法时所持的倾向性存在差别，这也就导致各国征信业的发展结果差异明显。基于我国现实情况，借鉴国外先进经验，必须充分考虑我国当前经济发展特征和征信体系发展情况，自上而下全面规范信用信息使用人的行为规范，充分保证商业性机构商业机密和个人隐私不受侵犯，充分保护信用信息主体的合法权益，保障信用信息的使用是合情合理、合法合规。

关于加大隐私立法保护力度，需要从以下三个方面着手：一是从宪法上确立保护公民隐私的地位，二是深入到具体单行法律层面立法，三是制定相应的配套实施措施和细则。具体来看，首先，宪法是国之大法，是一切法之本源，法律权威至高无上，因此从宪法层面确立和明晰隐私权的保护是极其重要的。然而我国宪法现行的法律条款中，仅明确了公民的住宅、通信自由和通信秘密不受侵犯，除此之外并无其他涉及公民隐私的条款。因此，有必要在适当的时间将公民隐私权加入宪法，以国家根本大法的形式明确隐私保护的重要性。在单行法律层面，《民法通则》对公民的肖像权、姓名权、名誉权和信用权做了相关规定，但是规定过于宽泛，可操作性不强，因此有必要适当修订民法以增强相关法律在个人征信信息应用的操作性。除此以外，基于时代发展特征，数据海量且信息量大，信息传播速度快且安全性较差，因此有必要对信息安全做出相应的法律规定。信息安全是从技术层面对个人信用数据增加的一层保护屏障。此外，刑法中对侮辱诽谤罪、侵犯通信自由罪等罪名的处罚过于严厉，虽然能够对隐私泄露起到一定的震慑和约束作用，但是这也会导致征信机构过于保护信息而不愿对外公开，最终的结果可能是阻碍了征信体系的建设。因此，我国司法机关在对征信问题量定法律责任时还需全面充分考量。

4.5.5　提升公民社会征信意识

信用是市场经济运行的基础。在我国，全社会信用意识薄弱，社会公民的失信行为较为普遍，信用环境建设有待加强。这一现状是由历史原因、制度原因、社会信仰和传统文化等多方面因素影响造成的。构建个人守信的良好氛围和成长环境，营造诚实守信的社会环境，需要加快社会诚信体系建设，培育全社会公民的征信理念。提升公民社会征信意识，主要是扩宽宣传教育渠道和建设全社会征信文化。

从征信宣传教育层面出发，一方面要扩宽宣传渠道，丰富宣传形式，重视宣传效果。传统广播电视与现代新型网络媒体相结合，以寓教于乐、通俗易懂的形式，对征信工作进行宣传，充分发挥大数据技术的信息挖掘作用，判断并定位对不同企业和个人的差异化需求，实现征信信息的精准推送、重点说明，提升受众群体对征信工作认知，增强宣传工作的实用性。另一方面，扩大宣传教育的受众群体。人民银行、金融机构等征信部门要深入农村地区、学校、社区、企业等征信观较为薄弱的地区和群体，将征信宣传教育落到实处，使全社会、各阶层都能够意识到征信工作的重要性，动员全民参与到征信工作中。

从文化建设层面出发，一方面提升征信工作者的道德修养和职业素养，培育从业者征信理念和价值观念，打造高素质征信人才队伍，同时，规范从业者的工作制度，加强行业的自律组织建设，保证征信从业人员工作的客观公正。另一方面，着力提升征信队伍的创新化水平，注重整体队伍的学习能力、研究能力、创新能力的培养，掌握最新理念和技术，及时更新迭代征信产品，有效满足市场发展的新需求，加快征信机构的创新步伐。

5 我国商业银行消费信贷业务风险管理机制建设

贷款风险管理是商业银行管理的永恒课题，消费信贷业务风险管理也不例外。加强风险意识，提高消费信贷风险管理技术水平，科学量化和有效控制信贷风险是我国商业银行面临的紧迫任务。由于消费信贷风险暴露具有一定的时滞性，相比其他类型贷款风险管理更加复杂。因此，需建立起风险管理长效机制。

5.1 商业银行消费信贷业务风险的理性分析

商业银行消费信贷在发展过程中总是伴随着各种各样的风险。同时，伴随经济大环境的变化，商业银行消费信贷业务的风险也凸显出一些新特征与新问题，值得我们一一进行理性分析。

5.1.1 商业银行消费信贷业务风险的形成与演进

消费信贷业务是银行的一种周期较长的资产业务，从申请贷款、审核批准、发放到最终的回收有一段很长的时间。随着时间的变化，消费信贷业务风险处在一个不断演化和变动过程中，信贷风险有一个从逐步产生、演化到逐步显现并产生影响的过程，也就是说消费信贷风险变化过程具有明显的阶段性特征。正因为消费信贷风险演进过程中所具有的阶段性，从而在不同阶段表现出不同的风险信号。消费信贷风险整体演化进程可用图 5.1 表示。

消费信贷风险的形成和演化是从消费者决定申请消费贷款那一刻

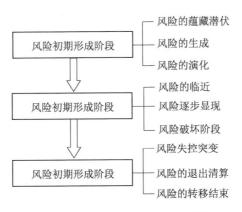

图 5.1　消费信贷风险演化图[191]

开始的。消费者向银行递交消费贷款申请报告，银行通过信用评分模型评估消费者的信用水平，最终决定贷与不贷、贷多贷少。从申请消费贷款到最后批准贷款这是风险形成的初级阶段，主要的风险有消费者潜在的信用风险、信用评分模型的技术风险和银行的操作风险。由于银行不能完全了解贷款申请者的全部信息，或者获得这些信息需要较高成本，一些有不良信用历史的消费者或者不具备还贷能力的消费者，往往通过修改信用记录、提供虚假证明等手段而获得银行贷款。这些消费贷款中蕴含较高的信用风险，如果银行在以后管理中稍有松懈，将会演化成现实风险损失。面对众多消费信贷申请，银行越来越借助于信用评分模型来处理和筛选信用良好的申请者。虽然评分模型具有客观且连续一致、操作简单、易于解释和成本不高等优点，但这些模型也存在一些不足。消费者的信用评分是通过加权计算出来的，而权重是根据以往各评分变量对历史风险影响的程度来确定的，这就使得信用评分与真实信用水平有一定的差距，信用评分模型并不能消除信用筛选的历史偏差，只是简单地复制银行占主流地位的实际操作，使之自动化而已。如果变量不能满足有关假设，例如服从多元正态分布等，模型的统计有效性就值得怀疑。如果使用模型的对象和构建模型时使用的样本特征不符时，信用评分模型的效果也会打折扣。例如，银行用一般信用评分模型来判断大学生中的信用水平，其正确率就小多了。当信用评分模型不能准确区分相对风险水平时，银行将不能获得其承担风险的合适补偿，使损失超过预期。为此，应该对信用评分模型不断地进行检验、评价和调整，以确保模型的实际效果接近最初的设想。

从贷款发放到随后的几年里是风险逐步显现和全面作用的阶段。一般来说，"实际坏账率"曲线开始时较陡峭，然后随着时间的推移变得较平坦且慢慢接近峰值[192]。这是因为那些无还款意愿或者还款意愿不强的客户，其潜在风险将集中在此阶段爆发。在这个阶段他们在某个商店利用信用卡不正常地连续大量购入某商品，其账户提款额只比信用额度限额略小或者不正常地大额透支。利用银行信息疏通不顺畅的缺陷多头担保、多头借贷。申请消费信贷的主要是那些刚参加工作或工作不久的年轻人。该人群的特点是：预期收入高、波动性大和工作流动性大，经常跳槽。由于刚参加工作没有什么积蓄，还款压力大，一旦收入下降，其违约的可能性增大。其工作地点的变动也不利于银行催收贷款，现在的大学助学贷款是一种信用贷款，以该学生的预期收入来偿还贷款，这些贷款都是大学集中办理的，这些学生毕业后将奔赴全国各地，银行对其控制相对减弱。他们是否还款取决于这些学生的意愿。一些银行在大学里开展信用卡业务也是如此。一旦这些持卡者找不到工作或者恶意透支，银行将遭受损失，即使费尽周折收回贷款，其费用也是高昂的。总之，这一阶段的特点是违约率高，尤其是恶意违约，是风险高发期，是银行需要重点监控的阶段。

在贷款的后期阶段，恶意违约的可能性相对减少[193]，银行的工作重点是积极催收贷款，密切关注抵押品价值的变化和变现能力的改变。当抵押品的价值下降到不足以补偿贷款的预期损失时，商业银行应密切关注借款人信用变化或要求其追加担保。此外，相关的政策、法律风险和资金流动性风险也应注意。总之，消费信贷风险处在一个不断演化和变动进程中，在不同阶段对风险载体发生不同作用，会随时间变化表现出不同的风险信号或作用特征。只有真正认识到风险特性和存在、感知和测评出风险所处状态，才可将风险在不同程度上得到转化、分解、控制和有效管理。

5.1.2 商业银行消费信贷业务风险种类与新特征

我国商业银行在开展消费信贷业务的过程中会面临各种各样的风险。根据各类风险的不同特点及其带来的影响不同，将其主要分为以下几类。

5.1.2.1 市场风险

银行贷款的市场风险是指由于信贷产品的价格变动、市场利率和汇率变化等不确定性因素给银行造成损失的可能性。从市场风险的影响因素来看，市场风险又包括信贷产品的价格风险、利率风险、汇率风险以及竞争风险等具体形态。在消费信贷业务中，市场风险主要表现为消费品价格风险和利率风险两个方面。

一是消费品价格风险。本书以消费信贷中的典型业务——房贷和车贷为例，探讨消费品市场价格变化给消费信贷带来的影响。

首先，在住房按揭贷款业务中，房地产价格是影响住房贷款质量的一个重要风险因素。一方面，房价的下跌将导致借款人违约风险不断上升，给商业银行消费信贷带来大量的违约成本。当房价上升时，借款人对未来具有乐观预期，宏观经济运行也较为平稳，在二者的双重作用下，借款人还款能力和还款意愿均较强，银行所面临的违约风险较小。但由于房地产业属于强经济周期行业，一旦房价开始下跌，意味着宏观经济逐渐恶化，借款人的收入也随之下降，面临的还贷压力逐渐凸显。当房价下跌至一定水平，房屋价值无法弥补未还房贷的现值时，借款人将停止还贷。基于理性人的假设，借款人理性违约行为骤增。当经济环境进一步恶化，借款人丧失还款能力时，借款人不得不选择违约。在这种情况下，借款人被迫违约的风险加大。同时，房价的持续低迷将导致部分潜在购房者持观望态度，购房需求下降，使得房价进一步恶化，这在一段时间内会加剧与房地产相关行业的一系列贷款风险。另一方面，房价的上涨使得商业银行很可能忽视不断积累的信用风险，倾向于发放更多的按揭贷款，从而扩大信用敞口。基于银行自身的信贷政策：贷款抵押额度＝抵押物价值×抵押率，在借款人的还款能力稳定、抵押物抵押率不变的情况下，房价的上升使得借款人需要更多地通过住房按揭贷款来获得购房资金，这意味着贷款额度的增加，从而增加了银行的风险暴露。同时，商业银行贷款额度的增加会使得更多的资金流向房地产业，房地产企业将用更高的价格来获取土地，借款者需要获取更多的贷款额度购房，从而形成一个恶性循环，极大地增加了该类贷款的风险[194]。

其次，汽车贷款作为消费信贷的主要品种之一，受汽车市场价格变化的影响较大。近年来中国新能源汽车产业快速发展，2015 年已成为全球最大市场，2016 年销量超 50 万辆，在汽车总销量的占比达1.8%，保有量接近 100 万辆，处于世界领先水平，汽车行业已经迎来一场新的变革。随着未来环保、节能、低碳的新能源汽车的大量涌入，当前贷款几年后汽车残值根本无法和剩余的银行贷款本息相匹配，借款者用车抵债的情形不可避免、银行的贷款收益不仅可能无法实现，还可能为处理抵押品而支付其他成本。此外，由于银行间为了争夺车贷市场份额，银行没有充分评价经销商的担保能力，盲目与经销商合作，这带来了很大的风险。具体来说，部分商业银行为了占据更大的市场规模，往往对汽车销售商的担保能力程序把关不严，而汽车销售商为开拓市场业务，将质量不合格的汽车出售给贷款人或者故意低报汽车出售价格，为购车贷款人降低首付款比率，从而将贷款风险转嫁给银行。

二是利率风险。目前，我国利率市场化已基本完成，商业银行将拥有更多的自主经营权，其在央行的基准利率上，能够在更大范围调整自身存贷款利率。随着利率不确定性的增大，商业银行市场竞争势必变得更加激烈。为了提高市场竞争力，银行可能会通过降低贷款利率、延长贷款期限的方式来扩大消费信贷业务规模，这将导致商业银行存贷利差减少，银行经营利润下降。同时，利率市场化也意味着利率波动更加频繁，幅度更加剧烈，所带来的不确定性风险正在加大。对于我国商业银行而言，利率风险产生于内部和外部两个方面。从内部来看，银行的资产负债期限错配会弱化银行抵御利率风险的能力；从外部来看，利率波动更为频繁剧烈会增加银行面临的风险。目前，我国商业银行对利率风险的重视程度和管理水平仍然不足，仍处于初级阶段。当前利率市场化进程快速发展，银行利率风险管理的难度日益增加。此外，我国商业银行在日常经营中，面临着客户对期限选择的风险，具体来说，银行客户能够自主存取款，但这一过程中存在客户提前还款和提前取走存款的风险。随着利率市场化不断深化发展，提前存取款风险和利率的不确定调整风险更是频繁发生，享有优先选择权的银行客户出于对高收益的倾向性，往往会根据利率的动态变动，对自己所持有的资产和负债进行改变和调整，因此，客户频繁的调整自己的存贷款增加了银行日常经营中的期限选择风险和流动性风险。当市场利率上升时，持有定期储蓄的客户会选择提前支取，即使银行对提前支取存款收取一定的惩罚性费用，但是利率上升带来的回报高于惩罚性费用，因此客户仍然会提前取走存款，此时商业银行的流动性风险增加，同时为了吸引存款资金，商业银行将会以更高的利率吸收存款，增加了银行的经营成本。反之，市场利率下降时，客户选择提前还款，银行将面临收益损失和成本增加。上述两种情形下，商业银行只能够被动接受客户的期限选择行为，由此产生的损失和风险可能会导致其他风险发生。

5.1.2.2 法律风险

我国现有法律、法规在消费信贷领域还存在较大空白。当前，商业银行开展消费信贷业务主要遵循《商业银行法》《贷款通则》《担保法》和《经济合同法》等有关规定，但是这些法律法规重点规范商业银行和企业之间的信贷关系，较多涉及生产性贷款，其中条文规范并未全面涵盖消费性贷款领域。此外，消费信贷的规范性文件层次较低，如《商业银行自营住房贷款管理暂行办法》《汽车贷款管理办法》《信用卡业务管理办法》等，尚未上升到法律层面，约束力较低。以我国商业银行消费信贷的主要经营种类——汽车消费信贷为例，现今行业使用的是中国人民银行和银监会于 2004 年 10 月开始实施的《汽车贷款管理办法》。由于现行法律法规落后于现实需求，在车辆抵押、资信调查和违约处置等方面均出现无法可依的局面，从而影响了整个行业的稳定发展。

首先，法律体系的不完善严重制约了消费信贷业务的开展。例如，在消费信贷领域存在两类合同，一是商业银行与借款人的借贷合同，另一个是借款人与销货商的销售合同，而对于这两个合同之间的关系，我国法律缺少相应的清晰规定，这使得在现实中各种纷争不断。此外，对期房抵押是否属于物保在现行法律体系下尚未有明确清晰的界定。一旦期房借款人违约，银行便要求扣收保证人保证金。而这时，很多保证人则会援引《担保法》有关规定："银行应先处理抵押物，不够的部分再由保证人承担。"来拒扣保证金。另外，银行则认为期房抵押应区别于普通抵押，且与保证人有过事前协议，以此拒绝保证人请求，引发纠纷[195]。其次，相关法规存在冲突。例如，中国人民银行在《个人住房贷款管理办法》中要求借款人必须对抵押房屋办理保险，但是借款人则认为不应强制保险，依据在于《保险法》强调"保险自愿"的原则。因此，当银行要求借款者对抵押房屋办理保险时，某些借款者认为自身的金融消费者合法权益受损，便向消费者协会反映。此外，建立个人征信系统，实现信息共享，这必然要求信用信息能够开放使用，然而目前的法律体系并不支持。我国现行的《商业银行法》明确规定了保密条款，这导致外界不容易获取个人信用信息数据。如何从法律层面上解决个人信用信息数据的开放使用和现行法律条文的冲突，是我们面临的又一个法律问题。

5.1.2.3　流动性风险

商业银行的流动性风险是指银行虽然具备偿还债务的能力，但是不能够以合理成本及时获取充足资金来应对资产增长或支付到期债务的风险。消费信贷业务的流动性风险主要源于以下四个方面：一是，"短存长贷"所带来的存贷期限错配问题。我国商业银行消费信贷业务的资金主要来自于居民的短期存款，资金主要用于发放住房贷款、汽车贷款、助学贷款、信用卡贷款等消费性贷款。如前所述，受个人住房贷款占据主导地位的影响，期限结构以中长期贷款为主。这种"短存长贷"现象造成了银行资产负债的期限结构的扭曲，增加了资金流动性风险。二是，消费信贷的金额较小，客户分散，难于管理。相较于企业贷款而言，消费信贷多以个人或家庭为对象，单笔授信额度小，即使是对于单笔额度较大的住房抵押贷款，由于不同地区情况不同，授信额度也有相应的限制。此外，消费信贷客户的地区和行业分布也比较分散，客户的差异化需求较大，这就使得不同客户间的还款期限存在明显差异。上述两个特点，使得银行很难精确测度自身资产的流动性水平，因此在一定程度上增加了银行经营中的流动性风险。三是，消费信贷的还款时间不易控制，变动性较强。消费性贷款人的还款能力和时间与还款人自身及家庭的收入水平密切相关，一旦收入水平提高或者降低，都会直接影响到贷款偿还时间的提前或者推迟，这种收入水平的变动往往是难以预测的，而收入变动的现象却是经常发生的。但是，对于商业银行来说，不管是贷款人提前还款或是延迟都会严重影响银行的流动性风险管理。四是，银行对消费信贷抵押物的控制力较弱，抵押物的变现能力不足。消费贷款的抵押物一般是消费物品，例如住房抵押贷款常常以贷款人的新购房屋为抵押物，大额耐用消费品贷款的抵押物一般为该消费品本身。消费信贷的申请人不能够正常偿还贷款时，抵押物的变现能力已经变差，由于此时的抵押物已经被使用，即使强制性变卖抵押物，但是抵押物的收回价格往往远低于贷款额度。除此之外，消费贷款的对象为社会中流动性比较强的居民个体，因此商业银行对抵押物的控制力较弱，经常面临无法按约收回抵押物。抵押物的这些特征使得银行在开展信贷业务的过程中难以有效补充自身的流动性，倘若贷款人失信违约，银行难以收回抵押物，商业银行将面临巨大损失，不仅不能补充风险还造成较大的流动性缺口。此外，从相关的市场配套措施、政策法规的角度来看，我国信贷资产证券化尚未全面展开，商业银行消费信贷资产变现比较困难，在一定程度上加剧了流动性风险。

5.1.2.4 经营管理风险

消费贷款业务作为新的利润增长点，引起各商业银行的重点关注并努力扩大其规模效应。尽管消费信贷业务在我国发展起步比较晚，但该业务发展十分迅速，前景广阔。这使得大批信贷业务员转岗，但他们并不具备消费信贷业务的管理营销经验，也不具备适应新业务的知识和创新能力[196]。由于缺乏足够的信贷人员，这导致消费信贷业务人员人均工作量大增，平均每人要管理近百个贷款客户。在进行贷前调查和贷后管理中，工作人员仅仅利用电话询问等间接单一的方式进行，既难以对借款人在贷款使用上进行监控，也不能及时掌握借款人工作和收入的变化情况。这势必会导致贷款工作缺乏严格管理和业务操作不规范，极大地增加消费信贷管理的风险。

在争夺消费信贷市场份额的过程中，有些商业银行片面追求扩大业务规模，只关注业务在量上的扩张，却忽视了质的提高。片面追求业务的拓展，放松了对消费信贷业务的管理，过于放宽贷款条件、简化操作流程，既不符合有关规定，又积累了大量风险隐患。因此，这必然不利于商业银行管理风险，严重阻碍信贷业务高效开展，而当风险集聚到一定程度时，甚至会造成更为严重的金融危机。

5.1.2.5　客户信用风险

客户信用风险是我国商业银行在发展消费信贷业务过程中面临的主要风险之一，是指消费贷款人未能按照贷款协议条款按时偿还贷款，从而使得银行不良资产增加和收益下降的可能。当下人们工作更换变得更加频繁。对于从原单位离职的消费者缺乏相应的还款约束机制，这使得银行承担的风险上升。此外，贷款者不断更换工作容易导致其收入出现较大波动，尤其是部分贷款者在申请贷款时的工作收入能够保障还本付息的能力，但是换了工作岗位后其收入下降使之难以按时足额偿还贷款。例如，一位大学教师的工作收入比较稳定，足以支持其偿还中档商品房按揭贷款，如果这位教师下海经商其收入不确定性增加，一旦其投资失败，将丧失偿还贷款的能力，形成违约。此外，居民收入并非仅有货币性收入，来源多元化且难以调查，因而使银行判断借款人收入的真实性变得十分困难。这些因素的直接后果就是银行难以通过合理测算借款人能力来授予信贷额度，信用风险大大上升。由于我国缺乏完整的信用贷款制度规定，加剧了商业银行贷前审查的困难程度。

5.1.2.6 技术风险

银行技术风险是指银行在使用计算机网络等信息技术或是相关的产品和服务时，所造成的银行经营不确定性或是产生的不利影响因素。随着信息网络技术不断更新特别是智能手机和移动互联网的加快普及，电子商务特别是移动电子商务迅猛发展，推动网络购物高速发展。在这个过程中，商业银行积极适应消费发展新模式，充分利用互联网技术，不断开发、拓展自身移动端业务，寻找业务增长新极点。在这个大背景下，商业银行对于通信技术、网络技术的依赖程度越来越强，因此带来的技术风险也日益凸显。此外，由于互联网拥有覆盖面广、传播速度快、隐蔽性强的特点，因此这类风险所带来的危害也远大于其他风险。近年来，国内银行业的信息化建设取得较大进展，与此同时，信息技术风险对商业银行经营的影响日益凸显。

5.1.3 商业银行消费信贷业务存在问题分析

随着我国消费需求的增长和结构升级，消费信贷业务逐渐成为商业银行贷款业务中的重要部分。虽然消费信贷质量整体上较好，银行整体风险管理已经取得长足进步，但业务过于集中、法律保障缺乏、信用风险度量模型落后、不良贷款处置手段单一以及风险管理模型缺陷等因素都对商业银行消费信贷业务发展造成十分不利的影响。因此，如何强化风险管理是商业银行在发展消费信贷业务中必须解决的首要问题。

5.1.3.1 业务过于集中导致行业发展受阻

我国商业银行消费信贷业务过于集中主要体现在两个方面：一是消费信贷市场发展主要集中于城市；二是消费信贷业务种类主要集中于住房贷款和汽车贷款两类。

从我国商业银行消费信贷的发展现状来看，当前整体市场深度不够，信贷品种过于集中，主要表现：消费信贷在城市的集中度高于农村、大型商业银行较城商行、农商行集中度更高，且中长期住房较其他形式的消费贷款比重更大。大型商业银行高集中度的后果就是阻碍了银行业整体发展的步伐，增加了银行的业务风险。在农村地区，银行类金融机构以农商行、农合行、村镇银行等地方中小银行为主，这些银行能够提供的消费信贷产品较为单一，因此，消费信贷业务在我国农村地区发展缺乏内生动力。

目前，住房贷款和汽车贷款在我国消费信贷业务中占据主要地位。住房贷款成为当前消费信贷业务质量较高的产品，但潜在风险不可小视，但是住房抵押贷款的收益较为稳定，一直被银行视为优质的消费信贷业务。然而国际经验表明：住房贷款在发放的 3—8 年之后，个人违约情况逐渐出现，贷款不良率开始逐步增长，因此，个人住房抵押贷款的风险暴露存在一定的滞后性。在英国，个人住房贷款期限一般为 15—20 年，但为了保证贷款的安全，银行通常确定还贷/收入率的基本比例作为进行贷款决策的重要参考变量。英国的贷款者用收入乘数考察借款者的还款能力，一般贷款为年收入的 3—4 倍，可见对住房贷款仍持非常谨慎的态度。当前随着我国汽车市场的加速发展，汽车贷款规模高速增长，成为我国消费贷款业务中规模第二大的信贷业务。同时，现阶段我国的新能源汽车快速发展，对于传统汽车的价格带来不小的冲击，导致汽车贷款抵押品价值的波动，其蕴含的风险已经凸显逐渐积累，成为银行推动汽车贷款业务发展的瓶颈。

5.1.3.2　法律保障缺失制约风控落实

消费信贷业务的单笔贷款额度较小且贷款笔数较多，客户主要是个人消费者且分布较为分散，同时，在消费贷款的抵押担保领域，缺乏保护银行债权的法律法规，商业银行在开展风险管控时难度较大。比如常见的个人汽车贷款，理论上应当是以购置的车辆作为抵押物进行贷款，但是我国的现实状况是，消费者购置汽车的所有单据凭证中，并没有开具给商业银行的，这就意味着如果银行将车辆作为抵押物，是没有办法控制车辆在使用过程中可能出现的车主将车辆过户给其他人这一状况，因此就存在着较大的风险隐患。消费信贷的发展壮大必须以个人信用为基础，建立起相匹配的个人信用体系极其重要，目前我国并没有建立起真正意义的个人信用制度。在司法实践中，法律重视对贷款人或担保人的保护，却忽略了对银行债权的保护，不利于风险防范与控制。如消费贷款额度相对较小，法院一般不受理小额债务，即使受理，银行却面临着高额的诉讼费，因此，亟需建立起保障银行在消费信贷过程中的合法权益的法律法规。

5.1.3.3 信用风险度量模型落后影响资本节约

现阶段，商业银行缺乏一套科学有效的、符合现实需求的信用风险测度模型。各家银行几乎全靠自己的主观判断来进行资产的信用评估、风险测度，评估结果的可靠性有效性值得商榷，缺乏客观高效的量化评价模型，难以真正使资产进行交易，难以实现风险转移，导致信用风险防范的不足。同时，商业银行不能将信用风险度量模型运用于经营管理中，就难以准确有效测度信用风险规模，无法拿出风险防控的应对方案，且导致用于测算资本金规模的内部评级法失去效力，由该方法产生的资本节约收益也无从获取。

5.1.3.4 不良贷款处置单一无法满足需求

对于不良贷款的处理，理论上有五大渠道：一是从利润中提取坏账准备冲销；二是直接的资本注入；三是资产负债表重组；四是外部途径处理，如将资产打包后以证券形式转卖给其他金融机构；五是司法诉讼，通过法律途径解决。

虽然近年来不良资产证券化这一新型方式发展迅速，但由于收益较低、资产重组的流程较为复杂、法制环境不够完善等系列原因，我国商业银行以往政策性剥离不良贷款给资产管理公司的处理办法过于单一且不可持续，不能完全达到分散风险的目标。

5.1.3.5 风险管理模型缺陷难以发挥实效

我国商业银行消费信贷风险管理模式目前采取了树状结构。总行根据整体发展状况来确定全行消费信贷发展战略，各级分行在此整体战略指导下从事消费信贷业务工作的开展，由此建立起从总行到各级分行的树状管理结构，消费信贷风险管理工作也据此展开，形成总行统揽全局、各级分行分散管控风险的局面。该模式存在两个方面的缺陷：一是消费信贷计划实施不平衡。商业银行的年度发展计划通常是由总行综合考虑后拟定，在制定全行发展计划过程中，总行会依据宏观经济形势变化，并结合本行业务规模及特点和银行经营"三性"原则。消费信贷发展计划是总体计划的重要组成部分，应与其他业务发展计划相协调。但是总行的发展计划未必充分考虑到了各级分行面临的市场环境特征和自身发展阶段，而且总体计划的发展规模在由总行向各级分行传达过程中往往会被扩大，从而有可能导致银行各类业务发展的平衡状态不复存在，使得风险大量集聚。二是风险防控工作未能统筹协调。在当前的树状组织结构下，我国商业银行在总行设置风险管理部门，各级分支行均各自设置风险管理部门，但是缺乏风险管理垂直领导体系，整个风控体系在银行内部的独立性较弱，各层级的风险管理部门各自为战，风控力量大为削弱。除了组织架构上的缺陷，我国商业银行与国外同行相比，风控技术实力较弱，整体信息化程度较低，很多审核环节都依赖传统的人工方式完成。风险预警系统尚不成熟，没有从本地数据出发，建立起符合当地特征要求的风险预警模型。

5.2 消费信贷中主要风险的度量方法与应用

如何精准地度量业务开展过程中的风险对于商业银行消费信贷的风险控制与管理是至关重要的。商业银行在经营过程中面临的风险多种多样，包括外部风险和内部风险。在消费信贷业务开展过程中，外部风险和内部风险分别以市场风险和信用风险为主。

5.2.1 市场风险的测量

根据《资本协议市场风险补充规定》，商业银行可采用标准法和内部模型法来测定市场风险资本。标准法是指对银行账户和交易账户中包含的利率风险、股票风险、外汇风险、商品风险和期权风险按比例计提资本；内部模型法是监管部门允许商业银行根据自己构建的模型来进行风险管理的一种方法，广泛使用的风险管理模型为 VaR 模型。此外，压力测试作为传统风险管理方法的一个重要补充，在国内外银行业应用广泛。

5.2.1.1 VaR 方法与市场风险测量

VaR（Value at Risk）的含义是"处于风险中的价值"或"在险价值"[196]，是指在市场正常波动下，某一金融资产或证券组合的最大可能的损失。更确切地说，是指在一定的概率水平（置信度）下，某一金融资产或证券组合在未来特定的一段时间内的最大可能的损失，可表示为：

$$\text{Prob}(\Delta\omega > VaR) = 1 - c \tag{5.1}$$

其中，$\Delta\omega$ 为某一金融资产或证券组合在持有期 Δt 内的价值损失；VaR 为置信度 c 下的在险价值。

相对 VaR 定义为某一金融资产或证券组合在未来的特定时间内、在给定置信水平 c 下相对于收益平均值的价值损失，即：

$$VaR_R = E(\omega) - \omega^* = -\omega_0(R^* - \mu) \tag{5.2}$$

绝对 VaR 定义为不以收益率均值为基准的损失即

$$VaR_R = -\omega_0 R^* \tag{5.3}$$

其中，ω_0 为某一金融资产或证券组合的初始价值；

ω^* 为给定置信水平 c 下资产的最小价值；

R^* 为给定置信水平 c 下资产的最小收益率；

μ 为收益率 R 的期望值。

如果考虑资产未来收益行为的随机过程，假定其未来收益的概率密度为 $f(\omega)$，

$$那么\ c = \int_{\omega^*}^{\infty} f(\omega) \mathrm{d}\omega \tag{5.4}$$

$$或\ 1 - c = \int_{-\infty}^{\omega^*} f(\omega) \mathrm{d}\omega \tag{5.5}$$

$$即 \text{Prob}(\Delta\omega > VaR) = \int_{-\infty}^{\omega^*} f(\omega)\,\mathrm{d}\omega \qquad (5.6)$$

假设资产价值服从正态分布。一般而言，资产价值的最小价值 ω^* 对应的最小收益率 R^* 为负，所以 $R^* = -|R^*|$。可以通过 R^* 和标准正态的偏离 $\alpha(\alpha > 0)$ 将正态分布概率密度函数 $f(\omega)$ 化为标准正态分布概率密度函数 $\Phi(\varepsilon)$。因此，在给定置信水平 c 下，标准正态分布的尾值（或分位数）为 $-\alpha$，有

$$1 - c = \int_{-\infty}^{\omega^*} f(\omega)\,\mathrm{d}\omega = \int_{-\infty}^{-|R^*|} f(R)\,\mathrm{d}R$$
$$= \int_{-\infty}^{-\alpha} \Phi(\in)\,d\in \qquad (5.7)$$

其中：$-\alpha = \dfrac{-|R^*| - \mu}{\sigma}$ $(\alpha > 0)$，σ 为资产收益率的波动性，即标准差。

在转换过程中，运用了关系式 $\omega = \omega_0(1 + R)$ 和 $\omega^* = \omega_0(1 + R^*)$。这样，$VaR$ 的计算问题等价于寻找一个合适的偏离 α 使得上式成立。实际上，在标准正态分布下，给定置信水平 c，那么 α 可以通过标准正态累积分布函数表查得，于是就可以求出 R^* 和 VaR。由偏离 α 定义式得到最小收益率为：

$$R^* = -\alpha\sigma + u \qquad (5.8)$$

一般地，假定参数 μ 和 σ^2 的时间跨度是1年，而资产目标持有期为 Δt 年（时间间隔当然也可以以月或天计算），则以期望值为基准、时间间隔为 Δt 的相对 VaR 为：

$$VaR_R = -\omega_0(jR^* - \mu) = \omega_0 \qquad (5.9)$$

而不以均值为基准的绝对 VaR 为：

$$VaR_A = -\omega_0 R^* = \omega_0(-\mu) \qquad (5.10)$$

5.2.1.2　压力测试与极端风险的测量

压力测试原本是指一种检验工程结构是否安全稳定的方法，其操

作过程分为三个阶段：首先，测试每个部件在遭遇极端情况下的承受能力；其次，从系统设计的角度出发，检查在多个元件同时损坏时整体结构的完整性和稳定性；最后，测试整个系统能否承受住极端风险事件发生带来的影响。压力测试最早由国际证券监管机构组织（International Organization of Securities Commissions，IOSCO）于 1995 年引入到金融机构稳定性分析之中，在 1999 年又对该概念做出进一步阐释，压力测试是假设极端且发生概率较小的风险事件在市场上出现，资产组合所面临的冲击程度的确认和测度的分析工具。2001 年，国际清算银行巴塞尔银行全球金融系统委员会（BIS committee on the global financial system，BCGFS）指出，压力测试是金融机构在遭遇某些潜在风险并产生异常损失时，进行评估并测度损失规模和金融系统脆弱性的技术方法。国际货币基金组织（IMF）对压力测试的定义与 BCGFS 的定义相近，认为压力测试是利用一系列方法和技术来测度和衡量金融系统在宏观经济层面遭遇小概率但产生影响较大的事件冲击时的稳定性。2007 年，我国银监会发布的《商业银行压力测试指引》中对压力测试作出了明确的概念界定，认为压力测试是一种银行风险量化管理和监管分析的工具，用于分析假定的特殊小概率事件发生对银行资产组合带来的不利冲击程度，进而评估其对银行盈利能力、资产质量、资本水平和流动性造成的不利影响，并进一步对银行及其整个系统的稳定性和安全性进行分析和评价，从而予以积极应对。

压力测试方法包括敏感性分析法和情景分析法。

敏感性分析法用于测度单个重要风险因素（利率、汇率、股票价格或商品价格）的独立变动对银行风险暴露和风险承受能力的影响结果。该方法主要是考察风险参数瞬间变化一个单位量引起投资组合市场价值的变化程度，无需确定冲击来源，计算相对简单快捷，能够反映单个风险因素对投资组合的边际影响，因而在金融风险管理中得以普遍使用。然而，银行资产组合价值和其影响因素之间可能存在较复杂的关系，该方法只是做了简单的线性分析处理，因此对于构成较复杂的金融工具组合价值和风险影响因素之间的非线性关系将无法准确测量，从而导致该方法的应用存在较大局限性。

与敏感性分析法不同的是，情景分析法可以测度多个风险因子同时变化给投资组合的市场价值造成的影响，因此要求在测试前明确对银行系统造成影响的风险因子和产生冲击的源头。按照情景的设定方式来区分，情景分析法分为历史情景分析方法和假设情景分析方法。历史情景分析方法是指重现重大历史事件冲击，分析商业银行的资产组合价值在遭受不利影响时的变化。例如，若 2007 年美国次贷危机（美元利率上升 1%、美元贬值 20%、恒生指数下跌 4%）重现，金融机构会有多大的损失，能否承受这样的风险事件冲击。该方法的优点在于测试结果的可信度较高，假定的市场风险因素结构改变是基于历史真实数据而非武断设定，可以较好地模拟重大风险事件带来的冲击。此外，历史情境分析方法通过重现重大历史事件来分析，测试结果易于理解和沟通。但是，该方法也存在一定的缺点，比如历史事件无法涵盖金融创新和社会发展所带来的新的风险因素，金融机构难以据此对未来的预期风险加以防范。假设情境分析方法是指假设某种可预知发生概率极低的事件发生，评估商业银行的资产组合市场价值受到的损失。该方法不会受到历史事件数量有限的约束，能够适应最新变化的市场特征和金融机构业务特点，将金融创新而产生的新型风险因素纳入分析范围，增强了对预期风险的管理能力。但该方法主要依靠测试人员对市场环境的理解，添加任意风险因素来进行分析，主观性较强，不同金融机构做出的风险因素设定存在差异，测试结果不便统一对比分析。

近些年来，中国人民银行越来越重视压力测试在风险监测和评估方面的作用，连续多年在《中国金融稳定报告》中披露银行业压力测试结果。据《中国金融稳定报告（2021）》披露，人民银行对 4 015 家银行机构开展了压力测试，充分评估了银行体系在多种"重度但可能"不利冲击下的稳健性状况。该次压力测试是对银行体系的一次"全面体检"，参试银行包括 6 家大型国有商业银行、12 家股份制商业银行、133 家城市商业银行、1 533 家农村商业银行、611 家农村信用社、27 家农村合作银行、1 631 家村镇银行、19 家民营银行、42 家外资法人银行和 1 家直销银行。主要测试方法包括偿付能力宏观情景压力测试、偿付能力敏感性压力测试、流动性风险压力测试和传染性风险压力测试。其中偿付能力宏观情景压力测试仅对资产规模在 8 000 亿元以上的 30 家大中型商业银行开展，包括信用风险和市场风险。

以市场风险压力测试为例，市场风险压力测试是商业银行压力测试的主要内容之一，侧重考察突发的小概率事件可能对银行造成的损失，如利率、汇率、股票价格以及商品价格等剧烈波动对商业银行带来的潜在损失。

压力测试结果表明，市场风险对于 30 家大中型银行的资本充足水平影响有限。重度情景下，受短期市场利率下行影响，未来三年内存款利率累计下降 2 个基点，其他付息负债和生息资产利率累计下降 98 个基点，参试银行净息差收窄会导致整体资本充足率累计下降 0.34 个百分点；受利率变动和信用利差扩大的总和影响，参试银行持有的债券估值下降，使得整体资本充足率累计下降 0.11 个百分点；汇率变化对参试银行整体的资本充足率影响也较小。

5.2.2 信用风险的度量

随着现代金融业的不断发展，金融风险的形式越来越多样化，对经济体的破坏力也越来越大，与此同时，信用风险的度量方法与模型也在不断推陈出新。现今国际上主流的信用风险度量模型大多是欧美国家大型金融机构在业务开展过程中研发出来的，各有特色，并且具有市场针对性。

5.2.2.1 现代信用风险度量模型比较分析

目前，国际上普遍使用的信用风险管理模型有如下几种：J.P 摩根的 Credit Metrics 模型、瑞士信贷第一波士顿（Credit Suisse First Boston，CSFB）的 Credit Risk＋模型、KMV 公司的 KMV 模型。后面将重点介绍 J.P 摩根的 Credit Metrics 模型和 CSFB 的 Credit Risk＋模型。

（1）Credit Metrics——信用计量模型

Credit Metrics 模型是 J.P. 摩根于 1997 年推出的一个 VaR 计算方

法，通常作为对信用工具（如贷款、债券）进行风险计量和管理的模型。在一定时期内（通常为一年）对信用资产组合的价值变化分布进行估计，并据此得到一定置信度水平下信用资产组合的 VaR。这里的 VaR，即在险价值，是指在一定概率水平（置信度）下，在特定的未来一段时间内，资产组合可能遭受的最大损失。

Credit Metrics 模型是评估投资组合风险的工具，模型假定信用等级离散，即信用等级处于同一水平的所有公司适用同样的转移矩阵并具备一致的违约概率，转移概率遵循马尔科夫过程。此外，模型还假定公司的实际违约率独立于当前所面临的经济环境，完全取决于历史平均违约率，同样的，实际转移概率则取决于历史平均转移概率。在 Credit Metrics 模型中，债务人的违约行为及其信用等级降级均会引致信用风险发生。

（2）KMV——违约预测模型

KMV 模型最早是由美国旧金山市 KMV 公司于 1997 年建立起来的，其目的是用来估计借款企业违约概率。该模型认为，贷款的信用风险与给定负债规模的债务人的资产市场价值密切相关。当公司的资产市场价值低于临界值时，公司对其债务违约的可能性很大。在 KMV 分析框架下，信用风险会随着发行者的资产价值波动而改变，但资产的市场价值不容易直接观测到，因此，在掌握公司当前资产结构的情况下，只需要明确资产价值所遵循的随机过程，就可以计算出任一时间单位下的实际违约概率。

KMV 模型最早在上市公司中得到应用。一方面，KMV 模型可以充分利用资本市场的公开信息和数据，便于对所有上市企业进行信用风险的度量和管理；另一方面，由于该模型利用的数据来自资本市场的公开资料，而非历史数据，数据更新速度很快，因而能够反映出最新的企业信用状况，具有前瞻性，其预测能力更强、更及时，也更可靠。

KMV 模型和 Credit Metrics 模型是当前国际金融领域应用最广泛的两个信用风险管理模型。两者均为衡量企业信用风险的模型，有助于商业银行在开展信贷业务过程中对风险加以控制，同时也为以主观性和艺术性相结合的传统信用分析方法做出了充分的补充。KMV 模型与 Credit Metrics 模型有以下几点不同：第一，两种模型最主要的区别在于，KMV 模型主要通过对该企业股票价格变化进行相关分析，从而得到企业信用风险的衡量指标 EDF，而 Credit Metrics 模型通过对该企业信用评级变化及其概率的历史数据的分析，进而衡量企业信用风险。第二，KMV 模型需要利用企业股票市场价格来进行分析，该模型可以输入该企业股票市场价格的实时变化情况，进而得出最新的 EDF 值以及时体现市场预期和企业信用状况的变化。因此，KMV 模型具有动态特征，可以对信用风险水平的变化进行实时反映，从而为商业银行提供企业信用状况的最新信息。而 Credit Metrics 模型所使用的企业信用评级指标分析法无法及时反映企业信用状况的变化。因为无论是企业内部信用评级还是企业外部信用评级，都不可能像股票市场价格一样实时动态变化，而是间隔一段时间才会做出调整。第三，KMV 模型所计算出的 EDF 指标在本质上是一种对风险的基数衡量法，不仅可以对不同企业风险水平的高低进行排序，而且可以衡量风险水平差异的程度，使得结论更加精准，这也更加有利于对贷款的定价。而 Credit Metrics 模型所采用的信用评级分析法则是一种对风险的序数衡量法，该方法只能对不同企业的信用风险高低进行排序，不能体现信用风险水平差距的确切值。第四，KMV 模型是利用单个授信企业的股票价格变化信息，重点分析股价变化信息所反映出的企业信用状况，却未能充分关注企业信用变化的相关性。而 Credit Metrics 模型运用组合投资的分析方法，侧重分析不同企业之间信用状况变化可能存在的相关关系，这较为符合现代组合投资管理理论的思想。

（3）Credit Risk＋——信用风险附加模型

Credit Risk＋模型于 1997 年由瑞士信贷第一波士顿银行（CSFB）开发，其基本思路是借鉴财产保险精算方法，对风险暴露做出不同频段的区分，从而有助于提高风险度量的精确程度。Credit Risk＋运用了精算方法，并假定违约率是随机的，可以在信用周期内显著地波动，因此 Credit Risk＋被认为是一种违约率模型的代表。它假定：一是对于一笔贷款，给定期间内的违约率与其他任何月份相同；二是在各种不同类型的债务中，任意一笔债务单独违约率很小，而且不同时期内债务违约额相互独立。与 Credit Metrics 模型和 KMV 模型不同，它只考虑了违约风险，而没有对违约的成因做出任何假定。

与其他模型不同之处在于，Credit Risk＋模型具备的最大优点是，对输入的数据量要求较低，可以解决以往业务中数据缺失的问题。其次，Credit Risk＋模型可以对债券组合或贷款组合的损失概率求出闭式解，从而使其计算简便易行。但该模型的局限性在于它只考虑损失率，并不会对贷款市场价值波动做出及时调整，这意味着它不是一个盯住市场模型，而是一个违约率模型。除此之外，该模型使用了固定每个债务人风险的假设，并未考虑信用质量的最终变化，同时也忽略了未来利率的变动，因而缺少对转移风险的考量。

5.2.2.2　预期违约率与风险损失的度量

（1）预期违约概率模型

一笔消费贷款，其主要或者说第一还款来源是消费者的预期收入。在不考虑恶意（意愿）违约的情况下，只有当消费者未来收入小于其负债时，才会选择违约（非意愿）。也就是说，消费信贷业务的非意愿违约率取决于消费者的收入与负债的对比。在众多消费者的样本空间中，假设消费者的收入（G）服从正态分布，均值为 $E(G)$、标准差为 D_G，预期消费者的债务 TD，其占收入的比例 k，即（k 为负债比率），在不考虑消费者的前期储蓄时，那么消费信贷的预期违约率为：

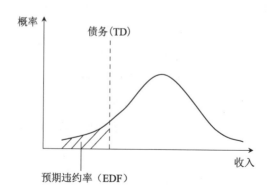

图 5.2　预期违约率（EDF）

$$EDF = P(G < TD)$$

$$= P\Big(\frac{G - E(G)}{D_G} < \frac{TD - E(G)}{D_G}\Big)$$

$$= \Phi\Big(\frac{TD - E(G)}{D_G}\Big)$$

$$= \Phi\Big(\frac{K \cdot E(G) - E(G)}{D_G}\Big)$$

$$= 1 - \Phi\Big(\frac{1 - K}{D_G} \cdot E(G)\Big) \tag{5.11}$$

上式中 $\Phi(x)$ 为标准正态密度函数。

从 $EDF = 1 - \Phi\Big(\frac{1 - K}{D_G} \cdot E(G)\Big)$ 可以看出消费信贷的预期违约率取决于 K、$E(G)$、D_G 三个因素。也就是说，消费者的负债比例、预期收入以及收入的波动性共同决定了消费信贷业务的预期违约率。我们能够利用消费者向银行提供的有关收入信息计算出整个消费者整体的期望收入 $E(G)$ 和收入的波动性 D_G，再把年还款额除以年收入得出负债比例 K，然后把 K、$E(G)$、D_G 代入上式就能计算出预期违约率（EDF）。

消费者的收入及其波动性取决于消费者的工作职位和工作性质，它不受银行影响，银行只能通过调整贷款额进而调整消费者的负债程度来控制消费信贷业务的预期违约率。我们定义违约距离（DD）：

$$DD = \frac{E(G) - TD}{D_G} = \frac{1 - K}{D_G} \cdot E(G) \tag{5.12}$$

那么，违约距离（DD）与预期违约率之间就建立起一种一一对应关系，$EDF = 1 - \Phi(DD)$，只要知道违约距离（DD），就可查标准分布表求出预期违约率（EDF），例如，当 $DD = 1$ 时，可求出 $EDF = 1 - 0.8413 = 0.1587$，即预期违约率 15.87%；$DD = 2$ 时，$EDF = 1 - 0.9772 = 0.0228$，即预期违约率 2.28%，当 $DD = 3$ 时，$EDF = 1 - 0.9987 = 0.0012 = 0.12\%$。同样当银行确定自己的最大预期违约率（$EDF$）后，也可求出需要控制违约距离至少是多大。例如当把预期违约率 $EDF = 5\%$ 时，可求出 $DD = 1.65$，而当 $EDF = 1\%$ 时，可求出

$DD = 2.33$。

以上模型是在假设消费没有储蓄 (S) 时，即 $S = 0$ 得出来的，如果把消费者贷款前的储蓄考虑进去，那么消费者的违约点则改为 $TD > G + S$ 的时刻，那么预期违约率 (EDF) 和违约距离 (DD) 相应改为：

$$EDF = 1 - \Phi\Big(\frac{S + (1-K)E(G)}{D_G}\Big) \qquad (5.13)$$

$$DD = \frac{E(G) + S - K \cdot E(G)}{D_G} \qquad (5.14)$$

如果把年轻人和中年人看成两个样本空间。通常来看，年轻人刚步入职场，工作时间较短，缺少积蓄，工资收入相对有经验的中年人也要低很多，同时年轻人更换工作的可能性更高，其收入面临较大不确定性。而中年人工作经验丰富，工资相对较高，且存在多年的积蓄，因此中年人的工作稳定性高，其收入波动性相对较小。由此可知，年轻人预期收入和积蓄比中年人少，而收入波动性却比中年人大。因此，年轻人的违约距离比中年人小，而年轻人的预期违约率则比中年人高。当银行对年轻人和中年人的可承受的最大预期违约率相同时，银行就必须对年轻人要求较低负债比率 (K)，或者提供担保，对中年人则可要求较低的负债比率。

预期违约率模型是建立在消费者的收入服从正态分布假设的基础上的。由于实际中，消费者的收入是近似地服从正态分布，也就是说，实际的违约率与理论上的预期违约率有一定的偏差，必须对理论 EDF 进行某些调整。例如违约距离 DD 为 2 的经验 EDF，可由下式计算：

$$经验(EDF) = \frac{一年内违约距离小于 2 的违约的账户数}{一年内违约距离小于 2 的违约的总数}$$

预期违约率模型主要用来计算消费信贷业务的非意愿的预期违约率。这意味着，消费者在申请消费信贷时主观上没有违约的意愿，只是由于各种客观原因导致自己收入减少，当期收入已不足以支持满足生存的必要条件后足额偿付本息，从而违约。然而，意愿违约则有所不同，即消费者在申请消费信贷的时候，主观上就有违约的冲动或动机。在辨别消费者是否有主观上违约的可能性时，银行可以分析消费者的信用记录，如拖欠贷款的次数、恶意透支的额度和次数以及偷税、漏税、民事、刑事、诉讼等不良行为记录，从而判断其恶意违约概率的高低。欺诈鉴别模型采用与过去欺诈经验中相似模式的比较来甄别欺骗性账户。假如某信用卡账户提款额总是略低于信用额度，这很有可能意味着该信用卡已被盗窃。这种情况可通过地处某个特定位置的某家店铺及某个种类的商品，在值得怀疑的时间内反常地持续大量购入，而且存在不正常的大额透支追查出来。运用神经网络模型容易识别出正常的信用使用额度的模式，可以及时发现与正常模式相偏离的行为，尤其可以监控这种异常行为发生是否与某些特定商品紧密关联，如珠宝或大宗消费品等。鉴于消费者的欺骗行为可能预示着其已陷入财务困境，银行通常会在客户宣布破产之前采取取消或转移资产等措施以降低损失。

（2）风险损失度量

客户在获得消费贷款后面临两种可能的选择：不违约或违约。如果不违约，消费者按时还本付息，银行收回全部本息；如果发生违约，银行通过各种催收手段只能收回部分本息，并产生损失。在大量的消费信贷中，很难保证所有的消费者不违约，违约比率是银行可以依据概率学进行预期的，而具体哪些消费者会违约，违约的人数又是不确定的，是无法预期的。所以商业银行的消费信贷业务的风险损失包括两部分：预期损失和非预期损失，即：

$$消费信贷风险损失＝预期损失＋非预期损失$$

预期损失是把消费信贷业务的风险损失作为随机变量求出的期望值。银行必须把预期损失作为一项重要的贷款成本予以考虑，从而在贷款定价中保障银行的盈利能力。而非预期损失是风险损失随机变量的标准差。这意味着非预期损失代表着消费信贷的风险，是计提风险损失准备金的依据。

假设一笔消费贷款的数额为 A，发生违约的概率为 P，违约后只能追回的贷款占贷款额的比例为 α，即贷款回收率为 α，且 α 是独立于风险损失随机变量的一个常数，那么贷款损失率 $\beta = 1 - \alpha$。消费信贷风险损失为 L，预期损失为 l，非预期损失为 ε，则有 $L = l + \varepsilon$，其中 ε 的期望 $E(\varepsilon) = 0$。因为消费者要么违约，要么不违约，所以可以将违约的概率分布假定为二项分布，则有：

预期损失 $(l) = P \times \beta \times A$，

非预期损失 $(\varepsilon) = \sqrt{P(1-P)} \times \beta \times A$；

消费信贷的风险损失 $L = l + \varepsilon = P \times \beta \times A + \sqrt{P(1-P)} \times \beta \times A$。

根据上面的公式可知，银行可以很有把握地估计该笔消费贷款的风险损失将在 0 到 $P \times \beta \times A + \sqrt{P(1-P)} \times \beta \times A$ 之间变化，最大不会超过 $P \times \beta \times A + \sqrt{P(1-P)} \times \beta \times A$。

下面我们比较一笔数额 10 000 元、回收率为 60%（损失率为 40%）的消费贷款，在不良贷款率（0.76%）和调整后的实际违约率 9.43% 时，预期和非预期损失。当不良贷款率为 0.76% 时，

$l = P \times \beta \times A = 0.76\% \times 40\% \times 10\,000 = 30.4$（元）；

$\varepsilon = \sqrt{P(1-P)} \times \beta \times A = \sqrt{0.76\%(1-0.76\%)} \times 40\% \times 10\,000$
$= 17.1$（元）。

当调整后实际违约率为 9.43%，

$l = P \times \beta \times A = 9.43\% \times 40\% \times 1\,000 = 377.2$（元）；

$\varepsilon = \sqrt{P(1-P)} \times \beta \times A = \sqrt{9.43\%(1-9.43\%)} \times 40\% \times 10\,000$
$= 1\,169.0$（元）。

当前，商业银行在决定消费贷款定价和计提风险损失准备金时，都是在不良贷款率的基础上进行决策。由于不良贷款率与实际违约率存在较大差异，必然导致对贷款成本费用的低估，使贷款价格定得过低。另外，如果按非预期损失的 50%，计提风险损失准备金，那么，一笔数额为 10 000 元的消费贷款在 0.76% 的不良贷款率只需计提 8.6 元，而在 9.43% 的实际违约率的情况下可要计提 584.5 元损失准备金。鉴于此，我们认为：由于消费信贷业务的风险具有较长的滞后性，而消费信贷业务量增长十分迅速，这导致同一时期消费贷款的不良贷款率与实际违约率产生较大偏离，不良贷款率不能确切地反映消费信贷的

实际违约率。而银行将不良贷款率作为相关决策的依据，其后果必是消费贷款定价过低，而风险损失准备不足，导致银行损失。这要求银行在进行消费信贷管理时需慎重选择决策参考依据。

5.2.2.3 J.P. 摩根的"信用度量方法"

"信用度量方法（Credit Metrics）"是在"风险度量方法（Risk Metrics）"基础上演进的，其目的在于能提供一个度量信用风险的框架，用于传统信用产品（如贷款、贷款承诺、融资信用证）、固定收益工具和有可能发生交易伙伴违约的市场驱动工具（如互换、远期合约等），这些非交易性资产和或有资产的估值和信用风险的计算。

"信用度量方法"[197]的主要内容是某一金融资产或资产组合的价值一方面会受到违约状态的直接影响，另一方面也会随资产信用等级变迁而改变，违约是信用状态空间中的一个特例，或者说，违约是信用转移矩阵马尔可夫过程中的"吸收状态"。"信用度量方法"开创性地将信用等级迁移、违约概率和违约时的资产价值回收率及违约相关矩阵全面整合于统一的框架中，较为准确地度量了信用风险。

"信用度量方法"计算过程的主要框架如图 5.3 所示。

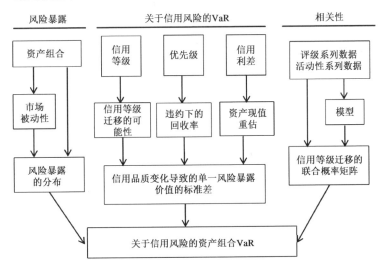

图 5.3 信用风险度量方法框架

资料来源：Credit metric-Technical Document，J．P. Morgan，New York，April 2，1997，PP. 26[198]

图 5.3 中左边的部分表示风险暴露的确定，含义是明确处于信用风险之中资产种类和数量；中间的部分表示对单一资产的风险暴露所承受的信用风险规模的测量；右边的部分则表示对资产价值相关性的测算；最下边的部分表示资产组合信用风险的计算，即综合风险暴露、单项资产的风险大小和各资产价值相关性三个角度的信息来度量整体风险。

由前文关于 VaR 理论计算的分析可知，要测算一项金融资产的 VaR，只需在正态分布假定下，根据计算期内价值分布的均值和方差，就可以得出该项资产的在险价值（VaR）。虽然非交易性资产如贷款的市场价格及其分布的均值和方差难以从市场上获取，但是信用度量方法可以依靠借款人的信用评级及其信用等级迁移矩阵、贷款的回收率、贷款或债券市场上信用风险利差（升水）和收益率等数据，从而计算下一期内贷款在各相应信用等级上的价值，估计出贷款价值分布的均值和方差，最后可测算出个别贷款和贷款组合的 VaR。

从本质上看，贷款的信用风险不仅仅体现在借款人违约上，还可反映为借款人信用等级的变化，违约是借款人信用等级变化所带来的特例。信用事件（credit event）的性质直接对借款人信用等级产生影响：有利的信用事件，如借款人收入增加或贷款抵押品价格上升等，促使借款人在下一期的信用评级上调；相反，不利的信用事件则使借款人的信用等级下降，甚至出现违约。所以，信用事件必须受到高度关注，任何信用事件的发生都可能使借款人信用等级在下一期发生改变，甚至会产生违约这样的极端情况。贷款信用品质迁移可用信用评级转移概率矩阵来表征，如表 5.1 所示。

表 5.1 一年期信用评级转移概率矩阵

初始评级	一年末评级概率（%）							
	AAA	AA	A	BBB	BB	B	CCC	D
AAA	90.81	8.33	0.68	0.06	0.12	0	0	0
AA	0.7	90.65	7.79	0.64	0.06	0.14	0.02	0
A	0.09	2.27	91.05	5.52	0.74	0.26	0.01	0.06

（续表）

初始评级	一年末评级概率（％）							
	AAA	AA	A	BBB	BB	B	CCC	D
BBB	0.02	0.33	5.95	86.93	5.3	11.17	0.12	0.18
BB	0.03	0.14	0.67	7.73	80.53	8.84	1	1.06
B	0	0.11	0.24	0.43	6.48	83.46	4.07	5.2
C	0.22	0	0.22	1.3	2.38	11.24	64.86	19.79

资料来源：Credit metric-Technical Document，J.P. Morgan，New York，April 2，1997，PP.26[198]

从表 5.1 来看，初始信用等级为 BBB 级资产一年后保持评级不变的概率为 86.93％，当然有 5.59％的可能上升到 A 级，也有 0.18％的可能违约。

借款人信用等级的上调或下调都会使贷款剩余现金流折现所要求的信用风险利差或升水发生改变。不同信用等级下的信用风险利差是有差异的，同一信用等级在不同时期的信用风险升水也大相径庭。通常来看，信用等级越高，意味着风险越小，因而信用风险利差越小；同一信用等级期限越长，存在的风险越大，因而信用风险利差越大。原因在于信用风险越大，信用风险补偿要求就越高，如表 5.2 所示。信用利差直接影响到对贷款未来现金流折现的利率大小。在衡量处于不同信用状态的贷款的价值时，一般的方法就是用相应的远期零息票利率作为贴现率，将资产未来现金流折现即得资产价值。确切地说，贷款价值测算所用的贴现率反映为相应期限的国库券的远期零息票利率表示的远期无风险利率与相应期限的信用利差之和。但是信用利差则定义为与贷款评级相应的公司债券的远期零息票利率和相同期限的国库券的远期零息票利率之差。由此可知，折现率应当由相应信用评级的公司债券的一年远期零息票利率来体现。表 5.2 给出了不同的信用评级的零息票利率。我们可以从市场上获取不同信用评级的公司息票债券的价格信息，假设可以交易息票债券与零息票债券，再运用无套利均衡原理，就可以计算出公司债券的即期零息票利率收益曲线。根据利率期限结构的预期理论，在即期零息票利率收益曲线基础上，可以求出一年期零息票利率，进而自然求出相应信用评级的公司债券的一年远期零息票利率曲线。

表 5.2 不同信用等级的一年远期零息票利率（%）

信用评级	第 1 年	第 2 年	第 3 年	第 4 年
AAA	3.36	4.17	4.73	5.12
AA	3.65	4.22	4.78	5.17
A	3.72	4.32	4.93	5.32
BBB	4.1	4.67	5.25	5.63
BB	5.55	6.02	6.78	7.27
B	6.05	7.02	8.03	8.52
CCC	15.05	15.02	14.03	13.52

资料来源：Credit metric-Technical Document，J.P. Morgan，New York，April 2，1997，PP.26[198]

一旦违约事件发生，贷款就不会再为银行带来承诺的现金流。此时，贷款的残值或可能回收的价值受到贷款资产的优先权等级影响。优先权等级各异，贷款在违约时的回收率也存在差别；优先权等级越高，贷款违约时按贷款面值计算的回收率也越高，如表5.3所示。

表 5.3 贷款回收率（面值的百分比，%）

优先权等级	回收率均值	回收率标准差
有担保优先级	53.8	26.86
无担保优先级	51.13	25.45
有担保后偿级	38.52	23.81
后偿级	32.74	20.18
次级后偿级	17.09	10.9

资料来源：Credit metric-Technical Document，J.P. Morgan，New York，April 2，1997，PP.26[198]

总而言之，J.P. 摩根信用度量方法在确定单项贷款的风险时，是以单项贷款价值的概率分布为前提的。这个概率分布由未来信用评级转移概率、未来预期现金流量、不同信用评级的远期零息票利率曲线、违约时的回收率、债权优先等级等因素共同确定的。鉴于信用品质迁移存在多种可能，贷款价值的核算不能由某种状态下的价值来决定，而应是未来的不同信用状态的预期价值的加权平均值，其权重就是未来信用等级状态的概率。此外，贷款的风险是由贷款价值的标准差或百分位值来衡量。

5.2.2.4 CSFB 的 Credit Risk＋模型

瑞士信贷第一波士顿银行（CSFB）开发的 Credit Risk＋（信用风险附加）模型，其基本思路是借鉴财产保险精算方法，对风险暴露做出不同频段的区分，从而有助于提高风险度量的精确程度。

该模型有 3 个假定：①在某一时期内贷款的违约概率不发生改变；②一个贷款组合包含多笔贷款，每一笔贷款的独立违约概率很小；③由于债务人各自特征有差异，每笔贷款的违约发生的可能性相互独立，任意时间段内违约数量之间不相关。

该模型的分析步骤如下：

1. 确定贷款违约事件的概率分布

假定一个贷款组合包含 N 笔贷款，在这 N 笔贷款中发生违约的贷款笔数为 n，平均每笔贷款的违约概率为 p，那么 n 服从二项分布，即 n—$B(N，p)$。根据贷款违约笔数 n 所服从的概率分布，在包含 N 笔贷款的贷款组合中，有 n 笔贷款发生违约的概率如下所示：

$$p(n) = C_N^n p^n (1-p)^{N-n} \tag{5.15}$$

除了符合 Credit Risk＋模型的前提适用条件之外，当贷款笔数 N 相当大，而每笔贷款发生违约的概率 p 相当小，那么这样的特点符合泊松分布要求。因此，在给定期间内，违约贷款笔数的概率分布将服从泊松分布，即：

$$p(n) = \frac{\mu^n e^{-\mu}}{n!} \tag{5.16}$$

其中：$\mu = Np$

若用 P_A 表示债务人 A 的年违约概率，有：

$$\mu = Np = \sum_A P_A \qquad (5.17)$$

泊松分布是统计与概率学中一种常见且重要的离散概率分布，唯一的参数 μ 是该分布所依赖的核心参数，表示单位时间内（通常为一年）贷款组合的平均预期违约数值，可根据历史数据进行估计，同时，泊松分布的期望值和方差均为参数 μ，运算相对简便，非常适合描述稀有事件。

瑞士信贷银行将概率发生函数 $F(z)$ 这一重要概念引入到 Credit Risk+模型中来，该函数通过一个辅助变量 z 来定义：

$$F(z) = \sum_{n=0}^{\infty} p(n) z^n \qquad (5.18)$$

式（5.16）代入式（5.18），则贷款组合的违约概率发生函数为：

$$F(z) = \sum_{n=0}^{\infty} p(n) z^n = \sum_{n=0}^{\infty} \frac{e^{-\mu}\mu^n}{n!} z^n = e^{-\mu} e^{\mu z} = e^{\mu(z-1)} \quad (5.19)$$

2. 违约损失分布

（1）频带的分级。贷款违约损失由贷款违约笔数、债务人的违约风险暴露和违约损失率共同决定。贷款的远期价值与违约损失率相乘可以得到债务人的风险暴露值。随后，对经过违约损失率调整的风险暴露进行不同频带的划分，处于同一频带的各债务人的风险暴露取某个近似整数值。假定现有一个包含众多债务人的贷款组合，明确基准单位 L，那么每个债务人的风险暴露可以由该基准单位的近似整数倍数来反映。若将整个贷款组合划分为 m 个频带，频带号记为 j，即 $1 \leqslant j \leqslant m$，则第 j 个频带的预期贷款违约个数 μ_j 与预期贷款违约损失 ε_j 之间的关系可以由下式进行表示：

$$\varepsilon_j = v_j \times \mu_j \qquad (5.20)$$

设定 1 年内贷款组合预期违约事件个数总和由 μ 表示。因此，μ 由每一个敞口区间段贷款组合预期违约事件的个数加总所得，故有：

$$\mu = \sum_{j=1}^{m} \mu_j = \sum_{j=1}^{m} \frac{\varepsilon_j}{v_j} \tag{5.21}$$

（2）违约损失分布。对频带分级后，由于不同频带的贷款发生违约的情形是相互独立的，故而容易通过贷款违约概率发生函数，求出任意违约组合的联合概率分布，进一步整理可得贷款组合违约损失概率分布。令 $G(z)$ 表示贷款组合损失的概率生成函数，有：

$$G(z) = \sum_{n=0}^{\infty} p(loss = nL) z^n \tag{5.22}$$

式中 nL 为加总的损失，即用基准风险暴露数 L 的 n 倍来表示贷款组合的总体损失。

根据模型的前提假设，每笔贷款发生违约是相互独立的，不同频带的贷款组合发生违约也是相互独立的。因此，贷款组合整体发生损失的概率生成函数能够表达为所有贷款风险敞口区间概率损失函数的乘积，即：

$$G(z) = \prod_{i} G_i(z) \tag{5.23}$$

由于对贷款组合划分了频带，每个频带包含的贷款发生违约是相互独立的，因此，每个贷款风险敞口区间都是一个包含更少贷款数量的组合，有：

$$G_j(z) = \sum_{n=0}^{\infty} p(n) z^{nv_j} = \sum_{n=0}^{\infty} \frac{e^{-\mu} \mu_j^n}{n!} z^{nv_j} = \exp(-\mu_j + \mu_j z^{v_j}) \tag{5.24}$$

因此有：

$$G(z) = \prod_{j=1}^{m} \exp(-\mu_j + \mu_j z^{v_j}) = \exp\left(-\sum_{j=1}^{m} \mu_j + \sum_{j=1}^{m} \mu_j z^{v_j}\right) \tag{5.25}$$

3. 违约损失分布的求解。通过对（5.25）式进行泰勒展开，同时令 A_n 表示损失为 nL 的概率，可以得到如下等式：

$$p(loss = nL) = \frac{1}{n!} \frac{d^n G(z)}{dz^n}\bigg|_{z=0} = A_n \qquad (5.26)$$

用莱布尼茨公式推导得出计算贷款组合违约损失分布的递归关系式：

$$A_n = \sum_{j:\ v_j \leqslant n} \frac{\varepsilon_j}{n} A_{n-v_j}, \qquad n = 0, 1, 2, \cdots \qquad (5.27)$$

$$A_0 = e^{-\mu} = \exp\left(-\sum_{j=1}^{m} \frac{\varepsilon_j}{v_j}\right) \qquad (5.28)$$

通过上面三个公式便可得出贷款组合的损失分布。

5.2.3   消费信贷风险管理的应用

对于市场风险和信用风险的度量，不仅仅是停留在理论研究层面，而更多的是要将其应用到具体消费信贷业务运营过程中去，有助于在此过程中强化银行的风险控制能力。

5.2.3.1   市场风险管理案例分析

以外汇风险为例。假设 A 银行在某个交易日结束时有 80 万港币即期头寸，银行的经营者想知道该头寸的风险价值，当下一个交易日时港币的人民币价值的变化相关的该笔头寸的风险暴露。

首先，我们要计算该头寸的人民币价值，假设此时港币/人民币的即期汇率为 0.800 0，即 1 元人民币等于 0.8 元港币，那么就有：

该外汇头寸的本币价值＝外汇头寸×人民币/港币的即期汇率

＝HK＄800 000×（1÷0.8）

＝￥1 000 000

假设 2014 年港币/人民币的汇率变化，即期汇率的标准差（波动程度）为 20 个基点，同时假设该银行的管理者仅仅对不利变化感兴趣，即不利变化发生的概率不超过 5％。因此，从统计学角度来看，如果汇率的变化在历史上是呈正态分布的，那么汇率向不利方向变化的程度就为 1.65，而这种情况 20 天中尽可能发生一次，那么外汇的波动为：

$$外汇波动 = 1.65 \times 20 \times 0.000\ 1 = 0.003\ 3$$

这说明在 2014 年 5％的时间中，港币的人民币价值下降至少为 33 个基点，这样就有：

$$\begin{aligned}
DEAR &= 头寸的本币价值 \times 外汇的波动 \\
&= ¥1\ 000\ 000 \times 0.003\ 3 \\
&= ¥3\ 300
\end{aligned}$$

这就是当港币的人民币价值朝着对金融机构不利的方向变化时，金融机构由于持有了80万港币将面临着潜在的风险暴露。

5.2.3.2　信用风险管理案例分析

我们运用 J.P. 摩根信用度量方法计算简单情形下的消费贷款的 VaR。假设一笔固定利率、不可提前偿还的住房抵押贷款：年利率为 6％、数额为 10 000 元、期限为 5 年。通常情况下，该笔贷款是按月等额偿还，直到最后一次偿还时结清贷款本息。在不可提前偿还假定下，贷款定价公式是：

$$A = \frac{\left(1+\dfrac{i}{12}\right)^{12n} \cdot \dfrac{i}{12}}{\left(1+\dfrac{i}{12}\right)^{12n}-1} \cdot C \tag{5.29}$$

其中 A 是月偿还额；C 是贷款数额；i 是贷款年利率；n 是贷款期限（年）。

为方便计算，我们假定，该笔贷款按年等额偿还。可以算得该笔贷款每年的现金流量为：

$$\begin{aligned}
A &= \frac{(1+i)^n \cdot i}{(1+i)^n-1} \cdot C = \frac{(1+6\%)^5 \times 6\%}{(1+6\%)^5-1} \times 10\ 000 \\
&= 2\ 374\ 元
\end{aligned}$$

由于数据的获得性问题，我们进一步假定，该笔贷款的借款人初始信用评级为 BBB 级，贷款优先为无担保优先级。据表 5.1、表 5.3 的数据，可以得到表 5.4。

表 5.4 该笔消费贷款的 VaR 计算表

第 1 年末 信用评级	信用评级 概率（%）	贷款价值 （元）	概率加权 价值（元）	价值与均值 的偏离（元）	概率加权的 偏离的平方
AAA	0.02	10 865	2	131	3
AA	0.33	10 854	26	120	48
A	5.95	10 828	644	94	526
BBB	86.93	10 764	9 357	30	782
BB	5.30	10 478	555	(256)	3 473
B	1.17	10 281	120	(453)	2 401
CCC	0.12	9 262	11	(1 472)	2 600
D（违约）	0.18	5 113	9	(5 621)	56 872

资料来源：Credit metric-Technical Document，J.P. Morgan，New York，April 2，1997，PP.26[198]

贷款价值均值：$\mu = 10\ 734$ 元

标准差：$\sigma = 258$ 元

正态分布下，5%的 $VaR = 1.65\sigma = 1.65 \times 258 = 426$ 元

1%的 $VaR = 2.33\sigma = 2.33 \times 258 = 601$ 元

这里计算的 VaR 是基于贷款价值均值的相对 VaR。计算结果表明，在贷款价值为正态分布的假设条件下，该笔消费贷款有 5%的可能性在第二年的损失超过 426 元，有 1%的可能损失超过 601 元；反过来说，该笔消费贷款在第二年的损失有 95%的可能性保证不超过 426 元，有 99%的可能性保证不超过 601 元。由此可见，消费贷款的在险价值可以比较明确地反映出该笔贷款的风险大小。银行可以综合考虑消费者的还款意愿和能力、风险承受能力等因素进行消费贷款决策。本例中，按贷款本金计算，意味着在第二年有 5%的可能性本金损失超过 4.26%，有 1%的可能本金损失超过 6.01%；按贷款均值计算，在第二年有 5%的可能性贷款价值损失超过 3.97%，有 1%的可能性贷款价值损失超过 5.60%。如果银行确定的风险标准为 99%的概率水平下贷款价值损失率必须小于 5%。那么根据计算，对该笔消费贷款的风险度量反映出风险水平已超出银行内部标准，则银行应采取拒绝这笔贷款申

请的措施，或者要求借款人增加有价值的抵押物，甚至要求提前还款或将该笔消费贷款出售以控制风险。

5.3 完善消费信贷风险管理的配套措施

增强银行信贷风险防控能力、完善消费信贷风险管理措施对于银行自身发展空间拓展、行业风险整体控制以及保持国家经济平稳运行都具有重要意义。健全风险管理体系、引进管理信息系统、强化风险研究和监控、完善相关法律法规、建立覆盖全社会的个人信用信息系统都有利于实时控制和监管我国消费信贷发展过程中出现的各类风险。

5.3.1 建立健全消费信贷风险管理体系

随着我国消费需求的迅速增长和国家对消费信贷业务发展的大力支持，构建科学合理的消费信贷风险管理体系对于我国银行业发展影响深远，这对于加快商业银行消费信贷业务的稳健发展起到重要的支撑作用。首先，提升风险防控能力的核心是要建立科学有效的风险评估模型。这主要表现为在所建模型中充分考虑消费信贷申请者的个人信用信息数据，同时尽可能将消费者的现实需求结合起来分析。其次，需要成立专门的个人消费信贷风险管理部门进行风险管理，比如设立专门的分析组、业务组，将风险评估、销售分离和清收部门三大职能部门相分离，这样可以在发生坏账时，从而最大限度地降低个人消费信贷风险。最后，应当重视业务开展流程，所有工作都需要按照既定的流程、环节开展。消费信贷风险管理的流程包括产品的设计与影响、贷前审批、贷后管理以及清贷管理几个步骤。在具体制定流程时要充分考虑到理解和使用方便、监控和维护方便等特点。

5.3.2 利用金融科技赋能消费信贷风险管理

随着数字经济时代的到来，以大数据、人工智能、区块链以及云计算等新兴技术为手段的金融科技在金融行业的发展中起到了明显的

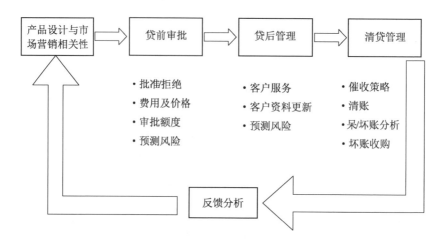

图 5.4　消费信贷风险管理的流程图

资料来源：涂志云 . 国外个人消费信贷风险管理的经验及借鉴［J］，华北金融 . 2006（5）：37-41

促进作用，是助力银行转型发展、实现金融创新不可或缺的动力。在消费信贷风险管理愈加重要和紧迫的背景下，银行将金融科技运用到消费信贷风险管理中，同样也是大势所趋。

首先，全面、主动、前瞻的智慧风险管理体系的前提与核心是数据基础，数据的深度和广度决定了商业银行有效分析的准确度，因此，银行可以借助金融科技手段，搭建风险管理数据平台，在传统的结构性数据基础上进行突破，将关键数据采集、集中、整合形成数据仓库，并对数据进行深度挖掘、分类加工以及场景化建设和分析，通过人工智能对历史数据的学习和规律的总结预测未来发展变化，为是否给消费者贷款提供决策。同时，风险管理数据平台是实施管理控制的依据，是连接各部门的纽带。在风险管理过程中，以数据来管理控制整个信贷过程，通过数据管理系统将业务内容和客户信息传递给各部门，实现高效便捷、低成本的银行信贷风险管理。

第二，风险识别是风险管理的基础，传统的信贷客户经理调查或客户主动提供基本信息数据与财务信息数据这些贷前调查模式所得到的数据都是片面的、被动的和不可控的。因此，银行可以依托金融科技手段，充分采集内外部相关信息，全面掌握客户的各个角度的行为信息，构建全方位的客户信息视图。一是利用区块链的共享机制，将各层级的数据进行汇总分析，得到全面的信息绘制客户画像；二是利用区块链的共识机制，确保信息的真实性。

第三，银行可以依托金融科技优化信用评级评分模型，对全方位数据信息进行量化分析，并对候选模型进行动态调整，从而为贷款金额和利率提供决策参考，提升客户体验；此外，风险预警是综合性预防风险的关键，银行应当要借助金融科技构建动态的风险监测预警模型，设定相关的指标标准值，及时对异常事项、舆情风险、过度融资等进行进一步调查核实，提前做好风险化解方案；同时，还要借助金融科技加强贷后催收管理，制定动态的催收策略，并通过减少信息不对称性来降低信贷欺诈风险。

最后，银行可以依托金融科技构建全面数据安全保护体系，积极研究信息安全保障模型，综合运用各种手段，强化区块链、云计算的使用，以确保数据的安全性、合法性和规范性。

5.3.3 完善消费信贷风险管理的法律法规

法律保障对于我国商业银行消费信贷的健康发展是至关重要的。我国个人消费信贷开展十多年来还没有一部较完善的法规。现行业沿用的是 1999 年颁布的《关于开展个人消费信贷的指导意见》，该文件为规范业务行为、扩大消费信贷规模起到一定的积极作用，但这只是中国人民银行发布的条例一类文件，还未上升到法律的地位。

所以在发展我国商业银行消费信贷的过程中，应进一步完善国家法律体系，尤其是经济、金融法律体系，填补有关消费信贷法律规范的空白，真正实现有法可依。加快对涉及消费信贷的经济、金融法规中的条款进行符合实际发展需求的完善和补充，促进消费信贷业务的操作手续简化，成本费用降低，准入条件放宽，从而促进和规范我国消费信贷的发展。此外，要强化风险管理领域的法律支持，加快填补有关法律空白，建立完善的法律保障体系。应增强风险管理意识，严格遵循监管要求和银行信贷风险管理政策，建立起现代风险管理体制，将风险管理贯穿于信贷全流程之中，达到科学合理管控风险的目标。

5.3.4　加强全社会个人信用信息体系建设

建立完善可靠的全社会范围的个人信用制度可以有效地制约消费信贷风险的发生。经过二十多年的发展，我国的个人信用制度已取得了较大进步，但与西方发达国家相比较为落后，商业银行调查借款人资信的手段单一、效率不高、成本较低，往往对借款人的个人财务信息的准确性、真实性以及还款来源的可靠性、还款资金流的稳定性等资信状况作出误判，构成了开展消费信贷业务的瓶颈。

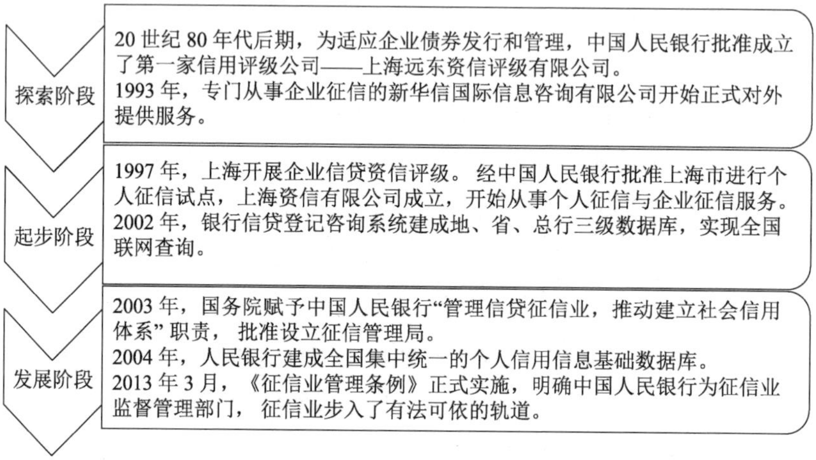

探索阶段	20 世纪 80 年代后期，为适应企业债券发行和管理，中国人民银行批准成立了第一家信用评级公司——上海远东资信评级有限公司。 1993 年，专门从事企业征信的新华信国际信息咨询有限公司开始正式对外提供服务。
起步阶段	1997 年，上海开展企业信贷资信评级。经中国人民银行批准上海市进行个人征信试点，上海资信有限公司成立，开始从事个人征信与企业征信服务。 2002 年，银行信贷登记咨询系统建成地、省、总行三级数据库，实现全国联网查询。
发展阶段	2003 年，国务院赋予中国人民银行"管理信贷征信业，推动建立社会信用体系"职责，批准设立征信管理局。 2004 年，人民银行建成全国集中统一的个人信用信息基础数据库。 2013 年 3 月，《征信业管理条例》正式实施，明确中国人民银行为征信业监督管理部门，征信业步入了有法可依的轨道。

图 5.5　我国征信业发展历程

资料来源：2015 年中国征信行业研究报告简版

在全社会范围内建立并完善个人信用制度的过程中，率先构建科学有效的个人征信体系是商业银行加强消费信贷风险管理的前提条件和必然要求。根据目前的发展状况和未来趋势，可以规划为两个阶段：第一阶段，充分利用银行信息。银行利用自身在信息收集方面的天然优势，先在银行内部建立客户个人信用信息数据库，通过集中各个业务部门的客户信用资料和记录，统一整理出数据内容，同时依托金融行业协会平台优势和金融机构间的信息交换制度，加速实现信息交流共享；第二阶段，积极统筹非银行信息。不断完善中国人民银行个人征信系统及个人信用信息服务平台，同时联合税务、司法、劳动管理等多个政府部门，整合个人职业、收入、纳税、银行账户等各方面信息，从而为多维度、宽领域评估个人信用等级奠定基础，有利于金融机构在进行消费信贷业务的过程中及时掌握消费者的资信状况变更，以降低商业银行的风险及损失。

6 我国商业银行消费信贷
业务定价机制建设

构建消费信贷业务定价机制是商业银行消费信贷业务营运的核心问题，也是发展消费信贷业务所必须优先解决的问题。立足于我国商业银行消费信贷业务运营现实，考虑新发展格局下利率市场化对信贷产品定价的影响，我们对三个消费信贷基本定价模型进行改进，在此基础上构建了四个新的消费信贷定价模型：一是以信用评级为基础，利用不同等级间的信用动态迁移矩阵确定不同贷款的违约强度过程，建立起消费贷款定价模型，以实现风险和收益的匹配。二是将现代资本市场中的期权定价原理引入到消费贷款定价中，考虑消费贷款利率、抵押率与违约率之间的关系，建立起贷款定价模型，此方法可以解决有抵押消费贷款定价的风险补偿问题。三是考虑现在商业银行普遍开展资产证券化业务这一现实情况，通过不同结构的 CDO 证券价格，分析 CDO 资产池中贷款的价格。四是在我国利率市场化改革背景下，参考个人住房按揭贷款的 LPR 定价机制，建立了消费信贷业务的 LPR 定价模型，使得商业银行更能满足消费者需求，获得更多竞争优势。

6.1 商业银行消费信贷定价概述

消费信贷定价是一个系统科学工程，具有一定的技术水准，制定合理的定价机制涉及多方面因素，可以有效实现消费信贷业务的收益和风险的匹配，是银行开展业务的前提。熟练掌握消费信贷定价实质，对比分析三种基本消费信贷定价模型，是构建我们商业银行消费信贷业务新型定价模型的前提条件。

6.1.1　消费信贷定价的实质

商业银行开展消费信贷业务，从权利让渡的角度来看，贷款就是由银行向借款人提供资金，让渡资金的使用权，同时提供一定的金融服务，因此银行应取得让渡资金使用权报酬和服务报酬。商业银行让渡资金使用权，在贷款期间难以控制资金具体流向，可能面临着借款人违约的潜在风险，银行因而要求获得一定的时间价值补偿和风险补偿。

消费信贷与工商企业贷款相比属于零售贷款，其特点是客户数量众多、分布分散，贷款笔数多、单笔金额小，还款来源主要是消费者的个人或家庭收入。这意味着开展消费信贷业务需要投入大量人力物力，业务特点决定了其定价方法不宜采用单笔定价的方法，而适合采用标准化、统一的定价方法。这一方面降低银行工作成本，有利于推广业务，另一方面能给予消费者公开、公平、透明的感受，增加金融消费者满意度。

消费贷款的定价是个动态的系统工程。商业银行在贷款定价中，应全面考虑各种因素的影响，包括资金成本、市场利率、贷款期限、贷款用途、消费者的信用水平、金融市场上消费信贷的竞争程度、消费者与银行的关系、消费者在银行的存款余额等。

6.1.2　三种基本定价模型

随着消费信贷的发展和风险衡量技术的进步，商业银行贷款风险的度量越来越能够得到刻画、度量方法也越来越复杂多样，贷款的定价方法也同样取得了突破性进展。我国商业银行三种基本的贷款定价模型分别为：成本加成定价模型、价格领导定价模型和客户盈利分析定价模型。

6.1.2.1　成本加成定价模型

成本加成定价是一种传统的定价模式，该模式下，商业银行要求取得的回报能够补偿成本并赚取一定的利润。成本加成定价法的核心内容是：贷款的价格要在弥补银行筹资成本及其相关联的管理费用，即筹资的直接成本和间接成本，并且对贷款潜在的风险损失给予弥补的基础之上，使银行存在一定的获利空间[199]。计算公式是：

$$\frac{\text{贷款的}}{\text{税前利率}} = \frac{\text{贷款资金成本率} + \text{贷款费用率} + \text{预期损失率} + \text{最低收益率}}{1 - \text{增值税率}}$$

（6.1）

贷款的资金成本率，可以从以下两个方面来解释，一方面指银行筹集单位资金的利息成本；另一方面指银行获得单位运营资金的机会成本。如果利息成本作为贷款资金成本率，以中国人民银行公布的各期限存款利率水平为基础，结合存款准备金、备付金等因素来对利率水平加以调整，得到相应期限贷款资金成本率。如果从机会成本角度核算贷款资金成本率，那么贷款资金成本率可以用银行营运资金的平均收益率来体现。

贷款费用率是发放单位贷款所承担的各项非利息性费用。贷款费用率的计算要与资金成本率的计算方法相匹配。因此，从利息成本角度核算贷款资金成本时，贷款费用则包括银行发放贷款、吸收存款并维持与存贷款客户借贷关系所需的非利息性成本支出。其计算公式为：

贷款费用率 ＝ 相应贷款产品的费用率 ＋ 存款费用率　　（6.2）

从银行资金运用的机会成本角度核算贷款资金成本率时，贷款费用是指银行发放贷款和维持与贷款客户的借贷关系所需的非利息性成本，包括人员工资、设备成本及其他未补偿的相关费用，计算公式为：

贷款费用率 ＝ 相应贷款产品的费用率　　（6.3）

2016 年 3 月 23 日，国家开始向全国推行"营改增"改革，根据财政部、国家税务总局的《关于全面推开营业税改征增值税试点的通知》的要求，自 2016 年 5 月 1 日起，营业税改征增值税试点改革在全国范围内全面推行，银行贷款营改增后由以前 5% 的营业税改为征收 6% 增值税。

预期损失率是贷款到期时，客户缺乏足额偿还贷款本息的能力，导致违约行为给银行所带来的预期损失与贷款总额的比率。贷款的预期损失受三个因素影响：该笔贷款面临违约风险的敞口（违约敞口 EDA），该敞口发生违约的概率（违约概率 PD）及给定违约时形成的损失（违约损失率 LGD）。三者的乘积就是预期可能遭受的信贷损失，计算公式如下：

$$贷款预期损失 = EDA \times PD \times LGD \qquad (6.4)$$

最低收益率是指贷款收益率扣除资金成本率、贷款费用率和预期损失率后的最低期望回报。根据国务院和中国人民银行的要求，国有商业银行改制后税前资本回报率应达到 11%—13%，《巴塞尔协议Ⅲ》对商业银行的核心资本充足率要求将由《巴塞尔协议Ⅱ》规定的 4% 增加至 6%，此外，还需要计提 2.5% 的防护缓冲资本和不高于 2.5% 的反周期准备资本，如此一来，核心资本充足率的最低要求就达到了 8.5%，协议维持目前总资本充足率 8% 不变，但对资本充足率加资本缓冲要求在 2019 年以前必须从现在的 8% 逐步升至 10.5%。由此得到贷款收益率最低为 11%×8%＝0.88%。

6.1.2.2 价格领导定价模型

成本加成定价法的一个很明显的不足就是，银行要掌握每一笔贷款的各项成本，大多说情况下这是很难完成的。同时银行的业务众多，许多成本是各项业务共同产生的，要在各项业务之间明确地分摊成本也有很大的困难。此外成本定价法仅仅考虑贷款行的成本不考虑竞争对手，这也是与实际情况相违背的。一般来说，竞争越是激烈利润越低。

由于成本加成法的局限，一些银行开始使用价格领导模型来对贷款进行定价。商业银行向客户收取的实际贷款利率由以下公式计算得到：

$$贷款利率＝基准利率或者优惠利率＋风险加成 \qquad (6.5)$$

或 $$贷款利率＝基准利率或者优惠利率 \times 风险加成 \qquad (6.6)$$

其中，基准利率或优惠利率是指向信用等级最高的客户提供短期贷款所收取的最低利率，要求其他客户贷款的利率则在此基础上浮动。基准利率分为两种，即固定基准利率和浮动基准利率，浮动基准利率一般和货币市场上的基准利率挂钩。模型中的风险加成项主要是考虑到为弥补贷款的违约风险成本和期限风险成本来适当调增贷款利率。模型将期限风险考虑在内，是由于贷款期限越长，银行经营中的不确定性越高，随着市场利率变动，借款人的信用状况极有可能发生较大改变。

6.1.2.3　客户盈利分析定价模型

此种定价模式要求全面衡量客户与银行之间的各类业务及服务。具体的公式如下：

贷款利率 = 银行的目标利润率 + 银行为该客户服务时的收益率

$$(6.7)$$

客户盈利分析定价通过全面考察客户需求与银行服务供给，能够区别出优质客户并与之建立长期合作关系，有效实施差别化贷款定价，改善银行原有客户结构，赋予银行在市场上更多的竞争优势。

6.2　构建消费信贷定价模型及其应用

传统的定价方法未能较好地实现贷款的收益与承担的风险相匹配。由于不同信用等级借款人按时还款的概率各异，若其违约概率越大，导致银行的非预期损失扩大，因而不得不提取更多的风险资本，从而要求的收益率也应越高。这样的贷款定价方式操作过于简单，统一的定价不易于区分不同信用等级借款人的信用质量差别，无法利用差异化定价来反映风险承担情况，所以也容易导致"逆向选择"[200]现象的发生，即信用状况好的客户逐步退出贷款市场，而信用质量不高的借款者充斥着市场。除此之外，该定价方法未能充分考虑客户需求、行业竞争加剧、信用风险增加等因素，且不能对市场变化作出及时反映，导致价格调整作用不显著，使贷款市场份额下降。为改善此类问题，本节将运用信用评级定价模型、期权定价模型、资产证券化定价模型以及 LPR 定价模型来对消费信贷进行定价。

6.2.1　信用评级定价模型及案例分析

本节所讨论的模型是建立在将发行者的信用评级作为确定违约强度的关键影响变量的基础之上的。这种模型允许每个级别类型内部的信用质量发生转移，即允许借贷者的信用等级发生变化。在模型中我们将违约视为泊松过程的第一次到达时间 τ，并且将具有不变的平均到达速率称为强度 λ。从而贷款生存 t 年的概率为：

$$p(t) = \mathrm{e}^{-\lambda t} \tag{6.8}$$

意味着违约的时间是按指数规律分布的。违约的期望时间是 $1/\lambda$。假定已经生存到时间 t，当 Δ 很小的时候，在长度为 Δ 的时间段内的违约概率约为 $\Delta\lambda$。例如，假设一笔贷款的违约强度是一定值 0.041，那么其于该年度内发生违约的概率大致为 3.9%，根据前述公式计算出违约的期望时间为 25 年。如果假设的违约事件成为了现实，则强度会变成数值 0，在这里需要明确的是违约强度都是违约前的。

在古典的泊松风险模型中，总是假定整个时间区间内到达风险之间是相互独立的。例如说，当贷款的违约强度为某一固定数值，且尽量小的时间区间段 Δ 也维持恒定。可以认为古典的泊松模型在较小时间 Δ 内贷款是否违约服从一个二项分布，在整段时间内违约是相互独立的。在每一段时间内，每次违约的概率为 $\Delta\lambda$，正常的概率为 $1 - \Delta\lambda$。通常情况下违约强度 λ 并非固定不变的，当我们假定违约强度每年依次为 $\lambda(1)$、$\lambda(2)$、$\cdots$、$\lambda(t)$，违约强度每年不同但在某年内是恒定不变。根据贝叶斯法则，生存 t 年的概率是：

$$p(t) = \mathrm{e}^{-[\lambda(1)+\lambda(2)+\dots+\lambda(t)]} \tag{6.9}$$

如果违约是一个确定的连续变量，有：

$$p(t) = \mathrm{e}^{-\int_0^t \lambda(t)\,\mathrm{d}t} \tag{6.10}$$

实际上，要是把强度过程看成确定过程，这意味着在这个确定的完整时间段内，只包含了生存在这一时刻终结的信息。进一步地，由于时间的推移，银行可以获得新的信息，除了简单的生存信息之外，还有其他一系列附加信息。比如说，发行者的信用质量、宏观经济状况、商业周期、关于贷款者的信用评级可能会发生变化。更加一般的情况下把到达强度看成是一个随机过程。以强度路径 $\{\lambda(t);\ t \geqslant 0\}$ 给定的信息为条件，违约将按照泊松过程以时间变化的强度到达。这种状况下生存概率是：

$$P_{T+1} = p(T) = E(\mathrm{e}^{-\int_0^T \lambda(t)\,\mathrm{d}t}) \qquad (6.11)$$

假定有一笔时间长度为 T、本金为 B、利率为 R、每年付息、到期还本的定期贷款。r 为无风险利率违约概率过程 λ 的随机变化与违约到达的强度随时间变化。

若贷款在 t 时间违约（这里假定违约后的回收为零）：

$$V_i = \sum_{j=1}^{T} \frac{B \cdot R}{(1+r)^j} \qquad (6.12)$$

若不违约：

$$V_i = \sum_{j=1}^{T} \frac{B \cdot R}{(1+r)^j} + \frac{B}{(1+r)^T} \qquad (6.13)$$

得到贷款的期望价值：

$$\bar{V} = \sum_{1}^{T+1} P_i V_i \qquad (6.14)$$

当 $t \leqslant T$ 时 $\quad p_i = p(t-1) - p(t) = E(\mathrm{e}^{-\int_0^{t-1} \lambda(t-1)\,\mathrm{d}t}) - E(\mathrm{e}^{-\int_0^t \lambda(t)\,\mathrm{d}t})$

$$P_{T+1} = p(T) = E(\mathrm{e}^{-\int_0^T \lambda(t)\,\mathrm{d}t}) \qquad (6.15)$$

对不同级别相应的贷款价值和加权平均价值进行比较，若有 $V_i \leqslant \bar{V}$，那么贷款在时间 i 违约，贷款将会发生损失。总损失可表示为：

$$L = \sum_{i=1}^{T+1} (\bar{V} - V_i) \cdot P_i \qquad (6.16)$$

（6.16）式中，L 表示贷款价值的预期损失，其意义在于当贷款发生违约时，度量贷款价值偏离均值的程度。

假定银行对于违约相关的风险所要求的溢价为 0，即暂时不将违约事件中的违约时间风险与损失严重性风险纳入考虑范畴，且假设银行获得零利润，那么贷款的利率为：

$$B(1+R_i)-L_i = B(1+c) \tag{6.17}$$

$$R_i = \frac{B(1+c)+L_i}{B}-1 = c+\frac{1}{B}\sum_{i=1}^{T}(\bar{V}-V_i) \cdot P_i \tag{6.18}$$

（6.17）式中，B 表示贷款的本金，R 表示贷款的利率，L_i 表示贷款的预期损失，c 表示银行的资金成本，在后面的计算中我们取四年期无风险利率为 3%，整个式子的基本含义是发放贷款的收益必须能够弥补贷款的预期损失和贷款的资金成本。根据（6.18）式可求出不同违约时间贷款的利率，从（6.18）式可以看出贷款利率不但会受到借款人的期初预期违约率的影响，还会随着借款人在贷款期间的违约率变化而有所调整。

风险定价模型需要考虑借款人的信用等级变迁情况，因此需要借助于一定期间信用迁移矩阵。而在此之前，我们必须选定统一的评级体系，如穆迪、标准普尔或银行自己开发的内部评级体系。通常来说，国际评级机构的数据时间跨度大、样本量更多、可靠性更高；而国内银行根据内部的评级数据测算，所进行的信用等级迁移概率估计更能反映客户真实的信用变化状况，但权威性不够高，也不适合推广，只能满足特定银行使用。我们这里用标准普尔公司公布的信用迁移矩阵来演示风险定价模型的计算过程。表 6.1 给出了标准普尔公司提供的一年期信用迁移矩阵。

表 6.1 一年期信用迁移矩阵

	AAA	AA	A	BBB	BB	B	CCC	Default
AAA	0.908 1	0.083 3	0.006 8	0.000 6	0.001 2	0	0	0
AA	0.007	0.906 5	0.077 9	0.006 4	0.000 6	0.001 4	0.000 2	0
A	0.000 9	0.022 7	0.910 5	0.055 2	0.007 4	0.002 6	0.000 1	0.000 6
BBB	0.000 2	0.003 3	0.059 5	0.869 3	0.053	0.011 7	0.011 2	0.001 8
BB	0.000 3	0.001 4	0.006 7	0.077 3	0.805 3	0.088 4	0.01	0.010 6

(续表)

	AAA	AA	A	BBB	BB	B	CCC	Default
B	0	0.001 1	0.002 4	0.004 3	0.064 8	0.834 6	0.040 8	0.052
CCC	0.002 2	0	0.002 2	0.013	0.023 8	0.112 4	0.648 6	0.197 9
Default	0	0	0	0	0	0	0	1

资料来源：Standard and Poor's CreditWeek[201]

从表 6.1 可以看出，标准普尔公司把借款人分为 8 个等级，最高 AAA 级、最低 CCC 级，最后一级是违约级。违约是指贷款人无法按期偿付本息。表 6.1 为信用等级迁移矩阵，表格第一列表示贷款人初始信用等级，第一行表示一年以后贷款人信用等级变迁后的结果，表格中的数值则表示由列中每种信用等级转变到相应行中每种信用等级的概率。例如，AA 级借款人一年后升为 AAA 级的概率为 0.7%，下降为 A 级的概率为 7.79%。显然，大多数情况下，借款人一年后的信用等级仍保持不变，例如，AAA 级借款人一年后仍是 AAA 级的概率是 90.81%。同时我们认为 AAA、AA、A、BBB、BB、B、CCC 级的违约强度分别为 $\lambda(AAA)$、$\lambda(AA)$、$\lambda(A)$、$\lambda(BBB)$、$\lambda(BB)$、$\lambda(B)$、$\lambda(CCC)$，具体数值需要由银行的历史数据给出。

由于风险定价模型依赖于强度过程 $\lambda(t)$，我们假定强度仅仅与信用评级有关。假如强度这一数值会在每个年度的年初根据新的信息加以调整，并且在年度内不会发生改变，而是维持恒定值。已知生存到 $t-1$，并给定所有其他的在时间 $t-1$ 已有的信息，那么生存到 t 时间的概率就是 $p(t-1, t) = e^{-\lambda(t)}$。这里需要说明的是 $p(t-1, t)$ 在 0 时刻是未知的，因为 t 年的违约强度 $\lambda(t)$ 要以时间 $t-1$ 的信息为基础。若时间只有两期且第一期初信用值为 AAA，则违约强度有两个取值 $\lambda(1)$、$\lambda(2)$。此时生存概率为：

$$p(1) = e^{-[\lambda(AAA)]} \tag{6.19}$$

$$p(2) = E(0.006\ 8 e^{-\int_0^t \lambda(t)\,dt}) = E(e^{-[\lambda(1)+\lambda(2)]}$$
$$= 0.908\ 1 e^{-[\lambda(AAA)+\lambda(AAA)]} + 0.083\ 3 e^{-[\lambda(AAA)+\lambda(AA)]} +$$

$$0.006\,8e^{-[\lambda(AAA)+\lambda(A)]}+0.000\,6e^{-[\lambda(AAA)+\lambda(BBB)]}+$$
$$0.001\,2e^{-[\lambda(AAA)+\lambda(BB)]}) \tag{6.20}$$

这笔贷款有三种可能的情况在第一期期末违约、在第二期期末违约或不违约，其概率依次为 $1-p(1)$、$p(1)-p(2)$、$p(2)$。当在第一期违约回收为 0，第二期违约回收第一期利息，不违约两期利息加本金。

贷款在时间 i 违约（这里假定违约后的回收为零）：

$$V_i=\sum_{j=1}^{2}\frac{B\cdot R}{(1+r)^j} \tag{6.21}$$

贷款在时间 i 违约，贷款将会发生损失，总损失为：

$$L=\sum_{i=1}^{T+1}(\bar{V}-V_i)\cdot P_i \tag{6.22}$$

我们不考虑违约事件中的违约时间风险与损失严重性风险，且银行获得零利润，那么贷款的利率为：

$$R_i=\frac{B(1+c)+L_i}{B}-1$$
$$=c+\frac{1}{B}\sum_{i=1}^{T}(\bar{V}-V_i)\cdot P_i \tag{6.23}$$

6.2.2 期权定价模型及案例分析

期权定价理论是现代资产定价和金融风险管理的重要理论[202]。将期权定价理论运用于商业银行贷款定价实践之中，突破了传统定价思维，有助于解决传统成本加成定价法所不能解决的问题。

假定消费贷款的本金为 B，期限为 T，到期时贷款本息和为 F。该消费贷款到期利率为 y_t，无风险利率为 r。抵押物当前价值为 S_0，以抵押物为标的物的欧式看跌期权的价格为 P。市场满足期权定价的相关假设条件，如假定市场无摩擦，没有税收和违约成本，没有抵押品处置的流通成本等。我们将根据上述假设，来推导消费贷款利率的具体表达式。

根据无套利原则，只有当无风险收益 F 的现值等于消费贷款的本金与以抵押物为标的物的欧式看跌期权的价格 P 之和时，套利机会将消失。所以有：

$$Fe^{-rT} = B + P \qquad (6.24)$$

消费贷款的到期收益率 y_t 的连续复利形式为：

$$y_t = \frac{1}{T}\ln\frac{F}{B} = -\frac{1}{T}\ln\frac{Fe^{-rT} - P}{F} \qquad (6.25)$$

P 是以消费贷款抵押物为标的物的欧式看跌期权的价格。P 由 $Black\text{-}Scholes$ 公式给出[203]：

$$P = -N(-d_1)S_0 + Fe^{-rT}N(-d_2) \qquad (6.26)$$

其中 $d_1 = \dfrac{\ln\left(\dfrac{S_0}{Fe^{-rT}}\right) + \dfrac{1}{2}\sigma^2 T}{\sigma\sqrt{T}}$

$$d_2 = d_1 - \sigma\sqrt{T}$$

$N(x)$ 为标准正态分布函数

把 (6.26) 式代入 (6.25) 式得：

$$
\begin{aligned}
y_t &= -\frac{1}{T}\ln\frac{Fe^{-rT} + N(-d_1)S_0 - Fe^{-rT}N(-d_2)}{F} \\
&= -\frac{1}{T}\ln\frac{Fe^{-rT}N(d_2) + N(-d_1)S_0}{F} \\
&= -\frac{1}{T}\ln\left(N(d_2) + N(-d_1)\frac{S_0}{Fe^{-rT}}\right) + r \qquad (6.27)
\end{aligned}
$$

(6.27) 式就是在期权框架下，消费贷款的利率表达式。由 (6.27) 式可知消费贷款利率 y_t 是消费贷款抵押率 $\left(\delta = \dfrac{Fe^{-rT}}{S_0}\right)$、抵押物价值波动率 σ、到期期限 T 和无风险利率 r 的函数。由 $\dfrac{\partial y_t}{\partial r} > 0$ 知，随着无风险利率 r 的增加，y_t 也增加，因为 r 增加意味着贷款成本的增加，银行需要提高贷款利率把成本转嫁给消费者。由 $\frac{\partial y_t}{\partial \delta} > 0$、$\frac{\partial y_t}{\partial \sigma} > 0$ 可知，贷款利率 y_t 与抵押率 δ 呈反向变化，与抵押物价值波动率 σ 呈正向变化。消费贷款抵押率越低（担保越多），抵押物价值波动越小，贷款的风险就越小，风险溢价越小，贷款利率自然较低。由 $\frac{\partial y_t}{\partial T} > 0$，随着贷款期限 T 增加，贷款不确定性也增加，即贷款风险加大，银行将会提高利率。

（6.27）式给出了消费贷款的价格表达式。由于此表达式比较复杂，我们可以求出（6.27）式的近似表达式：

$$y_t = -\frac{1}{T}\ln\frac{Fe^{-rT}-P}{F} = -\frac{1}{T}\ln\left(e^{-rT}\left(1-\frac{P}{Fe^{-rT}}\right)\right)$$

$$= -\frac{1}{T}\ln\left(1-\frac{P}{Fe^{-rT}}\right) + r$$

$$\approx \frac{1}{T}\frac{P}{Pe^{-rT}} + r \tag{6.28}$$

上式最后一步取了一阶泰勒近似。由（6.28）式可以看出在期权定价框架下，消费贷款的利率由两部分组成。第一部分是无风险利率 r；第二部分是该消费贷款的风险溢价 $\pi = \frac{1}{T}\frac{P}{Fe^{-rT}}$。风险溢价由欧式看跌期权的价格 P、贷款到期支付 F 和贷款到期期限 T 确定。

消费贷款利率 y_t 由消费贷款抵押率 $\left(\delta = \frac{Fe^{-rT}}{S_0}\right)$、抵押物价值波动率 σ、到期期限 T 和无风险利率 r 决定。由上述分析可知，已知消费贷款的抵押率、抵押物价值波动率、到期期限和无风险利率，便可求出该笔消费贷款的利率。但前述几个变量的确定过程却有所差异：无风险利率一般以相同期限的同业拆借利率来体现；贷款期限和贷款抵押率一般由银行依据实际情况确定；而消费贷款价值波动率缺少直接参考指标，难以准确测度，一般要根据抵押物市场价值变动情况进行估计。

下面我们根据定价公式来求一笔五年期住房消费贷款的利率。取无风险利率为 3%，贷款的抵押率为 50%，住房抵押的价值波动率根据上海二手房交易价格指数进行估算。本书选取由上海房地产交易中心提供的 2001 年底至 2006 年 7 月的月度价格数据，来计算住房抵押价值波动率。由于房价指数的一阶差分具有条件异方差特性，我们用一个条件异方差模型（GARCH）来估计房价的波动率，回归结果如下：

$$\sigma_t^2 = 0.000\,184 + 0.185\,3\varepsilon_{t-1}^2 + 0.650\,3\sigma_t^2$$
$$2.37 \qquad\qquad 1.02 \qquad\qquad 6.44$$

$$R^2 = 0.952\,7 \quad S = 0.033\,1 \quad DW = 1.52 \qquad (6.29)$$

计算出房价的年度波动率 σ_t^2 为 9.68%。把这些变量带入（6.20）式可计算出该笔贷款的利率为 3.001 3%。

在前面的假设条件下，表 6.2 计算出了各种抵押物价值波动率和不同贷款期限下的消费贷款的利率的计算结果（消费贷款抵押率为 50%，无风险利率为 3%）。

表 6.2 各种抵押物价值波动率和不同贷款期限下的消费贷款利率（%）

期限 / 波动率	1	2	3	4	5	6
10%	3.000 0	3.000 0	3.000 1	3.000 5	3.001 7	3.003 9
20%	3.001 9	3.046 3	3.137 0	3.236 2	3.327 2	3.406 0
30%	3.149 4	3.637 0	4.028 7	4.298 3	4.484 4	4.615 8
40%	3.944 6	5.117 3	5.725 7	6.056 9	6.248 3	6.362 9
50%	5.648 6	7.341 2	7.998 1	8.286 9	8.417 7	8.471 5
60%	8.193 2	10.121 3	10.690 5	10.867 1	10.897 0	10.914 7

从表 6.2 中可见，在相同的消费贷款抵押物价值波动率水平下，贷款期限越长，消费贷款利率水平越高；在相同贷款期限下，抵押物价值波动率越高，消费贷款利率也随之越高。同时，还可以看出，利率随时间变化的幅度不大，但随抵押物价值波动率变化的幅度很大。以

一笔两年期贷款为例，在抵押物价值波动率为10％水平下，贷款利率为3％；而当抵押物价值波动率为60％时，贷款利率迅速增加到10.12％。这意味着，银行在开展消费信贷业务时，要高度重视抵押物价值的波动率，应优先选择能够提供价值波动率小且易变现的抵押物的客户，而且还要加强对抵押物价值变动的监控，从而有效防控信贷风险。

总而言之，在期权定价的分析模式下，消费贷款的利率受到消费贷款的抵押率、抵押物价值波动率、到期期限和无风险利率共同影响。其中最重要的影响因素就是抵押物价值波动率，其微小变动能引起消费贷款利率的较大变化。

6.2.3 资产证券化（CDO）定价模型及案例分析

自20世纪80年代后期世界上首支现金流型CDO面世以来，CDO得到了十分快速的发展。在Li为解决资产相关性的问题而将Copula函数引入CDO定价模型之后，全球CDO的发行量增长进入快车道。目前市场上交易的CDO类型呈现多样化发展趋势。从具备不同基础资产的角度来划分，CDO可以被分为抵押债券凭证CBO（Collateralized Bond Obligation）和抵押贷款凭证CLO（Collateralized Loan Obligation）。两者差别重点体现在前者的资产池主要包含债券债权，而后者的资产池主要包含贷款债权。这种差别是两者在产品设计上所运用的技术手段呈现差异的主要原因，CLO中的贷款债权比CBO中的债券债权在信用状况评估、适用的法律程序以及现金流量分析等方面都面临更复杂的局面。现在抵押贷款凭证CLO占据着我国全部CDO发行市场。

同时，需要注意的是这并不代表银行不持有贷款抵押证券，相反，由于信息不对称问题的存在，银行会持有较多的次级CDO证券或CDO权益类证券。例如，在给定的出价水平上，拥有信息优势的卖方具有交易或者不交易的选择权。此选择权的价值与卖方的私有信息的质量有关。存在被欺骗的风险，此时买方会出一个比信息对称时低的价格。通常通过一个合理的CDO结构设计，卖方可以将绝大多数与逆向选择有关的风险集中到少量的次级 CDO 证券中。CDO 中的道德风险，与发行人或 CDO 管理人选择高质量的资产进入 CDO 抵押池并负责对债务人的行为进行有成本的监督有关。通过资产证券化并出售标的资产的现金流，发行人或 CDO 管理人选择优质资产并实施有成本的监督的激励将会降低，这显然会影响抵押资产的价值，从而降低 CDO 证券的价值。同时发行者可以基于自有的信息决定将哪些资产归入到自己的资产组合而把其他的划到抵押资产池中。基于以上原因发行者有动机（事实上也是如此）保留大部分 CDO 权益证券。

假定有一组 n 笔消费信贷贷款的本金为 $B(i)$、期限为 $T(i)$、利率为 $R(i)$、无风险利率为 r。假定我们可以利用这组贷款构成抵押池，有三档 CDO 证券分别为高级固定（浮动）利率债券、夹层固定（浮动）利率债券、次级或债券股权。银行可以把 CDO 证券的前两档全部售出获得收入 W_1，保留价值 W_2 的全部次级或债券股权，由于大数定律可以假定该部分资产服从正态分布，其均值为 $E(W_2)$，方差为 δ。

$$E\left(\sum_1^n \sum_{j=1}^{T(i)} \frac{B(i) \cdot R(i)}{(1+r)^j} + \frac{B(i)}{(1+r)^{T(i)}} \right) = W_1 + E(W_2) \quad (6.30)$$

则有：　　$R(i) = f(W_1, \ E(W_2), \ B(i), \ n, \ T(i), \ r) \quad (6.31)$

假设这组贷款仅有一笔本金为 B 贷款利率为 R 且期限为 1 的贷款。无风险利率为 r。利用这组贷款构成抵押池，有三档 CDO 证券分别为高级固定（浮动）利率债券、夹层固定（浮动）利率债券、次级或债券股权。银行可以把 CDO 证券的前两档全部售出获得收入 W_1，保留价值 W_2 的全部次级或债券股权。

$$E\left(\frac{B \cdot R}{(1+r)} \right) = W_1 + E(W_2) \quad\quad\quad (6.32)$$

则有 $R = f(w_1, \ E(W_2), \ B, \ r)$

进一步假设贷款违约概率为 p 违约时无回收，则有：

$$E\left(\frac{B \cdot R}{(1+r)} \right) = p \cdot \left(\frac{B \cdot R}{(1+r)} \right) = W_1 + E(W_2) \quad (6.33)$$

化简有：

$$R = \frac{(W_1 + E(W_2)) \cdot (1 + r)}{P \cdot B} \qquad (6.34)$$

6.2.4 LPR 定价模型及案例分析

贷款市场报价利率（Loan Prime Rate，简称 LPR）是商业银行对其最优客户执行的贷款利率。LPR 定价机制包括 LPR 集中报价和发布机制及对客定价机制。

LPR 集中报价和发布机制是在报价行自主报出本行对最优客户贷款价格的基础上，由全国银行间同业拆借中心去掉最高和最低报价后计算得到算术平均值，向 0.05% 的整数倍就近取整得出 LPR，并于每个月 20 日 9 时 30 分对外公布。报价行对 LPR 的确定主要参考央行公开市场操作利率（中期借贷便利利率）加点形成。目前，LPR 共有 18 家报价行，包括 10 家全国性商业银行、2 家城市商业银行、2 家农村商业银行、2 家外资银行和 2 家民营银行。

在对客定价机制方面，各银行在发放贷款时主要参考 LPR 定价，LPR 近似于贷款业务的无风险利率，客户的贷款利率可在此基础上根据风险程度加点生成。在浮动利率贷款合同中，采用贷款市场报价利率作为定价基准。

目前，我国大部分商业银行的个人住房贷款利率可转为 LPR 利率。根据人民银行公告，可以将个人住房贷款转换为 LPR 定价，如果转为 LPR，市场化程度更高，未来 LPR 下降，利率水平也会随之下降。客户可根据自身情况自由选择是否变更。

假设贷款定价函数严格单调，函数特征为线性，二阶导数等于零。中小商业银行的贷款定价模型可用线性方程表达：

$$i = a + bp \qquad (6.35)$$

i 为贷款的价格，a、b 为参数，p 为客户违约率。一般认为，p 的取值不大于 0.5，即违约率在 50% 以上的，商业银行不予贷款。

参数 a 为给最优客户的贷款利率。由于最优客户的违约率几乎为

0，则最优客户的贷款利率 $i = a$。

参数 b 为风险最高客户的贷款利率与最优客户利率之差。当 p 为 1 时，i 为银行对违约率为 100% 客户要求的贷款利率（理论上），则 $b = i - a$。

p 为客户违约率。既可以依据均值-方差框架计算违约概率，也可以从多元统计学的角度由逻辑回归模型（Logit）计算得出违约概率。

故上述模型可改写为：

$$i = LPR + p(LWR - LPR) \tag{6.36}$$

LPR 为最优客户的贷款利率，也是贷款业务的无风险利率；LWR 为风险最高客户的贷款利率（违约率为 100%），其与 LPR 之差表示商业银行要求的最大风险溢价；i 为贷款的价格，p 为客户违约率。

LWR 为理论值，现实中，商业银行不会给违约率为 100% 的客户贷款的，但由于假设贷款定价函数为线性函数，因此如果银行最大的风险容忍度为违约率 50%，则 $i = LPR + 2p(LWR - LPR)$；若银行最大容忍度为 25%，则 $i = LPR + 4p(LWR - LPR)$。

模型 6.35 中的参数 a 代表价格水平，即 LPR 代表银行信贷的价格水平，央行通过 MLF 影响 LPR 价格，即影响了整个贷款市场的价格水平。参数 b 与定价银行的风险偏好相关，在实际操作中，由于竞争的因素，各商业银行最高的贷款价格除个别情况外基本一致，LPR 由市场公布，因此 LWR 与 LPR 之差也相近，参数 b 的大小主要决定于定价银行将最大风险容忍度定在违约率是 25% 还是 50%。如果是 25%，则代表该银行的风险偏好较低，其定价也较高，参数 b 为 4 倍的 LWR 与 LPR 之差。

以下是关于 LPR 模型的一个举例。

假设：A 银行最大的风险容忍度为客户违约率不超过 50%，相应的，给予风险等级最高的贷款利率为 LPR 的 2 倍，LPR 为 4.45%，则该银行的贷款定价模型为：

$$i = 4.45 + 10p \tag{6.37}$$

当违约率为 20% 时，个人住房贷款利率为 6.45%；当违约率为

10％时，个人住房贷款利率为 5.45％。

总之，在央行要求下，5 年期以上 *LPR* 主要为银行发放个人住房贷款等长期贷款的利率定价提供参考。在个人住房贷款利率采用 *LPR* 定价之后，若 *LPR* 下行，则房贷利息减少；如果 *LPR* 上行，则房贷利息增加。

6.3 新型定价模型在新发展格局下的适用性和比较优势分析

当前中国经济发展已经进入新发展格局，主要表现为经济增长速度换挡，着眼结构稳增长，发展方式向质量效率型转变，创新驱动逐渐取代要素驱动、投资驱动成为发展主要推动力。在当下，中国乃至全球主要经济体经济增速全面放缓、需求疲弱态势将延续，国内产业结构面临调整升级，这将使得众多企业生产经营困难，信用风险、流动性风险、利率风险和汇率风险给银行经营带来挑战，可以看到，近些年来我国的商业银行不良资产率增长较快就是明显的风险警示。随着利率市场化改革的推进，我国商业银行可获得的净息差逐步缩小，与此同时，同业竞争日趋激烈、互联网金融等新兴业态的发展都使得商业银行的信贷业务遭遇巨大挑战。对于在我国金融体系占据主导地位的银行业来说，应该积极主动考虑新发展格局要求下消费信贷产品定价的变化，消费信贷产品定价应遵循的基本原则：

1. 市场均衡利率原则。鉴于利率市场化改革的深化，我国商业银行对消费信贷产品定价面临新的挑战，以往定价过程中所依赖的基准利率会随市场供需状况发生改变，基准利率是完全受市场消费资金供求影响所得到的均衡利率，各类消费信贷产品价格受该利率直接影响，围绕该利率上下波动。市场化决定的基准利率，既能使商业银行在贷款市场上的议价空间变大，促使商业银行提升消费信贷产品定价能力，争取市场份额，还能引导商业银行消费信贷产品价格走势，简化贷款利率确定流程，降低银行运营成本。

2. 价格下限原则。消费信贷产品收益大于成本，是商业银行消费贷款利率定价的基本要求。消费信贷利率定价的价格下限是当贷款收益等于成本时的临界价格，只有高于这个临界价格，商业银行才能够从消费信贷业务中得到利润。商业银行必须控制消费信贷产品成本，此成本既涵盖了筹资成本、运营成本等直接成本，也纳入了期限风险、信用风险等风险成本。因此，各商业银行应充分考虑自身产品成本选择适合的方法进行定价。

3. 风险溢价原则。商业银行在开展消费信贷业务的过程中，面临着政策风险、市场风险、流动性风险和信用风险等，部分风险是可预期的，能够运用一定的避险手段对风险加以管理，而部分风险是不可预期的，这使得银行的贷款业务具有较大风险，因此在贷款产品定价的过程中，商业银行会首先估算成本，潜在风险需要在价格中得到补偿。这也就是说，高风险与高收益并存，商业银行在消费贷款利率定价中会因风险大小而呈现差异。

4. 差异化原则。随着消费对我国经济贡献的日益加强，消费呈现出总量规模化、结构多元化的趋势。面对这种趋势，商业银行应主动发力，在文化消费、旅游消费、医疗消费、绿色消费、养老消费等领域，充分利用自身优势，并结合其特点，制定差异化定价战略。同时，在同一领域，针对不同的人群，根据其风险偏好、收入来源、信用状况制定不同的消费贷款利率，充分体现"一人一贷"的定价原则。

5. 以客户为导向的定价原则。新发展格局下，消费信贷产品市场竞争越来越激烈，各商业银行都必然将抢夺优质客户作为自己的经营策略之一。商业银行和客户会进行多轮博弈，在此过程中，经营状况良好、信用度高的客户会获得较强的议价能力，那么商业银行必然需要通过提供富有竞争力的产品和定价以及高质量的服务来占领优质客户市场份额，努力增强客户黏性。贷款产品定价既要考虑到商业银行能够赚取足够的利润，又要增强客户黏性，同时还确保有必要提升银行对信用风险较高客户的有效识别能力和对潜力客户的吸引力，因此消费贷款产品定价的重要原则之一就是以客户为导向。为构建适合我国商业银行消费信贷业务的定价机制，我们不得不对上述四种消费定价模型在新发展格局要求下进行适用性分析，我们参考五项新发展格局要求下的定价原则，分别对我们构建的四种消费信贷定价模型进行适用性分析。

6.3.1 信用评级定价模型的特点和适用性分析

我国利率市场化改革基本完成以后，利率期限、水平、结构等因素变化更加复杂，这为基准利率的确定增加了难度。那么，基准利率的确定必须选取一些具有代表性的市场利率。通过对国际上金融较为发达的国家的经验分析和借鉴，可知在金融市场上，信息披露最充分、交易信息最完善、交易量最大的利率可以作为基准利率，通常选择同业拆借市场利率或者短期国债利率。

信用评级定价方法的主要优势在于，相对于成本加成定价法，在衡量贷款的预期损失和银行最低收益率上更加精准和科学。风险定价模型将贷款划分为八种不同的等级，即 AAA……CCC、Default，基本上全面涵盖了所有信用等级借款人的违约风险，从而将风险程度较准确地反映到贷款定价上。计算贷款的预期损失时，既有对银行承担损失的考量，也有对借款人信用等级下降带来潜在损失的估计。根据借款人的风险不同确定不同的贷款利率，实现对不同风险程度的借款人给予差异化定价，从而避免了单一利率下，贷款市场上的"逆向选择"问题，有利于银行的客户结构优化并改善风险承担。风险定价模型要求贷款风险与收益相匹配，其定价思路就是区分不同借款人的风险程度，并据此调整贷款的利率（RAROC）[204][205]。它根据贷款风险的大小，确定应提取的风险资本，实现银行资本对风险的最终抵补，增强应对风险的能力，同时需要以风险作为参考，来衡量银行资本的需求量。风险定价模型有助于消除商业银行曾经在贷款定价上的随意性，同时合理利用信贷业务的历史数据，使贷款定价变得科学化、规范化、合理化。综上所述，信用评级定价满足上述新发展格局要求下的五项定价原则。

当然，基于信用评级的消费贷款风险定价法也存在诸多缺陷。第一，相同信用等级的借款人具有同质的信用。该假设意味着只要两个借款人的信用等级相同，那么无论其所处的行业、规模结构等有何种差异，都被设定为相同的违约率和回收率，这可能并不完全符合现实情况。第二，风险定价模型建立在银行客户的历史数据的基础之上，信用转移概率依据历史数据进行统计估算而来。然而，经济环境可能已经产生了巨大变化，客户的信用状态也存在变化的可能，但该模型未能反映出这种变化。因此，在使用该定价方法时，应充分考虑到外部经济环境的变动和客户自身信用状况的改变，在此基础上形成合理预期，使得贷款定价能够全面反映风险因素（包括当前风险和预期未来的风险）[206]。

在模型的适用性方面，我们假设借款人的信用变化是一个马尔科夫过程，这使得模型测算结果与实际结果存在差异，而这种差异随着时间的延长而扩大。因此，该模型只适合在短期贷款定价中发挥作用，或者可以对中长期贷款实行逐年定价。

6.3.2　期权定价模型的特点和适用性分析

相对于传统消费贷款定价方法在风险衡量的不足，期权定价法明显的优点在于引入了现代资本市场无套利原理，在风险补偿方面有了更为合理的度量。根据抵押物价值波动率、无风险利率和贷款期限，就可以迅速得到适当的贷款利率。适用于如住房抵押贷款此类含有抵押物的消费信贷产品的定价，制定差异化抵押率可帮助商业银行识别不同客户的信用风险抢占优质客户。随着金融市场的不断深化和迅速发展，以及金融理论和计量技术的进步，部分抵押品的价值具备了有效观测的可能或可直接参考的市场价值。这使得期权定价方法相对于传统成本加成定价法更具可操作性，无需计量每一笔贷款的风险成本，重点依赖于抵押物价值的变化，这让违约事件的发生有了较为准确的预测性和可控性。对于含有抵押物的消费信贷产品，期权定价法满足新发展格局要求下的五项基本原则。

当然，期权定价法也存在一些不足。目前我国消费信贷抵押物二级市场尚不发达，相关交易存在困难，处置抵押物的各种成本较高，同时由于缺乏有效方式对抵押物价值进行准确度量，也极大地限制了在二级市场上开展交易，也无法运用消费信贷期权模型，何况有些银行发放的是没有抵押的消费贷款。

在模型的适用性方面，也有较多的局限。消费信贷期权定价模型未必能为不同的银行所用。每家银行应当从自身实际情况出发，充分考虑银行内部制度是否完善、风险管理能力是否足够、面临的市场竞争程度如何等一系列因素，在借鉴国外银行先进经验的基础上，制定符合自身特点的定价方案。商业银行还应随内外部环境的变化而及时调整定价方案，使之符合现实需求，形成各具特色的定价体系。

6.3.3 资产证券化（CDO）模型的特点和适用性分析

资产证券化模型的优点十分明显。资产证券化可以帮助发起人将自身的风险资产从资产负债表中剥离出去，优化其资产负债结构，改善各种财务比率，提高资本运作效率，从而有利于发起人满足监管机构对风险资本指标的要求，因此，资产证券化是商业银行达到最低资本充足率要求的有效途径之一。同时，资产证券化有助于银行资产流动性的增加，使商业银行对资产负债管理能力得以提升。

该模型的不足之处在于，由于消费贷款主体大多为个人，借款人信用状况难以为银行准确掌握，存在的信用风险较高，倘若贷款地域集中，极易受到各个地区宏观经济环境特征变动的影响。尽管商业银行会要求借款人提供足值的抵质押物或是具备信誉良好的担保人进行担保，但该方法难以防范系统性风险。当证券化方法在消费信贷中大规模运用的时候，新发展格局要求下贷款定价就不得不考虑结构化证券的价值这一因素了。

综上所述，针对该模型较高风险、较高收益的特点，其适用性相较于前两个模型而言，使用范围更窄，往往适用于一些资金规模雄厚、风险控制能力强的大型商业银行。

本书以中国债券信息网于 2014 年 9 月 16 日公布的《九银 2014 年第一期信贷资产支持证券发行文件》为案例，对资产证券化的作用展开分析。吉林九台农商行的抵押贷款凭证 CLO 发行过程是一次典型的信贷资产支持证券发行案例。此次资产证券化资产池中共有 9 笔贷款，虽然借款人地域集中度高，8笔贷款地域均处于吉林省，地域风险分布集中，但9笔贷款均为正常类贷款且有保证担保，担保金额占比100%，从而此次资产证券化资产池的基础资产具备了不错的信用质量。资产支持证券分为优先档和次级档两类，其中优先档又分为A档和B档，档级安排是证券化项目中常用的内部信用增级方式，具体而言，档级较低的资产支持证券为档级较高的资产支持证券提供了信用增级。虽然这是对中小企业的贷款，但是这对消费信贷资产的证券化还是提供了一些借鉴意义。

6.3.4　LPR定价模型的特点和适用性分析

LPR特征是贷款利率定价基础和方式的转变，让市场信号传递更加顺畅，使市场能更好地发挥资源配置的决定性作用。贷款利率定价应该覆盖资金成本、风险溢价和银行自身经营成本。资金成本中包括存款利率和银行间利率，存款利率根据市场资金供求和国民存款储蓄偏好决定；银行间利率则根据市场资金供求和货币政策确定。风险溢价取决于贷款客户、贷款用途、风险程度等因素，LPR的变动相对于贷款基准利率会更为频繁，且没有涨跌幅限制，使得银行可以面向整个贷款需求市场决定贷款投向配置，但与此同时银行间的风险利差也会随之产生分化。

在贷款基准利率定价机制下，银行实行浮动利率时，主要考虑信用风险溢价及与此对应的浮动幅度。而一旦改用LPR为定价基准，在浮动利率下客户控制负债成本，银行管理利率风险都会存在一定的困难。大型银行因为市场地位高、信誉好且优质客户占比也高，所以吸收存款成本低，LPR报价偏低，其他银行的成本和风险不一定能得到覆盖。LPR无疑对中小银行准确核算自身资金成本，衡量信用和期限风险溢价等提出了挑战。另外，商业银行如何选择核心客户、量化客户分层，从而有效区分客户和科学定价，需要各家银行予以重视，不断健全完善自主定价机制。

此外，随着LPR定价机制的实施，贷款定价的基准每个月会发生变化，浮动利率贷款的利息收入会随之改变，到期贷款也存在重定价的不确定性。所以，商业银行所面临的利率风险将会比以往增加，利率风险的管理将成为商业银行竞争的核心能力之一，如何提升利率风险管理水平将成为商业银行未来最重要的课题与挑战之一。

综上所述，一些国有银行及股份制银行由于内部转移定价机制较为完善，对相关业务人员的培训也更具针对性，因此，这些规模大、风险低的大型商业银行能够更快适应 LPR 定价。对于中小商业银行而言，过去可以依靠高收益高利息模式稳定赚取息差。随着个人住房信贷采用 LPR 定价后，对于中小商业银行的风险管理提出了更高要求。在未来，中小银行需要转变定价管理思路和理念，重塑定价管理框架，健全客户分类管理体系，优化差异化定价管理机制，提升定价管理的技术支撑，以便于更快适应 LPR 定价机制的变化。

6.4　完善消费信贷定价机制的配套措施

随着消费信贷业务的不断发展、信贷风险的逐渐加大以及信贷产品不断创新的影响，商业银行消费信贷定价机制的要求也在不断提升，本书构建的新型定价模型的出现在一定程度上迎合了消费信贷业务的发展趋势要求，但整体的消费信贷定价机制真正发挥作用并为商业银行带来业务效益，还需要商业银行及时采取相应的配套措施加以保障。结合当前我国的实际情况来考虑，为了构建更好的消费信贷定价环境，本书为完善我国消费信贷定价机制给出一些建议措施。

6.4.1　科学确定市场化定价的基准利率

三种新型消费信贷定价模型需要锚定消费信贷市场的基准利率。商业银行应完善盯住市场基准收益率曲线定价的内部资金转移定价机制 FTP，其中，可分为内部资金转入价格 FTP、基准 FTP 和内部资金转出价格 FTP。具体而言，商业银行可以充分结合 LPR、Shibor、央行票据和短期国债收益率等来考虑，以此形成内部市场基准收益率曲线，还能依据 Shibor 网站公布市场基准收益率曲线来作为本行内部资金转移价格的基础，再结合业务期限、利率类型，通过加减点形成内部资金转入价格 FTP 和内部资金转出价格 FTP，从而，商业银行可以实现对不同部门、不同业务条线的精细管理，精准核算其内部资金成本并进行绩效考核，做到按日调整管理存款和贷款、资产负债比例，将利率风险和流动性风险补偿纳入内部资金转移价格来加以管理，科学确定符合新发展格局要求下的消费信贷基准利率。

6.4.2　合理确定消费信贷利润与成本

在确定成本方面，商业银行有必要测算各部门之间的成本，同时全面考虑不同来源资金的价格，以此确定较为合理的资金转移价格，使得内部资金能够被有效率地使用，让不同分支机构结合自身经营能力和面临的竞争环境来合理配置上存资金和消费贷款的发放。从风险管理的角度来看，内部资金转移定价系统可以在定价决策过程中让利率风险与信用风险分离，消费贷款决策可将贷款资产的质量的评估放在首位，而资产的负债期限与搭配则由资金管理部门作出规划，从而达到对资产、负债的对称性管理目标。当前，国内大多数商业银行尚不具备资金转移定价系统，更多依赖人工完成分析和监控工作，不但耗费大量人力，而且效率低下，准确度存疑，也难以及时对市场变化作出反应。[207]。银行应建立起对市场利率的实时监控和调控机制，提高对利率变化的敏感度，及时调整资金价格，保障内部资金转移定价的科学性、合理性。而建立这样的系统就必须以相关信息管理系统和决策支持系统的开发和使用为基础，从而完善商业银行的贷款定价体系[208]。

6.4.3　完善定价信息的采集与储存制度

各商业银行应充分吸收借鉴国外银行的成功经验，建立起符合自身需求的会计核算系统，让成本核算变得更为精准。同时，银行还应积极应对各种形式的风险，通过建立内部信用评级制度来加强管理，增强对民营企业的贷款风险识别和评估能力。商业银行应对利率风险给予足够重视，利用长期业务过程中所累积的历史数据，进行合理的风险计量。同时，采用缺口管理、持续期管理等手段实现风险免疫，加强银行资产负债综合管理能力。此外，还可借助于远期利率协议、利率期权等工具来有效实施风险规避。在信息安全日益受到重视的今天，银行必须增强信息系统安全与数据安全管理意识。

构建并完善管理会计系统。根据已有的大型国际商业银行经验，银行在建立风险模型和贷款定价模型时需要有一定的历史数据积累，必须通过分析至少五年坏账记录，才能够比较全面地掌握交易对手的违约特征，如在面临一定风险条件下，贷款人的违约概率及其违约造成的损失额。而当历史数据可以往前追溯十年以上时，那么违约概率模型的误差将被控制在 1% 的程度上，这极大地提升了模型的有效性。在建设我国商业银行的消费信贷风险定价模型时，务必充分吸收借鉴国外银行相关经验，同时立足国内现实需求，对客户信用进行评级，建立信用迁移矩阵，做好违约情况记录、相关贷款收回情况、不同主体和时点的违约相关性等，为进一步完善风险管理奠定基础。综合考量客户与银行之间各种业务往来，分析其对银行带来的成本和收益，实现业务精细化管理，重点关注持续的利润贡献，突出客户的核心地位，促使定价模式转向客户盈利分析模式。

6.4.4 提升新发展格局下的差别化定价能力

如今个人消费信贷业务在我国发展十分迅速，已逐渐占据各家商业银行业务发展的核心地位，只有满足新发展格局要求下五项定价原则，以客户为导向，优化消费信贷成本控制手段，将风险管理理念纳入个人消费信贷的定价方法和策略之中，加强精细化管理，实现差异化定价并提供个性化服务，以满足客户多元化需求，真正做到银行自身竞争力的跃升，在竞争激烈的个人消费信贷市场上获取更多的市场份额。

个人消费贷款主要包括住房贷款、汽车消费贷款、旅游消费贷款等品种，各种不同品种的风险特征有所差异，产品定价中必须考虑差别化的风险溢价。目前，我国个人消费贷款定价手段粗放，对所有客户运用统一的定价模式，尚未实现定价过程的精细化、差异化，定价能力相对薄弱。其主要原因在于我国个人消费贷款市场仍是粗放型竞争市场，且在与商业银行议价中个人客户的议价能力较弱。尽管存在诸多困难，但消费信贷发展前景广阔，各商业银行确有必要加大对个人消费贷款定价机制改革的探索力度。未来，大量外资银行进入国内市场，势必造成国内个人消费贷款领域的竞争更为激烈，同时比较成熟的贷款定价机制也得以引进，因而国内商业银行既面临着挑战也有机遇。所以，我国商业银行应当尽快建设一支高素质的专业人才队伍，增强在个人消费贷款定价领域的研发能力，并尽快着手实施市场细分，深入研究各种消费信贷品种具有的市场风险、流动性风险、信用风险和操作风险，逐步完善不同消费信贷品种的差异化定价研究，对定价方法、流程、职权划分、管理制度等做出细致规定，从而开发出符合客户需求的消费信贷定价系统，积极建立起个人消费贷款定价的基础数据库，为相关工作的开展奠定坚实的基础。

6.4.5　加强消费信贷专业人才的培养和储备

一方面，强化消费信贷定价领域专业人才的培养与储备。尽快建立起贷款定价的专业人才库和相应人才培养机制，这对于提升商业银行消费信贷定价能力具有重要的意义。具体建设思路包含如下两点：一是要充分认识到培养、储备甚至引入这方面的人才具有长期性，保持人才队伍的稳定性，同时注重关键技术的专利保护，形成技术上的领先优势。二是突出对现有从业人员专业知识的持续培训，及时更新其专业知识和必备技能，保持人才队伍建设的与时俱进。

另一方面，积极与国外消费信贷定价领域人才的交流与合作。发达国家的消费信贷发展较早，已建立起一套相对成熟的贷款定价体系，技术较为领先，因而我们可以利用银行业协会这一交流合作平台来实现国内外银行在消费信贷定价领域的探讨与互助，比如召开国际专家研讨会。同时也要加强国内银行间合作，整合各商业银行的现有资源，在推进贷款定价体系的建设过程中发挥出整体协作优势。

7 我国商业银行消费信贷业务绩效评价机制建设

构建科学、合理的绩效评价机制，既是商业银行评判业务效益、进行业务决策的客观需要，也是增强市场竞争力的重要方式。从"三性"平衡的总体要求出发，全面构建绩效评价体系，合理客观地对商业银行消费信贷业务的经营效益和管理者的业绩进行评价，有助于不断改善商业银行消费信贷业务经营，进而提升银行盈利能力。

7.1 商业银行消费信贷业务绩效评价的必要性

商业银行要深化消费信贷业务管理，就必定要注重信贷业务管理质量的提高，而强化管理的重要着力点就在于消费信贷绩效评价。消费信贷绩效评价应立足于消费信贷业务经营主体，运用诸多模型指标来构建一套评价系统，反馈商业银行消费信贷业务运行状态，同时激励商业银行实现价值最大化目标，对商业银行消费信贷业务开展的效果或效率进行积极有效的评价。

7.1.1 反馈商业银行消费信贷业务运行状态

当前，我国商业银行对消费信贷的绩效评价主要依靠对财务数据的简单分析，并没有建立起一整套全面评估消费信贷绩效的指标体系。现行的消费信贷业务绩效评价较为片面，没有统筹资金利用效率、管理创新能力、员工工作积极性、顾客满意度等多层面，导致整体经营效率不高。在利率市场化和金融创新日新月异的当下，这套体系显得较为落后，绩效评价的不准确将导致商业银行失去对市场的把控，相应的风险将大大增加。如果银行能够紧密围绕消费信贷发展的战略目标，从多个层面制定绩效评价制度，并在实践中不断优化指标，最后将评价结果反馈到战略目标制定环节，及时修正偏差，并合理设定下一阶段的目标。从而形成一个多层次、多角度、多渠道、多维度的实时反馈系统，不断优化商业银行消费信贷的绩效。

我国消费信贷业务要实现高质量发展是一个长期演进的过程，就当前而言，建立适合新发展格局要求下的消费信贷业务绩效评估体系十分紧迫。

7.1.2　激励商业银行实现价值最大化目标

消费信贷业务绩效评价应始终立足于商业银行的利益，建立起一整套便于分析和比较的规范化框架，对消费信贷业务的开展和经营结果及其效率做出评价。商业银行的任何行为都必须服从或服务于其最终经营目标，消费信贷业务的开展也不例外。所以，有必要对商业银行经营的主要业务展开绩效评价，为商业银行改进业务经营方式、提高业务经营效率提供决策依据[209]。消费信贷是构成商业银行业务主体的重要组成部分，对其进行绩效评价十分必要。

7.2　商业银行消费信贷业务绩效评价指标体系的构建

在构建"双循环"新发展格局背景下，经济结构的转型升级和经济增长的动能改变使得国内消费信贷市场的竞争日益激烈，这也对我国商业银行的发展提出了更高的要求，只有不断改善管理、提升服务效率，才有可能在市场竞争中立于不败之地。在市场环境发生重大变化的背景下，构建科学合理的绩效评价体系成了每家银行改善管理的应有之义。

7.2.1　指标体系的构建原则

构建一套系统科学的评价指标体系是对消费信贷业务绩效进行合

理评价的基础。由于商业银行经营的特殊性，其与普通企业相比面临的风险更加多样化，这就要求在构建评价指标体系时考虑更为全面，才能体现出我国商业银行消费信贷业务运行的真实情况。为此，我们首先应明确指标构建的基本原则。具体原则如下所示。

7.2.1.1　全面性和代表性相结合原则

构建消费信贷绩效评价体系是为了综合反映商业银行消费信贷业务的经营水平，掌握其整体经营状况，了解其外部经营环境。这就要求在选取指标时必须能够全面反映消费信贷业务的盈利性、流动性、安全性、成长性和外部性等各方面水平，从而对消费信贷业务做出客观评价，并发现其中存在的问题。但是，指标的全面性并不意味着所选取的指标多多益善，这样不仅加大商业银行的处理成本，同时无法反映指标的重要性。对于消费信贷业务的不同角度的考察，通过科学有效的筛选机制，选取一到两个重要且有代表性的指标，构建完善的指标评价体系。

7.2.1.2　科学性和可行性相结合原则

一方面，评价指标的选取是否合理是必须首要解决的问题，所选取的指标必须能科学合理地判定消费信贷业务的绩效优劣。就微观层面而言，评价消费信贷业务绩效时单纯考虑经济效益过于片面，应重视银行"三性"平衡的目标实现，着眼于业务的长远发展潜力，同时防控风险。另一方面，对消费信贷进行绩效评价的目的在于利用评价及时掌握消费信贷业务发展现状，以便弥补不足，发扬成绩。这就要求所设计的绩效评价机制的运行成本必须在可以接受的范围之内，要确保消费信贷绩效评价机制产生正的经济效益。

7.2.1.3　层次性和可比性相结合原则

由于对消费信贷业务的评价涉及到多个方面，因此，从纵向上看，在构建指标体系时应该分析各指标间的层次逻辑。本书将消费信贷业务绩效作为第一层次，第二层次包括消费信贷业务的盈利性、流动性、安全性、成长性和安全性五个方面，第三层次是对以上五个方面的细分，即所选取的具体指标。同时，在选取指标时要注意指标的可比性，既要能与不同的商业银行进行对比，也可以和不同地区进行对比。随着我国金融开放程度的不断提升，消费信贷指标的选择也应该尽量与国际接轨，提高评价指标在计算公式、计量单位等方面的可比性，有助于发现自身与国际先进水平之间的差距，提升业务能力。

7.2.1.4　短期经营目标与长期发展战略相结合原则

消费信贷业务的绩效评价应以兼顾短期经营目标和长期发展战略为原则。消费信贷作为一项资产性业务，在短期为银行带来盈利是毋庸置疑的，但从长期来看，消费信贷产生的效益既有有形的也有无形的，要在长期内保持盈利并不容易。商业银行应注重对该业务的持续发展，不断发掘增长潜力和盈利空间。因此，消费信贷绩效评价应充分反映短期经营目标，同时能够对业务长期发展能力进行评估，确保消费信贷在近期和长期都能符合银行利益。

7.2.2　指标体系的构建思路

构建消费信贷业务的评价指标体系的基本思路是，紧紧围绕银行利润最大化这一经营目标展开，充分考虑银行经营特性，结合业务的长期发展需求来构建指标体系。

商业银行的经营具备一定的特殊性，不仅要追求利润最大化，更强调经营的盈利性、安全性和流动性"三性"平衡。所以，消费信贷绩效评价指标的构建理所当然地体现其"三性"的均衡原则。另外，就永续经营原则而言，商业银行经营目标的实现应当体现在长期发展的过程中，因此绩效评价指标的设计还要能够反映业务的成长性。同时考虑到消费信贷业务具有很强的外部性，消费信贷业务可以促进银行一些中间业务的增长，有力地促进了当前我国社会经济的发展。基于上述考虑，本书分层次设计了两级评价指标体系，如表7.1所示，全面反映消费信贷的盈利性、安全性、流动性、成长性和外部性，以此作为对消费信贷业务进行绩效评价的基础。

表 7.1 消费信贷业务绩效评价指标体系

	一级指标	二级指标
消费信贷业务 绩效（I）	盈利性指标（I_1）	消费信贷经济增加值实现率（I_{11}）
		人均消费信贷税后利润（I_{12}）
		消费信贷收益成本费用率（I_{13}）
	安全性指标（I_2）	消费信贷不良贷款率（I_{21}）
		消费信贷新增不良贷款率（I_{22}）
		不良消费信贷回收率（I_{23}）
	流动性指标（I_3）	消费信贷现金流入比（I_{31}）
		一年内到期消费信贷占比（I_{32}）
	成长性指标（I_4）	消费信贷余额增长率（I_{41}）
		消费信贷税后利润增长率（I_{42}）

7.2.3 指标体系的构建说明

7.2.3.1 盈利性指标

在商业银行消费信贷业务绩效评价的指标体系盈利性指标的选择过程中，主要考虑消费信贷经济增加值实现率、人均消费信贷税后利润以及消费信贷收益成本费用率三个指标。

（1）消费信贷经济增加值实现率（I_{11}）

我们将消费信贷经济增加值实现率定义为 I_{11}，其计算公式为：

$$I_{11} = \frac{消费信贷经济增加值}{消费信贷平均余额} \times 100\% \qquad (7.1)$$

消费信贷经济增加值是指从消费信贷税后净利润中扣除其所占用的资本的机会成本（即资本必要报酬率）后所形成的盈利额。经济增加值强调了资本成本，消费信贷业务只有在税后利润超过其所占用的资本的机会成本时，才能形成正的经济增加值。由此可知，经济增加值实现率指标明显优于传统会计利润指标，充分考虑了风险补偿资本成本，并使评价结果更具可靠性。

确定该指标的关键是确定消费信贷的经济增加值。消费信贷的经济增加值可以通过下面公式计算：

$$消费信贷的经济增加值 = R - (A \times \lambda) \times E \qquad (7.2)$$

式 7.2 中，R 为消费信贷的税后利润，A 为消费贷款平均余额，λ 为经济资本分配系数，E 为资本期望回报率或资本必要报酬率。λ 代表商业银行消费信贷业务的非预期风险水平，$(A \times \lambda)$ 即表示用来抵御或补偿消费信贷风险损失而分配的资本数量，$(A \times \lambda) \times E$ 就是这些资本所要求的回报额。λ 可依据商业银行对消费信贷损失率和市场风险 VaR 值的测算来确定并根据银行经营环境和实际情况的变化进行调整[210]。

该指标反映了单位消费信贷余额所能实现的经济增加值。指标值较高，则说明消费信贷业务的盈利能力强；反之，则说明其盈利能力弱。

（2）人均消费信贷税后利润（I_{12}）

我们将人均消费信贷税后利润定义为 I_{12}，其计算公式为：

$$I_{12} = \frac{消费信贷税后利润}{消费信贷客户经理人数} \qquad (7.3)$$

该指标反映从事消费信贷业务的客户经理为银行创造利润的能力。通过人均消费信贷利润指标衡量消费信贷客户经理的创利效率，符合商业银行利润最大化的经营法则。该指标值较高，则说明客户经理通过消费信贷业务为银行创造利润的效率高；反之，则说明效率低。

（3）消费信贷收益成本费用率（I_{13}）

我们将消费信贷收益成本费用率定义为 I_{13}，其计算公式为：

$$I_{13} = \frac{消费信贷运营成本}{消费信贷经营收入} \times 100\% \qquad (7.4)$$

消费信贷运营成本主要包括消费信贷客户经理的工资、福利和银行营业费用中归属消费信贷业务的部分，以及开展消费信贷所支出的招待费、宣传费、其他费用等；消费信贷经营收入主要是消费贷款的利息收入（不包括应收未收利息）和相关的手续费收入。该指标从耗费角度评价消费信贷的收益能力，从成本角度反映消费信贷取得收入的效率。指标值较低，则说明消费信贷的盈利效率高；反之，则说明消费信贷的盈利效率低。

7.2.3.2　安全性指标（I_2）

在商业银行消费信贷业务绩效评价的指标体系安全性指标的选择过程中，主要考虑消费信贷不良贷款率、消费信贷新增不良贷款率以及不良消费信贷回收率三个指标。

（1）消费信贷不良贷款率（I_{21}）

我们将消费信贷不良贷款率定义为 I_{21}，其计算公式为：

$$I_{21} = \frac{\text{不良消费信贷余额}}{\text{消费信贷余额}} \times 100\% \tag{7.5}$$

不良消费信贷指按照国际通行的贷款五级分类法所确定的消费信贷中的次级、可疑和损失类贷款。该指标是评价消费信贷综合安全水平的基本指标，能全面反映消费信贷的质量状况及面临的风险。指标值较低，则说明消费信贷的安全水平高；反之，则说明消费信贷的安全水平低。

（2）消费信贷新增不良贷款率（I_{22}）

我们将消费信贷新增不良贷款率定义为 I_{22}，其计算公式为：

$$I_{22} = \frac{\text{新增不良消费信贷余额}}{\text{新增消费信贷余额}} \times 100\% \tag{7.6}$$

新增消费信贷余额是指考察期内新增加的消费信贷余额，包括收回再贷的部分；新增不良消费信贷余额是指同期新发放的消费信贷中产生的不良贷款余额。该指标是评价消费贷款综合安全水平的一个重要指标，反映了消费信贷质量的变化趋势。

（3）不良消费信贷回收率（I_{23}）

我们将不良消费信贷回收率定义为 I_{23}，其计算公式为：

$$I_{23} = \frac{\text{不良消费信贷最终实收本息}}{\text{不良消费信贷应收本息}} \times 100\% \tag{7.7}$$

不良贷款是指该笔贷款本息的归还存在无法实现的可能，而并非是损失全部贷款本息。一旦某笔消费贷款被认定为不良贷款时，商业银行应立刻采取有效措施清收，努力将损失降低到最小。该指标反映了不良消费信贷的真实损失程度，其指标值一方面与消费信贷的贷前审查和贷后管理密切相关，另一方面也与商业银行组织清收不良消费信贷的工作效果有关。该指标值过低，说明不良消费信贷的最终回收本息过少，损失程度过于严重，银行的消费贷款管理和不良消费贷款清收工作存在问题；该指标值高，说明银行处理不良消费信贷的工作卓有成效，在消费贷款成为不良资产后仍然能回收较多本息。

7.2.3.3　流动性指标（I_3）

在商业银行消费信贷业务绩效评价的指标体系流动性指标的选择过程中，主要考虑消费信贷现金流入比和一年内到期消费信贷占比两个指标。

（1）消费信贷现金流入比（I_{31}）

我们将消费信贷现金流入比定义为 I_{31}，其计算公式为：

$$I_{31} = \frac{考察期内消费信贷所实现的现金流入量}{该时期内消费信贷平均余额} \times 100\% \quad (7.8)$$

消费信贷所实现的现金流入量是指考察期内消费信贷本息的归还以及手续费的收取所形成的现金流入。该指标反映了消费信贷的变现能力。指标值较高，说明单位消费信贷余额在一定时期内实现的现金流入量较多，消费信贷的周转效率和变现能力较强，消费信贷的流动性也就较强；反之，则说明消费信贷的流动性较差。

需要注意的是，该比率的分子是流量概念，而分母是存量概念，因此，考察期的选择对该指标的有效性和可比性至关重要。在选择考察期时，必须考虑到消费信贷发放与回笼所受到的季节性因素影响，最好是以一年为考察期。

（2）一年内到期消费信贷占比（I_{32}）

我们将一年内到期消费信贷占比定义为 I_{32}，其计算公式为：

$$I_{32} = \frac{一年内到期消费信贷余额}{全体消费信贷余额} \times 100\% \quad (7.9)$$

该指标反映距到期日期限在一年以内的消费贷款在所有消费信贷

业务中的比重。该项指标值较高，说明消费贷款中到期期限在一年以内的较多，商业银行消费信贷业务的整体流动性就较强；反之，则整体流动性就较差。但是，该指标并不是越高越好。消费信贷业务的盈利性要求和扩张性要求都对该指标有一定的限制。因此，该指标值的高低存在一个适度的区间。

7.2.3.4　成长性指标（I_4）

在商业银行消费信贷业务绩效评价的指标体系成长性指标的选择过程中，主要考虑消费信贷余额增长率和消费信贷税后利润增长率两个指标。

（1）消费信贷余额增长率（I_{41}）

我们将消费信贷余额增长率定义为 I_{41}，其计算公式为：

$$I_{41} = \frac{考察期消费信贷余额增长额}{上期消费信贷余额} \times 100\% \qquad (7.10)$$

该指标反映消费信贷的发展能力，是预测此项业务拓展趋势的重要标志。指标值高，说明消费信贷发展快，业务成长性好；反之，则成长性有可能出现问题，需要仔细分析其原因。

（2）消费信贷税后利润增长率（I_{42}）

我们将消费信贷税后利润增长率定义为 I_{42}，其计算公式为：

$$I_{42} = \frac{考察期消费信贷税后利润增长额}{上期消费信贷税后利润总额} \times 100\% \qquad (7.11)$$

该指标反映了消费信贷的盈利扩张能力，与消费信贷余额增长率互为补充，是评价此项业务成长状况和发展能力的重要指标，用于衡量消费信贷业务的经营效率状况和持续盈利能力。

7.3　商业银行消费信贷业务绩效评价方法与过程

商业银行通过建立科学合理的消费信贷评价体系，运用科学评价方法对商业银行消费信贷业务开展状况进行量化分析，总结经验与不足，并在此基础上制定新的业务发展规划。在现行的消费信贷绩效评价方法中，又以基于 AHP 的绩效评价法和基于 DEA 的绩效评价法较为普遍。

7.3.1　基于 AHP 的商业银行消费信贷绩效评价

7.3.1.1　指标无量纲化处理

消费信贷业务绩效评价指标体系中各指标性质各不相同，度量角度也不一样，因此难以直接评分。应对各指标进行修正，抓住其性质和特点，对其进行无量纲化处理，随后进行评分，从而得到合理的评分模型，再根据该无量纲化评分模型对指标进行评分并合成[211]。

根据其优劣判别标准的不同，本书所设计的评价指标可分为三类：指标值越大越好的指标（第一类指标），包括 I_{11}、I_{12}、I_{23}、I_{31}、I_{41}、I_{42} 六个指标；指标值越小越好的指标（第二类指标），包括 I_{13}、I_{21} 和 I_{22} 三个指标；指标值越接近某一取值区间越好的指标（第三类指标），包括 I_{32} 一个指标。

7.3.1.2　第一类指标的无量纲化评分模型

设指标 I_{ij} 属于该类指标，指标观测值为 x，对该指标的评分为 X_{ij}，并设 $X_{ij} = f_{ij}(x)$。

商业银行应根据实际情况，对该指标设置一个目标值 E_0 和一个底线值 L_0，并作如下规定：当该指标的观测值为目标值 E_0 时，指标得分为 60；当观测值未超过底线值 L_0 时，指标得分为 0。即：$f_{ij}(E_0) = 60$；$f_{ij}(x) = 0$，$x \leqslant L_0$。

使用 100 分制计分，并采用直线型无量纲化处理方法，建立的无量纲化评分模型可以表示为：

$$\begin{cases} X_{ij} = f_{ij}(x) = \dfrac{60}{E_0 - L_0} \times (x - L_0), & x > L_0 \\ X_{ij} = f_{ij}(x) = 0, & x \leqslant L_0 \end{cases} \tag{7.12}$$

7.3.1.3　第二类指标的无量纲化评分模型

设指标 I_{ij} 属于该类指标，指标观测值为 x，对该指标的评分为

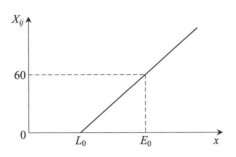

图 7. 1　第一类指标评分模型

X_{ij}，并设 $X_{ij} = g_{ij}(x)$。

商业银行应根据实际情况，对该指标设置一个目标值 E_0，并作如下规定：当该指标的观测值为目标值 E_0 时，指标得分为 60；当观测值为 0 时，指标得分为 100。即：$g_{ij}(E_0) = 60$；$g_{ij}(0) = 100$。

使用 100 分制计分，并采用直线型无量纲化处理方法，建立的无量纲化评分模型可以表示为：

$$\begin{cases} X_{ij} = g_{ij}(x) = 60 - \dfrac{40}{E_0}(x - E_0), & x < \dfrac{5}{2}E_0 \\ X_{ij} = g_{ij}(x) = 0, & x \geqslant \dfrac{5}{2}E_0 \end{cases} \tag{7.13}$$

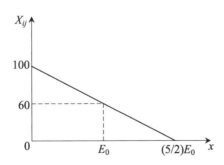

图 7. 2　第二类指标评分模型

7.3.1.4　第三类指标的无量纲化评分模型

设指标 I_{ij} 属于该类指标，指标观测值为 x，对该指标的评分为

X_{ij}，并设 $X_{ij} = \phi_{ij}(x)$。

商业银行应根据实际情况，对该指标设置一个理想值 E_0 和一个目标偏离度 D，并作如下规定：当该指标的观测值为理想值 E_0 时，指标得分为 100；当观测值偏离理想值幅度为 D 时，指标得分为 60。即：$\phi_{ij}(E_0) = 100$；$\phi_{ij}(E_0 \pm D) = 60$。

使用 100 分制计分，并采用直线型无量纲化处理方法，建立的无量纲化评分模型可以表示为：

$$
\begin{cases}
X_{ij} = \phi_{ij}(x) = 100 - \dfrac{40}{D}\,|x - E_0|, & E_0 - \dfrac{5}{2}D < x < E_0 + \dfrac{5}{2}D \\[2ex]
X_{ij} = \phi_{ij}(x) = 0, & x \leqslant E_0 - \dfrac{5}{2}D \text{ 或 } x \geqslant E_0 + \dfrac{5}{2}D
\end{cases}
$$

$$(7.14)$$

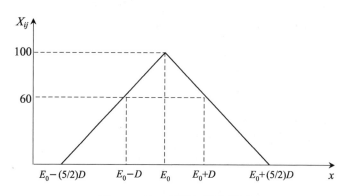

图 7.3　第三类指标评分模型

7.3.1.5　无量纲化处理的信息损失

为简化处理过程，本书构建指标无量纲化评分模型时运用了直线型无量纲化方法。与此同时，这也会造成信息损失。定义信息损失程度为 1 减去某一指标观测值偏离目标值的程度与该指标得分偏离 60 分程度的比值。该值越大，说明评分偏离 60 分的程度高于观测值偏离目标值的真实程度越严重，信息损失程度越高。用 Y_{ij} 来表示 X_{ij} 的信息损失程度，建立信息损失程度评价模型可以表示为：

$$\begin{cases} Y_{ij} = 1 - \dfrac{x/E_0}{X_{ij}/60}, & X_{ij} \text{ 属于第一类或者第三类指标} \\[3mm] Y_{ij} = 1 - \dfrac{x/E_0}{60/X_{ij}}, & X_{ij} \text{ 属于第二类指标} \end{cases} \quad (7.15)$$

需要说明的是，这种直线型无量纲化方法大多数情况下是科学有效的，信息损失程度较小。在实际评价过程中，评价者可根据实际需要对模型进行适当修改，如采用某种更接近现实的曲线型方程对指标进行处理，以便进一步降低信息损失。

7.3.1.6 指标权重设计

对各项指标进行初步处理之后，我们还需要对各项指标进行赋权。当前通行的赋权方法可分为以德尔菲法等为代表的主观赋权法和以复相关系数法为代表的客观赋权法两大类。主观赋权法直接由专家赋值，虽说简洁明了，但主观判断差异较大，赋权结果具有争议。相对而言，客观赋权法具有一定的科学依据，但数据运算较为繁杂，操作过程不太直观。基于科学性与可操作性兼顾的考虑，根据所设计的指标体系具有明显层次性的特点，本书在对各项指标进行赋权时采用主客观相结合的层次分析法（Analytic Hierarchy Process，AHP）赋权模型[212]。

AHP赋权模型将主观与客观相结合、定量与定性相统一，兼具科学性和可操作性，是一种常用的评价方法。该方法主要过程是：首先，评价指标体系需具有一定层次，深入分析各个指标的性质及其与评价目标的关联，明确各指标相对重要程度。其次，运用简单的数学方法对各层次、各系统的指标进行赋权。最后，根据每层次的指标权重计算出最高层次指标权重，即合成权重。这一模型的应用使得赋权的过程具备一定的科学性和可靠性但不可刻意复杂化，在具体的评价工作中较为实用。

本书所建立的评价指标体系分为一级指标和二级指标两大层次，包括五个一级指标，其中每个一级指标各包含2—3个二级指标。在运用AHP赋权模型对其进行赋权时，遵循以下步骤：

（1）建立判断矩阵群

根据银行自身的经营状况及外部环境，并以评价目标为导向，深入分析各指标的特性，在一级指标之间和归属于同一个一级指标的二级指标之间进行两两对比，根据其相对重要性等级参照表 7.2 予以赋值，并将其赋值按照矩阵形式排列，得到判断矩阵群。

表 7.2　元素两两对比时的相对重要性等级及其赋值

序号	相对重要性等级	a_{ij} 赋值
1	i、j 两元素同样重要	1
2	i 元素比 j 元素稍重要	2
3	i 元素比 j 元素明显重要	3
4	i 元素比 j 元素稍不重要	1/2
5	i 元素比 j 元素明显不重要	1/3

（2）计算各指标的相对权重

所谓相对权重，是指在 AHP 赋权模型的框架内，下一层指标相对于上一层指标的权重。每一个判断矩阵都可以确定某一层次指标的相对权重。

设某一判断矩阵为 $[a_{ij}]_{n \times n}$。由该矩阵的性质可知，其列向量之和经规范化后的向量就是权重向量。因此，该矩阵中第 i 个指标的相对权重可以表示为：

$$\omega_i = \frac{\sum_{j=1}^{n} a_{ij}}{\sum_{k=1}^{n} \sum_{j=1}^{n} a_{kj}} \qquad (7.16)$$

所谓合成权重，是指最基层的可直接观测的指标相对于评价主体目标即消费信贷业务绩效的权重。

在本书所设计的评价指标体系中，基层评价指标就是二级指标。因此对于某一个基层指标 I_{ij} 而言，要计算其合成权重 P_{ij}，必须先通过判断矩阵求出其相对于一级指标 I_i 的权重 ω_{ij} 和 I_i 相对于总评价目标 I 即消费信贷业务绩效的权重 ω_i。根据合成权重的性质，基层指标

I_{ij} 的合成权重 P_{ij} 可以表示为：

$$P_{ij} = \omega_i \times \omega_{ij} \qquad (7.17)$$

7.3.1.7 总体评价得分的合成

通过前两步的工作，可以对所有指标的得分进行整体合成，得到总体评价得分，以此对消费信贷业务绩效作出综合评价。设总体评价得分为 X，则总体评价得分的合成方法可以表示为：

$$X = \sum_{i=1}^{4} \sum_{j=1}^{n} X_{ij} \times P_{ij}（n \text{ 为某个一级指标所包含的二级指标数目}）$$

$$(7.18)$$

7.3.2 基于两阶段 DEA 的商业银行消费信贷绩效评价

数据包络分析法（DEA）是一种基于数学规划理论，通过输入已知数据，运用 DEA 模型来估计有效生产前沿面，从而评价具有多输入、特别是多产出的决策单元（DMU）之间相对有效性的方法。

DEA 方法需要计算分配效率和技术效率，而技术效率又包含两类，即规模效率（scale efficiency）和纯技术效率（pure technical inefficiency）。从输入端和输出端的角度来看，DEA 模型可分为投入导向（Input-oriented）和产出导向（Output-oriented）两种形式，还可分别考虑规模收益不变（CRS）和规模收益可变（VRS）两种不同的前提条件。产出导向的 DEA 模型重点考虑产出的技术效率，要求在给定一定量的投入要素条件下，求取最大的产出值。而投入导向的 DEA 模型重点考虑投入的技术效率，要求在给定产出水平下，求取最小的投入成本。

传统的 DEA 模型无必须预先设置生产函数形式的要求，但有两点不足有待改善：一是该模型不能反映商业银行在资金筹集和运作这两个不同运营阶段的特殊功能及其效率发挥；二是难以准确定义银行存款为投入变量还是产出变量，若将其设定为投入变量，就有可能导致效率度量数值偏低；若将其设定为产出变量，就有可能导致效率度量数值偏高。为了解决传统 DEA 模型的固有缺陷，本书引入 Kao 和 Hwan

于 2008 年提出的共享投入关联两阶段 DEA 模型[213]。如图 7.4 所示，以商业银行消费信贷平均余额（Z^2）作为中间产出变量，为准确分析消费信贷业务开展的不同阶段特征，将该过程分解为资金筹集（S_1）和资金运作（S_2）两个阶段，从而有利于分别分析商业银行在资金筹集阶段和资金运作阶段的效率，可以真实、准确地体现我国商业银行消费信贷业务开展的效率。

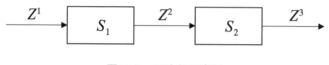

图 7.4　两阶段示意图

7.3.2.1　投入、产出指标的选取

由于本书所要探究的是业务与业务之间的相对效率。所以在投入产出指标选取时可选取同一家银行消费信贷业务与非消费信贷业务的投入与产出进行比较，也可以选取不同银行的同类消费信贷业务进行比较。前者考察了相同银行不同业务之间的相对效率，后者考察了不同银行相同业务的相对效率。

在投入指标与产出指标的选取上，无论是比较同一银行消费信贷业务与非消费信贷业务之间的相对绩效差别，还是比较不同银行的同类消费信贷业务的相对绩效差别，都可选取消费信贷贷款损失准备为投入指标，选取利息收入为产出指标，选取商业银行消费信贷存款余额作为中间指标。同时由于本书考察的是消费信贷业务绩效，考虑到企业价值最大化原则，我们的投入产出指标使用的是消费信贷业务对整体投入产出指标的边际值。

7.3.2.2　综合分析

根据 Kao 和 Hwang 的理论，现假定存在 1，2，…，n 个决策单元（DUM），并将生产过程区分为前后相继的两个阶段。在生产过程的第一阶段，每个决策单元都有 1，2，…，m 种要素投入，可记为 $x_i(i = 1, \cdots, m)$；还有 1，2，…，D 种要素产出，可记为 $z_d(d = 1, \cdots,$

D）。第一生产阶段的产出要素同时也是第二生产阶段的投入要素，第二生产阶段产出即为最终产出，有 1，$\cdots$，S 种最终产品产出，可记为 $y_r(r = 1，\cdots，S)$。

在规模报酬不变的条件下，构建两阶段关联 DEA 模型，其中为反映子系统间的相关关系而采用对系统中同种要素权重预先设定的方法，在此过程中计算出的效率定义为技术效率。设定 θ_j 表示接受效率评价单元 j 的整体效率水平，θ_j^1 和 θ_j^2 分别表示子过程 1 和子过程 2 的效率水平。就接受效率评价的单元 j 而言，系统的整体技术效率模型如下所示：

$$\theta_j = \max \sum_{r=1}^{s} u_r y_{rj} \Big/ \sum_{i=1}^{m} x_{ij}$$

$$\text{s. t.} \sum_{r=1}^{s} u_r y_{rj} - \sum_{i=1}^{m} x_{ij} \leqslant 0 \quad j = 1, 2, \cdots, n$$

$$\sum_{d=1}^{D} \delta_d z_{dj} - \sum_{i=1}^{m} v_i x_{ij} \leqslant 0 \quad j = 1, 2, \cdots, n$$

$$\sum_{r=1}^{s} u_r y_{rj} - \sum_{d=1}^{D} \delta_d z_{dj} \leqslant 0 \quad j = 1, 2, \cdots, n$$

$$u_r \geqslant \varepsilon, \quad v_i \geqslant \varepsilon, \quad \delta_d \geqslant \varepsilon \tag{7.19}$$

通过变换，令 $t = 1 \Big/ \sum_{i=1}^{m} v_i x_{i0}$，$\mu_r = t\mu_r$，$\varphi_d = t\delta_d$，$w_i = tv_i$，$\eta_0^{(1)} = t\mu_0^{(1)}$，$\eta_0^{(2)} = t\mu_0^{(2)}$，$\widetilde{\varepsilon} = t\varepsilon$ 分别得：

$$\theta_j = \max \sum_{r=1}^{s} u_r y_{rj}$$

$$\text{s. t.} \sum_{i=1}^{m} w_i x_{i0} = 1,$$

$$\sum_{r=1}^{s} u_r y_{rj} - \sum_{d=1}^{D} \varphi_d z_{dj} \leqslant 0, \quad j = 1, \cdots, n,$$

$$\sum_{p=1}^{D} \varphi_d Z_{pj} - \sum_{i=1}^{m} w_i X_{ij} \leqslant 0, \quad j = 1, \cdots, n,$$

$$u_r, \quad \rho_i, \quad w_p \geqslant \widetilde{\varepsilon}, \quad \eta_0^{(1)}, \quad \eta_0^{(2)} \subset R^1. \tag{7.20}$$

若 μ_r^*，ρ_d^*，w_i^* 是（7.20）的最优解，则 μ_r^*，δ_d^*，v_i^* 是（7.19）的最优解。则决策单元 j 及其子系统的基数效率分别为：

$$\theta_j = \sum_{r=1}^{S} u_r * y_{rj} \bigg/ \sum_{i=1}^{m} v_i * x_{ij}$$

$$\theta_j^1 = \sum_{d=1}^{D} \delta_d * z_{dj} \bigg/ \sum_{i=1}^{m} v_i * x_{ij}$$

$$\theta_j^2 = \sum_{r=1}^{S} u_r * y_{rj} \bigg/ \sum_{d=1}^{D} \delta_d * z_{dj} \qquad (7.21)$$

根据前述分析，商业银行消费信贷业务的开展过程包含前后相继的两个阶段，即资金筹集阶段和资金运作阶段，在第一阶段银行主要通过投入利息招揽存款，获取资金；在第二阶段银行主要运用存款发放贷款获取利息收入。由此可知在基于两阶段 DEA 模型进行商业银行消费信贷绩效评价时，综合阶段的效率为第一阶段与第二阶段的效率加权求得，反映出整体效率水平。

7.4　商业银行消费信贷业务绩效评价方法应用与评析

在商业银行消费信贷业务的推广过程中，选择何种绩效评估方法对业务开展的效果与效率进行评价对于商业银行来说是非常重要的。这将直接影响银行下一阶段管理战略的制定与相关方案的落实，从而有助于商业银行在管理层面获得超越同行水平的领先优势。

7.4.1　AHP 模型的应用

为了明确消费信贷业务绩效评价的原理，接下来将对某股份商业银行 C 市分行的绩效进行评价。

利用 C 市分行的内部数据，汇总计算得出各个指标的观测值；根据对该分行经营目标和外部环境的分析，管理层确定了各个指标的目标值和理想值，也包括对其一系列评价标准的预设；采用发放问卷的形式来确定有关指标的权重，调查对象包括该行所有管理层和中层领

表 7.3 某股份制商业银行 C 市分行消费信贷业务绩效评价表

指标	种类	目标值 (E0)	底线值 (L0)	观测值		指标得分		合成权重	加权得分		信息损失度	
				2017 年	2018 年	2017 年	2018 年		2017 年	2018 年	2017 年	2018 年
消费信贷经济增加值实现率	1	6%	2%	7.20%	7.95%	78.00	89.25	0.174	13.57	15.53	0.076 9	0.109 2
人均消费信贷税后利润	1	300	50	315.6	418.9	63.74	88.54	0.087	5.55	7.70	0.009 8	0.053 7
消费信贷收益成本费用率	2	20%	—	18.71%	16.80%	62.58	66.40	0.087	5.44	5.78	0.024 3	0.070 4
消费信贷不良贷款率	2	5%	—	3.03%	2.51%	75.76	79.92	0.107	8.11	8.55	0.520 1	0.331 3
消费信贷新增不良贷款率	2	3%	—	2.41%	1.95%	67.87	74.00	0.184	12.49	13.62	0.289 8	0.198 3
不良消费信贷回收率	1	20%	0	23.64%	22.70%	70.92	68.10	0.056	3.97	3.81	0	0
消费信贷现金流流入比	1	25%	10%	28.22%	29.40%	72.88	77.60	0.054	3.94	4.19	0.070 7	0.090 7
一年内到期消费贷占比(注)	3	20%	5%	12.13%	13.42%	37.04	47.36	0.054	2.00	2.56	0.017 5	0.149 9
消费信贷余额增长率	1	30%	10%	38.40%	41.88%	85.20	95.64	0.066	5.62	6.31	0.098 6	0.124 2
消费信贷税后利润增长率	1	30%	10%	36.10%	39.23%	78.30	87.69	0.132	10.34	11.58	0.077 9	0.105 3
总评分	—	—	—	—	—	—	—	—	71.02	79.63		

注：该指标底线值一栏对应的值为目标偏离度（D）

导干部以及部分基层人员，以问卷的调查数据为基础，建立矩阵群来确定各个指标的相对权重和合成权重。

表 7.3 为指标观测值和评价得分，表 7.4 至表 7.9 为上文提及的判断矩阵及相对权重。

表 7.4　$I_i \rightarrow I$ 判断矩阵

$I_i \rightarrow I$	I_1	I_2	I_3	I_4	ω_i
I_1	1	1	3	2	0.347
I_2	1	1	3	2	0.347
I_3	1/3	1/3	1	1/2	0.108
I_4	1/2	1/2	2	1	0.176 4

表 7.5　$I_{1j} \rightarrow I_1$ 判断矩阵

$I_{1j} \rightarrow I_1$	I_{11}	I_{12}	I_{13}	ω_{1j}
I_{11}	1	2	2	0.5
I_{12}	1/2	1	1	0.25
I_{13}	1/2	1	1	0.25

表 7.6　$I_{2j} \rightarrow I_2$ 判断矩阵

$I_{2j} \rightarrow I_2$	I_{21}	I_{22}	I_{23}	ω_{2j}
I_{21}	1	1/2	2	0.309
I_{22}	2	1	3	0.529
I_{23}	1/2	1/3	1	0.162

表 7.7　$I_{3j} \rightarrow I_3$ 判断矩阵

$I_{3j} \rightarrow I_3$	I_{31}	I_{32}	ω_{3j}
I_{31}	1	1	0.5
I_{32}	1	1	0.5

表 7.8 $I_{4j} \rightarrow I_4$ 判断矩阵

$I_{4j} \rightarrow I_4$	I_{41}	I_{42}	ω_{4j}
I_{41}	1	1/2	0.333
I_{42}	2	1	0.667

合成权重的计算：

$$P_{11} = \omega_1 \times \omega_{11} = 0.347 \times 0.5 = 0.173\ 5$$
$$P_{12} = \omega_1 \times \omega_{12} = 0.347 \times 0.25 = 0.086\ 8$$
$$P_{13} = \omega_1 \times \omega_{13} = 0.347 \times 0.25 = 0.086\ 8$$
$$P_{21} = \omega_2 \times \omega_{21} = 0.347 \times 0.309 = 0.107\ 2$$
$$P_{22} = \omega_2 \times \omega_{22} = 0.347 \times 0.529 = 0.183\ 5$$
$$P_{23} = \omega_2 \times \omega_{23} = 0.347 \times 0.162 = 0.056\ 2$$
$$P_{31} = \omega_3 \times \omega_{31} = 0.108 \times 0.5 = 0.054$$
$$P_{32} = \omega_3 \times \omega_{32} = 0.108 \times 0.5 = 0.054$$
$$P_{41} = \omega_4 \times \omega_{41} = 0.198 \times 0.333 = 0.066$$
$$P_{42} = \omega_4 \times \omega_{42} = 0.198 \times 0.667 = 0.132 \tag{7.22}$$

观察式（7.22），2018 年该行的消费信贷业务绩效评价得分为 79.63，显著优于 2017 年的 71.02 分，这印证了决策层之前的定性评价结论。

尽管该行消费信贷业务绩效有了很大提高，但究其深层次的原因，是由于我国消费信贷目前还处于业务发展的快速扩张期。表中盈利性和成长性指标反映了这一事实。因此，应理性看待评价结果，着眼于消费者等消费信贷的需求，创新消费信贷业务和产品，促进该行消费信贷业务高质量发展。

7.4.2 两阶段 DEA 模型的应用

从上文中可以看出，两阶段关联 DEA 模型弥补了传统的独立 DEA 模型固有的缺陷，有利于决策单元改进效率。在 DEA 模型的实际运用中，本书选取上市股份制银行所发布的数据进行实证，根据数据分析结果对 DEA 模型在实际应用中的效果进行分析。

表 7.9　浦发银行不同业务投入产出

单位：亿元人民币

	投入指标 贷款损失准备	中间指标 贷款余额	产出指标 利息收入
公司贷款业务	272.94	15 961.34	941.27
个人贷款业务	77.52	5 873.04	311.69

资料来源：根据浦发银行 2015 年年报整理得到

　　我们首先将同一银行不同业务之间的效率进行对比。如表 7.9 所示，选取 2015 年浦发银行公司贷款业务平均余额和个人贷款业务平均余额作为中间产出指标。同时，银行在资金筹集阶段选取相关贷款业务的损失准备作为投入指标，在资金运作阶段选取相关贷款业务的利息收入作为产出指标，从而有利于分别分析商业银行在资金筹集阶段和资金运作阶段的效率，可以真实、准确地体现我国商业银行消费信贷业务开展的效率。

　　经过软件计算得出各业务不同阶段的效率如表 7.11 所示。

表 7.10　浦发银行不同贷款业务效率

	总阶段	第一阶段	第二阶段
公司贷款业务	0.771 9	0.857 7	0.899 9
个人贷款业务	0.999 9	0.999 9	0.999 9

　　从表 7.10 中可以看出在浦发银行两类业务中个人贷款业务效率为 0.999 9，相对于公司贷款业务而言效率更高。同时通过观察可以发现无论是第一阶段还是第二阶段，个人贷款业务的效率都高于公司贷款业务，且在第一阶段两个业务之间效率差别更大。由此可知，在浦发银行公司和个人两类贷款业务的开展过程中，无论是在资金筹集阶段，还是在资金运作阶段，个人贷款业务的绩效更佳。

　　在不同银行同类贷款业务的投入产出实证分析中，本书选取我国 6 家上市的股份制商业银行 2015 年年报相关指标作为数据来源，如表 7.11 所示。

表 7.11 不同银行个人贷款业务投入产出

单位：亿元人民币

	投入指标 贷款损失准备	中间指标 贷款余额	产出指标 利息收入
浦发银行	77.52	5 873.04	311.69
招商银行	116.37	10 875.62	780.76
兴业银行	31.07	3 613.05	215.70
中信银行	70.81	5 900.73	344.14
光大银行	51.48	4 902.69	281.99
民生银行	131.11	6 987.73	465.54

资料来源：根据各银行 2015 年年度报告整理得到

相对于商业银行公司贷款业务，个人贷款业务更能体现出消费信贷的具体情况。我们选取 6 家上市股份制商业银行 2015 年个人贷款业务平均余额作为中间产出指标。同时，选取各家银行个人贷款业务的损失准备作为资金筹集阶段的投入指标，选取各家银行个人贷款业务的利息收入作为资金运作阶段的产出指标。同时，结合综合阶段的效率情况进行分析。

经过软件计算得出各银行个人贷款业务的效率如表 7.12 所示。

表 7.12 不同银行消费信贷业务效率

	综合阶段	第一阶段	第二阶段
浦发银行	0.579 2	0.579 2	0.999 9
招商银行	0.714 4	0.966 4	0.739 3
兴业银行	0.888 9	0.999 9	0.888 9
中信银行	0.637 0	0.700 1	0.909 9
光大银行	0.728 0	0.789 0	0.922 7
民生银行	0.407 4	0.511 4	0.796 6

从表 7.12 中可以看出各家股份制商业银行消费信贷业务效率都不相同，按效率从高到低排名依次为：兴业银行、光大银行、招商银行、

中信银行、浦发银行、民生银行。在第一阶段——资金筹集阶段，招商银行和兴业银行的效率与其他 4 家银行相比具有明显优势，且浦发银行和民生银行的效率表现出明显偏低的情况。而在第二阶段——资金运作阶段，除招商银行与民生银行外，其他 4 家银行的效率普遍较高。从综合效率分析可知，兴业银行由于在资金筹集和资金运作两阶段都表现高效，综合效率排名 6 家股份制商业银行第一；而浦发银行排名较低的主要原因在于其资金筹集阶段效率相对较低；而民生银行排名靠后的主要原因在于其资金筹集和运作两阶段均表现较差。

根据 DEA 模型分析结果，各家银行可结合自身的实际情况对消费信贷业务进行实际调整。同时针对资金筹集和运作两阶段的不同特性进行分析，以提高消费信贷业务效率，进而加强自身市场竞争力。

当然，以上运用 DEA 模型进行实证分析还存在一些不足之处，如变量选取过少、未考虑每个银行的实际情况。以浦发银行为例，2015年浦发银行企业贷款余额为15 961.34亿元人民币，约占贷款总余额的71.09%，不良贷款率为 1.71%；个人贷款余额5 873.04亿元人民币，约占贷款总余额的 26.15%，不良贷款率为 1.32%，两者之间存在较大差别，这也会对实证分析结果产生影响。

7.4.3　商业银行消费信贷业务绩效评价方法比较

通过商业银行消费信贷业务绩效评价方法的模型应用我们可知，AHP 模型和 DEA 模型各具特色及优缺点。所以在实际选择时应考虑实际情况，择优选择。

AHP 模型的优点：

（1）系统性的思维方法。AHP 模型是基于系统的概念，将研究对象作为一个系统，并对其进行逐层分解和对比分析，采用系统关联的方法作出判断，是除了机理分析、统计分析之外的重要的系统性分析工具。

（2）应用更为广泛。层次分析法既不是单纯数学分析，也不是仅依靠逻辑推理判断，而是很好地将定性分析和定量分析融合起来，实用性更为广泛，可以用来解决传统的一般最优化技术等方法无法解决的问题。与此同时，还可以运用该方法将决策者和决策分析者较为紧密地联系起来，这样便于两者相互理解和沟通，而且，对决策者而言甚至能够直接应用，从而有效提高了决策者的决策效率和水平。

（3）方法简明易懂。由于层次分析法可以将复杂问题化成多层次问题解决，便于人们理解和接受，对决策者的文化程度要求并不高，只需了解该方法的基本原理并掌握基本步骤，就能进行简便的计算，得到简单明确的结果。

AHP 模型的缺点：

（1）无法提出新的方案。AHP 模型分析法只是从原有的方案中选出一个相对更优的方案来，无法给出更好的新方案。

（2）依靠定性分析，计算精度不高。该方法中的比较、判断带有较多定性分析成分，对结果的计算并不十分精确，不适用于精确度较高的问题。

（3）受决策者主观因素影响较大。层次分析法模拟人脑决策方式，在构建层次结构模型、给出成对比较矩阵等过程中，决策者的主观因素影响很大，这就使得不同决策者得出的结果呈现差异。此外，采取专家群体判断的办法可以在一定程度上弥补这个缺陷。

DEA 模型的优点：

（1）DEA 方法能够对具有多项投入和多项产出的被评估单位的生产经营效率水平高低进行评价。该方法并不需要提前确定投入产出的生产函数具体形态，因此可简化对具备复杂投入产出关系的决策单元（DMU，decision making units）的效率水平进行评估的方法。

（2）DEA 方法具有单位不变性（unit invariant）的特点，这意味着 DEA 方法不受投入产出量纲的影响，只要对投入、产出数据选用统一的计量单位，那么任何单位投入、产出数据出现变化，均能求出效率值。该方法还可以兼顾比例数据和非比例数据的处理，即在投入、产出数据中允许比例数据和非比例数据共存，但是要求这些数据是可以体现决策单位的投入面或产出面的核心指标。

（3）DEA 中模型的权重由数学规划产生，不存在提前赋予投入和产出的权重，由此能够避免人为主观因素影响而导致分析结果不客观，这很好地克服了提前设定权重评估方法的缺陷，使得评价结果相对公平。DEA模型还能够对目标值与实际值做比较分析、敏感度分析和效率分析，对非效率资源使用提出改善方向，为管理者作出经营决策提供参考。

DEA模型的缺点：

DEA方法使用的生产函数的边界具有确定性。所以，随机干扰项都可能被当作效率因素看待，产生误判。此外，该方法对异常值相当敏感。

8 我国商业银行消费信贷业务营销机制建设

随着我国经济增长模式转型和经济结构调整的不断深入推进，作为经营主体的商业银行，其经营格局也在不断调整中发生深刻变化，消费信贷业务的迅速发展为银行信贷业务发展和盈利能力提升提供了新的思路。商业银行如何挖掘消费信贷增量客户，开发潜在市场以及维护存量客户等，这些都将是消费信贷业务营销机制建设要解决的问题。

8.1 商业银行消费信贷业务营销机制建设的基本阐释

商业银行消费信贷业务营销应建立在一定的建设基础之上，再结合现实特性，从三大构成要素出发制定其营销机制发展战略。

8.1.1 商业银行营销机制的建设基础

商业银行营销就是以满足不同类型客户的特色化需求为导向，通过向特定客户提供量身定制的金融产品和金融服务，从而最大限度地实现盈利目标的经营与管理活动。其实质就是商业银行以市场格局变化及其趋势为导向，向客户推销银行的特定产品和各类服务，从而使客户需求得到满足并能有效提高其满意程度，并进而达到盈利目标的具有完整性和全面覆盖性的经营管理活动。

8.1.1.1 以商业银行营销的 P 理论为建设基础

P 理论是商业银行在长期营销实践中总结出来的一套行之有效的营

销经验的高度概括。以 P 理论作为现代商业银行营销机制的建设基础，能够使得商业银行在宏观上的营销战略与微观上的营销战术实现有效结合，从而使其营销机制能够与时俱进，充分抓住市场的目标客户。其主流可具体分为"4P"理论和"6P"理论。

（1）商业银行营销战略"4P"理论

一般而言商业银行营销战略"4P"理论的 4P 是指探查、分割、优先和定位四个方面。其中"探查"是整个营销战略的前提要求，其内涵主要包括商业银行应该高度重视对营销市场进行全面调查研究和趋势预测，并以此强化银行对相关客户需求的全面认知和了解，并把握市场营销发展的总体趋势；而"分割"主要是指商业银行通过对市场客户需求展开详尽分析的条件下，找到本行业务拓展空间潜力巨大、富有吸引力的市场，即必须做到科学地市场细分；"优先"则是指做好市场细分的工作之后，详尽分析本行的各方面实力，找到自身竞争优势，找准最具发展潜力的可率先进军的细分市场，即明确目标市场；"定位"是指在有了明确的目标市场后，努力为本行的金融产品和服务在目标客户群体中形成良好的口碑。

（2）商业银行营销战术"6P"理论

商业银行运用上述"4P"战略理论，树立营销的战略目标之后，还需要进一步落实下述市场营销组合策略，即商业银行营销战术"6P"策略，包括产品策略、价格策略、地点策略、促销策略、政治权力策略和公共关系策略。

产品策略是商业银行营销中最重要的一部分，商业银行提供给市场的是产品和服务，因此，商业银行应当重视产品的设计、开发，注重品牌的推广和高质量的服务。价格策略要求商业银行能够提供富有竞争力的产品价格，增强产品定价能力，以及形成对价格及时调整机制以适应市场供求状况。地点策略要求商业银行要积极开辟能够让目标客户接触和得到其提供产品的途径，即指渠道建设，加强商业银行和目标客户之间的联系沟通，在建设分销渠道方面，要综合分析目标市场和产品本身特点，并加以研究论证，拿出最优方案。促销策略是进行营销的必要手段，商业银行可通过广告、销售促进、直接营销、网上营销等多样化方式向目标客户宣传自己的产品。政治权力策略是指商业银行的目标市场是封闭型市场时，必须明确政府监管部门提出的要求，作出一定让步，从而疏通产品销往目标市场的渠道，得到有关方面的准入与支持，才能达到银行的营销目标。公共关系策略是指商业银行为自身创造良好的社会环境，开拓广阔的经营前景而实施的一系列活动，在传统的市场营销理论中，公共关系只是促销策略的一项组成部分，然而随着大市场营销理论的发展，公共关系已和政治权力联系在一起，被纳入到市场营销策略之中。

8.1.1.2 以商业银行营销的"4C"理论为建设基础

以"4C"理论为基础所构建的商业银行营销机制不同于 P 理论，"4C"理论对营销机制方面的构建思路由卖方市场转变为了买方市场，该理论的机制建设是基于消费者客户角度而构建的。20 世纪 90 年代初期，美国营销学家 R. 劳特伯恩从消费者的角度出发提出了"4C"营销理论，即顾客、成本、便利、沟通。"4C"理论完全从买方立场出发来思考营销，是真正意义上从"买方市场"的视角来分析营销，与之前的"4P"营销策略相比，"4C"营销策略实现了交易控制权由卖方到买方的转变。我国自加入 WTO 以后，金融市场的竞争越来越激烈，商业银行首先必须深入研究客户的真实需求，但并非简单地适应，而是主动挖掘客户的潜在需求，并依据不同客户的需求提供特色产品和优质服务，从而提高客户价值；其次，提高产品定价能力，努力降低银行的经营成本和客户消费的成本，掌握客户意愿支付的成本，从而既能使产品价格为客户所接受，也能实现银行盈利；再次，商业银行应为客户提供最大的享受金融服务的便利，这其中包括让客户能够获得银行产品信息的各项便利以及消费该产品或享受相关服务的便利，并据此赢得客户的充分信任；最后，商业银行应保持同客户积极、及时、有效的双向沟通，建立起相互信任的银行和客户关系，通过与客户进行很好沟通来消除误会、增进感情，赢得客户忠诚度。

综上所述，将基于宏观的营销战略与微观的营销战术的 P 理论与从消费者客户角度考虑的"4C"理论结合在一起，共同构建了所要讨论的商业银行营销机制的建设基础部分。

8.1.2　商业银行消费信贷业务营销的特性

由于商业银行消费信贷业务主要面向个人消费者，因此其营销具有无形性、不可分离性、差异性、不可贮存性和所有权固定性五大特性。

8.1.2.1　无形性

消费信贷作为一种新兴业务，其本质仍然是金融服务。金融服务与传统产品不同，是一种无形产品或观念产品。无形性也称为"不可感知性"。这一特性并非表明其服务过程完全不可感知，而是表明这是其与传统的有形产品的最大差异。萧斯塔克曾提出"可感知性—不可感知性"差异序列图，当一类服务或产品越是不可感知，则应该更多地利用"3R"营销技巧来保持行业中的竞争力。基于此，西斯姆提出了"不同类型产品评估差异序列理论"，这一理论详细、全面地阐述了"不可感知性"对消费者行为以及产品营销策略的影响。根据该理论，大部分消费品和工业用品都是有形的，具有较强的可感知性，消费者能够根据这一特点而对此类产品进行较为容易地评估而作出是否购买的决策，然而，大部分的服务类产品具有较强的不可感知性，在使用之前，难以对其进行评估，也无法感知到享受这项服务所带来的收益，此时，服务提供者对该项产品的介绍和承诺就成为消费者作出购买决策的关键所在。

由于消费信贷业务的无形性，商业银行有必要通过各种有形要素的展示，化无形为有形，向消费者传递其服务的高质量、高信赖度等信息，使得消费者相信自己通过享受这项服务能够得到预期的利益，从而有效地实现消费信贷业务营销。

8.1.2.2　不可分离性

传统商品一般要经历生产、分配、交换、消费等多个中间环节，才能实现其价值，即生产与最终消费之间存在时间差异。但消费信贷作为一种特殊的商品，与传统商品存在一定区别，其生产过程与消费过程同时进行，具有不可分离性。也就是说，商业银行向消费者提供消费信贷服务的过程也正是消费者享受消费信贷服务的过程，二者在时间上不可分离。由于其无形性的特征，在消费信贷业务的经营过程中供给方（商业银行）与需求方（消费者）必定存在直接联系，导致消费信贷的生产与消费实质上是相互重合的。即消费者只有且必须参与到消费信贷的经营过程中才能享受到相应的服务。

消费信贷的不可分离性对商业银行经营此类业务的营销模式提出了挑战。首先，传统的银行产品不需要消费者参与到生产过程当中，因此其更加注重对于产品质量的把控，而不是与消费者的互动模式。但在经营消费信贷业务时，由于其不可分离性会倒逼银行关注如何正确帮助消费者认识他们的角色，如何激励他们参与到消费信贷的生产过程以及如何保证消费信贷业务的顺利运行。假使商业银行不关注此类问题，则可能使得消费者不能完全了解消费信贷这一业务的运行过程，从而导致相关业务难以有效发展。其次，商业银行与消费者之间的互动对于消费信贷业务的营销也存在一定关联。由于消费信贷业务面向的是个人，而不同消费者对于消费信贷服务的需求是存在异质性的。此时，商业银行与消费者之间的有效沟通就显得尤为重要，更加需要商业银行与消费者之间进行良性互动以充分了解并满足消费者的需求，即通常所说的"人本营销"。

总之，消费信贷业务的"不可分离性"决定了消费信贷业务营销离不开消费者的参与，消费者与商业银行的良性互动是消费信贷业务营销的重要内容。

8.1.2.3　差异性

由于每个消费者的需求不同，造成了每项业务的金额、期限、还款方式存在一定差异性。与农业和工业不同，商业银行是根据消费者的需求来提供相应服务。由于消费者存在个体差异，出于安全性、流动性和盈利性的考虑，对消费者的服务不可能是同质化的。对于那些信用良好且具有稳定收入的消费者，商业银行就会为其提供金额更大、期限更大、放款条件更宽松的消费信贷服务，反之，商业银行在提供消费信贷服务时就会通过压低金额、缩短还款期限等方式提出更为严苛的条件。此外，商业银行由于自身的原因也可能在提供消费信贷服务时表现出差异性。由于不同的商业银行的经营重点不同，并且在不同的时期，外在环境和内部条件存在动态变化，也可能会执行不同的消费信贷政策。因此，消费信贷服务的差异性是客观存在的。

基于消费信贷服务的差异性，商业银行应提前制定符合自身的财务状况和外在环境的消费信贷业务规划，并根据消费者的异质性需求制定相应的具体营销策略，为消费者提供个性化的消费信贷服务，以求获得最好的营销效果。

8.1.2.4　不可贮存性

由于消费信贷具有无形性，因此不能像传统的消费品或工业品一样贮存起来，同样地，消费者也不能像占有一件物品一样"占有"一项服务。商业银行只能提前准备满足消费信贷业务发展的资金，但是消费信贷业务的经营过程只能"即时"生产和消费；当然，如果没有发生消费信贷业务，或消费信贷业务进展不顺利，那么商业银行就会承担资金闲置的机会成本而遭受一定损失。

消费信贷的不可贮存性要求商业银行须通过加强消费信贷业务营销来提供更多的消费信贷业务，尽可能减少闲置资金，降低机会成本。这就使得消费信贷业务营销具备了现实必要性。

8.1.2.5　所有权固定性

消费信贷的所有权固定性指在消费信贷业务经营过程中，消费信贷所使用的资金的所有权并不发生转移，而是商业银行向消费者让渡了这部分资金的使用权，消费者可以利用这部分资金进行提前消费而只需要按时还款，但这笔资金的所有权始终属于商业银行。

我国传统文化历来提倡节俭，这种所有权固定性大大冲击了我国消费者的这一心理，由于消费信贷所提供的资金在某种意义上并不属于消费者本身，二者存在冲突。但透过现象看本质，消费信贷所实现的提前消费实质上是一种跨期的"量入为出"消费方式。因此，商业银行需要通过对消费信贷的业务实质进行充分说明，来化解这种表面冲突，引导我国消费者接受这种提前消费的观念，形成健康的消费心理，敢于通过适度的消费信贷来实现提前消费，从而推动我国消费信贷业务良性发展。

8.1.3 商业银行消费信贷业务营销机制的构成要素

银行消费信贷业务营销机制主要包括市场细分与客户定位、营销渠道以及营销管理等部分。

市场细分与客户定位是营销机制的基础。商业银行要根据自己与竞争对手在整个市场位置的不同，围绕客户特征，将市场划分为不同的分项目标，进而确定自身所能提供的包括实际需求与潜在需要在内的细分市场范围，从而明确符合自身业务特征和内在功能的市场定位。随后，银行要根据不断变化和丰富的市场需求，着力研发适应市场需求的新产品和新服务，并根据市场受众匹配有效的营销策略，最大程度凸显鲜明的个性和优质的形象，并将其通过各类载体传递给消费者，使得目标市场的消费者在潜移默化中认为该银行的产品和服务相比其他竞争对手更优质、更具备符合自身需要的比较优势，从而延伸该银行的市场份额，并不断提升自身可持续竞争的优势。

营销机制的核心在于营销渠道，它是银行业务得以可持续发展的重要载体。作为商业银行核心竞争力的代表，营销渠道是提升银行价值创造能力的基石，它不仅把银行产品和服务传递给客户，而且与商业银行打造优质的品牌形象、维护亲密的客户关系和开展各项特色业务等息息相关。首先，营销渠道打造了商业银行优质的品牌形象。商业银行各个网点和自助终端都是客户深入了解银行的前段和有效触角，其布局设计对良好企业形象的传播起到了重要作用，无形中为商业银行提供了最真实的广告。网点形象是否美观大气，内部设施是否完善便捷，客户服务是否优质有效，都决定着消费者对银行服务能力和服务水平的判定。其次，营销渠道是银行业务正常开展的支撑平台。业务发展得力于产品销售，而产品销售则依附于营销渠道。多元化的营销渠道是业务发展的支撑，通过营业网点、自助和移动终端渠道相结合，为满足不同客户需求提供了不同选择。最后，营销渠道有利于维

护和谐的客户关系。保持良好的客户关系才是银行强有力的市场竞争
能力，客户通过各类营销渠道与银行进行接触的过程均包括产品流和
信息流的双向流动，其中前者是商业银行主动将自己开发和经营的金
融产品和特色服务通过相应的营销渠道不断提供给各类新老客户，而
后者刚好相反，它是各类客户把对银行服务的满意度及金融需求通过
营销渠道进行反馈，并帮助提升银行的服务质量。

营销管理是促进营销机制得以顺利实施的重要环节和基本保障。
从实际情况看，只有不断加强对营销渠道的管理，不断建立并完善与
业务发展相适应、能较好满足各类客户有效需求的市场营销渠道，并
进而不断推出创新产品和优质服务，从而最大限度地为相关业务的全
面展开和顺利实施提供有力支撑。营销管理的重要性在于，它不仅涉
及到银行的内部管理和业务拓展，更是维护好银行与客户群体黏性的
关系管理。银行客户是商业银行价值创造的源泉，客户对银行产品和
服务的建议通过营销渠道反馈给银行，银行通过收集、整理这些有用
的信息，不断完善相应的营销策略，从而提升客户与银行之间的关系，
促进银行业务的可持续发展。

8.2　我国商业银行营销机制建设的
历史轨迹及国际借鉴

自 20 世纪银行业迅速发展以来，无论是国内还是国外，银行业都
经历了由卖方市场到买方市场的转变，商业银行营销也随之产生。我
国商业银行营销机制自建国以来经历了四个阶段的发展，并呈现出个
性化发展的新趋势，但现在仍面临严重的营销瓶颈。在激烈的市场竞
争中，美国银行业逐渐形成了以市场细分和关系经理为代表的市场营
销策略；日本银行业以客户为导向，通过市场开辟、产品研发和综合
管理三条路径实现"21 世纪营销策略"；英国银行业通过精简营销机
构，注重提供便利与人性化的服务以及降低营销成本来打造"精准高
效"的营销模式；澳大利亚银行业专注于"升级客户体验"的市场营

销策略。这都为我国商业银行营销机制的建设提供了丰富的经验。

8.2.1　我国商业银行营销机制建设的历程

自 20 世纪以来，全球金融服务策略无论在营销手段还是收费模式等方面均经历了不同的演化过程，主要包括营销客户战略从进攻型的拓展新客户向防御型的挖掘老客户转变，经营模式从专业化向大众化转变，产品类型从单一化向综合化转变，营销渠道从分支行的柜台窗口向远程电子银行和互联网银行转变，收费策略从免费向收费转变。商业银行为了提升同业竞争力，最大限度拓展经营空间，就必须在提高营销活动的效率和效益方面下功夫，进而适应并满足不断发展的市场需求。

我国商业银行营销机制的演变路径与银行业制度体系的改革发展是一脉相承的，具体可以分为六个时期：

第一，营销活动缺失期（1978 年之前）。从 1948 年中国人民银行成立开始到 1978 年我国全面推行改革开放政策，在这一阶段我国普遍实行的是混合型的中央银行制度和具有中国特色的单一型的银行体系，从而形成了具有一定独特性的中央银行垄断性金融局面，该垄断性局面具有以下主要特征：金融业发展的动力缺失，表现在既缺乏内在强劲动力，也缺乏持续的外在压力，由此导致经营活力普遍不足。与此同时，单就信用形式具体表现而言也显得较为单一，不但信贷范围相对狭窄，而且融资工具也过于简单。工商企业所需资金基本上是无偿获得，相比之下银行经营效率也十分低下，从内部来看，基本没有或根本就不需要开展相关市场营销活动。

第二，营销市场分割期（1979—1984 年）。改革开放以后，此前陆续成立的中、农、建、工四大国有银行，依靠行政命令将市场进行了人为分割。该时期依然不存在市场竞争，各家银行也无市场营销活动。

第三，营销萌芽实验期（1984—1992 年）。这一阶段，中国的银行业制度体系发生了革命性重塑。中央银行与商业银行进而有效划分各自职能，工农中建四大国有商业银行也在一定程度上开始打破彼此之间所存在的金融业务藩篱，相互之间进行业务渗透。与此同时，中信、招商、广发等股份制商业银行陆续成立，初步形成了中国银行业的竞争格局。在此背景下，商业银行开始注重服务质量的改善，并辅以相应的营销宣传活动。但客观上由于这一时期的经济体制本身不太完善，各类金融管控限制较多，再加上商业银行自身在国内资金市场上处于强势的卖方地位，尽管银行比此前更加重视提高服务质量并不断加强对金融业务的宣传和推广，但从实际效果方面来看不尽人意，无论是推动金融产品开拓、金融服务创新还是全方位推进市场营销，各个方面都没有达到预期目标，也没有取得明显的改善效果。

第四，营销竞争创新期（1992—2003 年）。伴随着营销市场竞争的不断加剧，营销理念进一步加强，金融市场日益成熟，由此商业银行开始步入市场创新阶段。尤其是 1993 年十四届三中全会做出了新一轮金融改革的重大举措，将四大国有专业银行全面推向市场，并将其改造成真正的商业银行。在此背景下，商业银行开始重视市场创新在扩大竞争优势方面的重要作用。二十世纪后期，银行市场无论在制度还是在业务以及服务等方面都迎来了一波难得的创新高潮。这其中，制度创新方面主要体现在国家和中央银行层面，业务创新和服务创新则主要发生在商业银行行业竞争领域。随着创新不断深化，金融业竞争全面加剧，行业掀起了一股兼并重组的浪潮，银行资本集聚的"马太效应"日趋明显。

第五，营销发展改革期（2003—2013 年）。自从我国加入世界贸易组织（WTO）以后，金融市场改革的步伐不断加快，金融对外开放的程度进一步加强，金融同业之间的竞争在逐步升级并呈现进一步加剧的趋势。商业银行在市场营销理论研究与实践探索方面都取得了长足发展，金融体系内一些新业态、新趋势不断涌现。一是营销与产业发展相结合。如光大银行曾推出"全程通"产品体系。"全程通"主要是将汽车金融服务定位为汽车信贷组合产品，其产品特色主要体现在对汽车经销商和汽车制造商的金融服务。二是金融产品服务瞄准民生领域。建设银行推出"民本通达"系列产品综合金融服务，具体包括"教育慧民""医疗健民""社保安民"和"环保益民"四大服务方案。为了使其抢占市场，建设银行凭借优质服务和创新产品积极与当地社保、医院和学校展开合作。三是营销战略呈现个性化趋势。我国商业银行不断推陈出新，产品营销逐步渗透到我们生活的方方面面。如平安银行推出信用卡"10元看电影"、招商银行推出 GlobePass 跨国界的优惠、交通银行推出的"边花边赚"等金融服务。

第六，营销融合跨界期（2013 年至今）。2013 年互联网金融元年以来，金融与移动互联网的跨界融合逐步深入。一方面，银行与互联网金融机构存在竞争关系，诸如货币基金等互联网金融产品对商业银行活期存款带来了较大的挤出效应，银行开始在营销方面推陈出新，针对年轻人的喜好和特点，加大了在互联网领域的营销力度；另一方面，银行也与互联网金融机构强化了合作，共同开发金融产品，为消费者提供更便捷、更高效的金融服务。此外，随着大数据、云计算等信息技术发展，社会进入万物互联时代，商业银行的营销也早已不局限于金融机构本身，而是与其他各行各业进行深入互联。

8.2.2　国外商业银行营销机制构建的客观分析

纵观历史不难发现，从 20 世纪 50 年代初期以来，西方主要国家加快了金融市场建设的步伐，普遍出现的是卖方占优的市场格局，银行市场营销的认识不足，重视程度也不够。但进入到 20 世纪 50 年代中后期，二战后第三次科技革命对西方世界形成了巨大冲击，其经济发展取得了巨大进步，尤其是服务业也得到了快速发展，也开启了银行业的自由竞争的时代。在这一特定发展阶段，商业银行同业内部之间的业务竞争日趋白热化，营销市场的基本格局也出现新的变化，即由卖方市场为主逐渐向以买方市场为主转变，与此同时，商业银行独特的市场营销理论开始萌芽，并赢得了银行家群体的广泛重视。时至今日，市场营销在西方银行业也经历了由低级到高级、由粗放到深层次、由相对分散到体系完整的演变过程，对此可以具体划分为以下六个阶段：即前期引入阶段、广告促销阶段、优质服务阶段、金融创新阶段、服务定位阶段与系统营销阶段。毋庸置疑的是，从理论探索到实践应用，几十年以来的不断发展和完善，促使西方国家商业银行市场营销系统日臻成熟，引领潮流并成为影响国际商业银行业务经营成败的关键因素。

8.2.2.1 美国商业银行全面实施的市场营销策略

美国商业银行管理专家研究表明，只专注于传统银行业务而忽视对市场的实时监测，对于商业银行经营来说是失败且危险的，商业银行需要通过对相关市场的连续监测方能评价其所提供的有关营销服务和金融支持究竟是否达到或符合客户的客观需求。因此，美国商业银行市场营销策略主要从以下五个方面开展：

一是提供综合化金融服务。美国商业银行采用一揽子服务方式，针对客户在不同生命周期中所面临的不同金融需求，进行匹配相应的金融产品和服务。该综合化服务系统着重向具有特定需求的银行客户群体持续提供包括相关业务办理、各类信息处理和客户财务咨询等具有一体化和综合性特征的"个人银行家"服务。并在此基础上对银行特定客户所需要的个性化金融服务做出周密的全局性的布置和安排，借此有效解决银行客户遇到的金融难题。

二是进行市场细分。根据客户的不同需求，将客户细分为合适的类别，并为其提供相应的金融产品，提高服务的准确性和有效性。美国商业银行管理者认为，想要在市场占有率方面有所提升，就必须将金融产品和服务提供给最适合的一类客户。在满足客户需求的同时，最大限度挖掘消费者剩余价值。

三是维护好与客户的良好业务关系。主要是通过培养"关系"经理，能够突破职能层级、区域限制和行业壁垒，尽可能有效地建立起与客户之间充满"人情味"的较为单纯的人际关系。在这一过程中，通过推销商业银行传统业务的同时，更精准地向客户推介新的产品和业务，由此促使可能的潜在客户向实际用户落地，并进而推动客户资源的多维度渗透和营销业务的广泛开展。在维护与客户良好业务关系方面，花旗银行是先驱者，也是行业佼佼者。

四是通过媒介维护良好信誉。美国商业银行对公众舆论的变化较为敏感，他们普遍认为强化信息交流活动，并借此赢得社会公众好感是银行提供服务的基础。因此，商业银行总是会抓住报刊杂志、学术会议、商业会谈等一切媒介活动进行宣传报道，尤其是商业广告这类直通消费者的促销手段更是维护良好信誉的重要途径。

五是加强网络营销力度。随着互联网和移动互联网等新技术的发展应用，商业银行纷纷将网络作为重要的营销阵地。美国大通银行以"正确的关系就是一切"作为网站的宣传语，通过信息技术强化内外融合，破除银行传统作息时间、营业空间和服务领域等掣肘，在互联网上开发了特征明显、便捷高效的服务项目，例如开通网上商城，建立网上艺术展览与营销中心等。立足经济金融发展前沿，牢牢把握新经济的突出特征，应用全方位的市场营销手段深度推进金融服务，培养未来优质客户的忠诚度。

8.2.2.2 日本商业银行创新推出"21世纪营销战略"

比较而言，日本有关学者经过大量研究认为，在世界范围兴起的金融自由化浪潮不断推进的背景下，金融市场的准入壁垒正在逐步消除，银行业之间内部竞争机制日益完善，作为服务行业的金融业必将回归本源，与制造业和零售业协同发展。大型化、集聚化的金融机构在可持续盈利等方面并没有必然优势，而扎根并深耕于某些行业、能提供高质量服务的中小金融机构依然面临可供选择的日益多样化的营商机会[214]。因此，商业银行应主动面向21世纪不断变化的崭新形势和机遇，突破自我，不断调整并适应市场的新变化，以服务用户体验为导向，重点在三个方面推动商业银行营销战略：

一是提高商业银行应对客户需求变化的响应速度。客户的需求始终处在不断的变化之中，商业银行应通过发展和运用咨询式销售模式进一步拉近与相关客户的距离，不断开拓新的市场。以日本商业银行为例，其善于通过构建"耳目商店"等来及时知晓客户喜好的新变化，并以此为依据挖掘可能存在的业务机会；重构分支网点，通过建立自动化分支点以及"金融百货公司"等模式构建有效的营销渠道；发挥信息网络在挖掘客户中的重要作用，比如通过ATM、POS机和"家庭银行"等紧抓消费者市场，通过现金管理系统（CMS）、电子数据交换系统（EDI）等深耕批发市场。

　　二是通过业务重构深挖银行内部潜力。日本商业银行十分注重在综合管理中进行创新研发，不断提升各类业务条线新产品开发的技能和水平，全力开发信息系统，有效拓展以提升银行综合营销能力为特点和核心的"内部办公室"业务功能。对于银行重要核心客户可以借助商业银行系统来处理一些相关事务性的、繁杂的日常性业务，从根本上大力提高效率，有效降低银行自身劳动力综合成本，尽最大可能节约各项信息领域的费用支出，达到不断优化经营活动的目的。

　　三是通过内部革新激发银行活力。商业银行改革的终极目标并不是单纯提高自身行政管理能力，更为关键的是要构建起支持银行营销战略的利润实现和风险管控机制，更高层面上完善银行绩效评估指标体系。特别是在企业文化方面，要通过各种渠道提升员工的社会责任感和企业认同感，并通过系统地参与社会公益活动，维护好优秀的社会企业公民形象，树立卓越的银行品牌。

8.2.2.3　英国商业银行打造突出"精准高效"特点的市场营销策略

　　英国作为全球老牌的资本主义国家，该国的工商业以及金融服务体系已经趋于成熟完善，其经济发展模式也以高质量而著称。在这一经济环境下，每一经济实体都更加追求在更少的时间内完成更多的工作，生产效率是企业与个人高度关注的对象。因此英国商业银行的市场营销策略重点围绕"高效"这一特点而打造，通过"精准"识别客户、"精准"投放产品以及"精准"的跟踪服务来实现对客户的长期吸引。英国商业银行所注重的以"精准高效"为核心的市场营销策略包含以下三层含义：

　　一是注重精简银行的营销机构。英国商业银行管理的学者认为当公司的营销队伍与相关管理层趋于冗杂时，其营销效率也是非常低下的。因此英国的商业银行非常注重对银行内部生态环境的重塑，通过定期对员工综合素质、营销业绩的考核来考虑员工是否仍然适合这一工作岗位甚至是依此来决定裁减员工。英国的哈里法克斯银行与劳埃德银行在精简银行内部构架与部分方面便取得了较为显著的成就，在将组织架构打造得具备"小、精、尖"特点时，这些银行营销人员的专业素养与捕获客户的能力也得到了很大的提高，营销相关人员能够在非常短的时间内达到银行规定的信贷任务目标值。另外，更为精简与注重效率的营销策略提高了员工的办事效率，使得其贡献的价值得到了有效提升。

二是注重便利与人性化的服务。提倡的"精准高效"营销策略最终还是以客户效益的提高为落脚点，只有当客户在该银行获得服务后其效益与满意度提升了，银行的金融服务营销策略才算是有效的。精准与高效率的营销模式能够为客户节省办理业务的时间，且这一营销更能便利客户的生活，让客户以简洁直白的操作来使用银行提供的服务。以英国汇丰控股旗下的 First Direct 银行为例，该银行为了更大限度为客户提供高效便利且不失人性化的服务，其采取了新兴的直销模式，该银行无任何线下分支机构，全部采取线上服务模式，能够七天二十四小时且全年无休的为客户在线上提供高效率的金融服务，客户的电话呼叫能够以平均 13 秒的速度得到银行的人工营销客户的回应。该银行借助金融科技大大提升了自身的营销效率，其"精准高效"便利的营销策略使该银行常居客户体验卓越品牌银行榜的顶端。

三是更低的营销成本对应更高的利润。商业银行的竞争日趋激烈，英国商业银行倾向于打造"精准高效"型的市场营销策略的根本目的在于使得银行的营销等经营成本得到有效的降低，并在这一基础上获得更多的市场份额最终得到更高的营业利润。通过对营销系统优化精简，为客户拿出更为便利个性化的金融解决方案，从而使得商业银行能够精准高效的实现其盈利目标，最终实现可持续经营。

8.2.2.4 澳大利亚商业银行以"升级客户体验"为核心的市场营销策略

不同发达国家的商业银行根据其国情都各有侧重的制定了特色的市场营销策略，澳大利亚银行界的市场营销策略则是围绕如何"升级客户的体验"这一核心而构建的。澳大利亚有关学者认为市场营销的对象始终是客户，只有当客户对银行的金融服务感到满意时，银行的市场营销策略才是成功的。因此其讲究市场营销应该回归客户这一本源，营销策略应该借助各类技术来根据客户需求的变化而进行发展，从而提高客户的体验满意度，最终实现产品的价值。澳大利亚商业银行的营销策略具体由以下三个方面展开：

一是更加注重网络信息技术对个性化产品营销的支持作用。自 21 世纪全球网络信息技术呈现出高速井喷式发展以来，澳大利亚商业银行界的市场营销方式也随之进行了更新，商业银行更加倾向于借助网络等科技手段来发展以客户为核心的个性化市场营销策略。该国商业银行普遍与第三方信息平台公司合作，共同构建银行与企业乃至个人客户的云网络系统，通过云网络系统来深入收集客户在金融信贷方面的偏好与需求，从而针对性的提供产品营销服务。与此同时，受到基于网络信息的客户个性化市场营销策略的影响，澳大利亚各商业银行为了让客户获得更为高效便捷的金融服务体验，其也将金融科技元素融入了营销手段之中。例如澳洲联邦银行为其全球客户开发的 EFTPOS&eCommerce 系统实际上已经成为了一个能为每一个客户提供个性化金融服务的生态系统，客户能够通过该系统直接进行业务操作与产品的购买。

二是通过客户分类对市场进行更为细致的划分。澳大利亚的商业银行对客户与市场进行分类的效率很高，商业银行对客户与潜在客户进行层层划分与界定，从而能够精准的投递金融产品，将不同性质的客户群体分类到不同层级的市场来执行符合这一层级市场的营销操作。以澳新银行为例，该银行基于不同生命周期的客户对市场进行了非常细致的划分。针对未成年的潜在客户，澳新银行推出了诸如儿童储蓄账户等在内的金融服务，这一类服务的核心目的是将潜在客户发展为以后事实上的客户。针对青壮年的消费群体，澳新银行则是推出了多功能的网上综合账户与复杂的理财产品，这类群体对新兴的创新型业务接受度高，能够有效达到创新金融业务的营销目的。针对老龄客户，该银行则以传统的存折业务作为主要的营销形式。通过对客户全生命周期的分类营销，澳大利亚的商业银行也实现了自身的可持续经营目标。

三是全员营销模式。为了最大化的实现"升级客户体验"这一核心营销策略，澳大利亚的商业银行普遍推行的是银行职工全员营销制度。一方面，全员营销制度能够有效让全体员工熟悉银行最新的金融产品与营销战略，从而让其接触的每一位客户都能得到标准化的高质量服务。另一方面，全员营销有利于交叉销售的实施。当客户对不同类别的金融产品具有需求时，员工不再需要联系其他部门的同事就可将一系列的金融产品销售给客户，这不仅提高了工作效率，也有利于银行长期客户占有率的上升。

8.2.3　国外商业银行建设营销机制的经验启示

近年来，我国商业银行尽管在市场营销机制创新方面不断加快步伐，但与发达国家商业银行相比，仍暴露出许多问题与不足。一是在市场细分与客户定位方面，面对海量客户数据，难以运用科学的方法进行市场细分，并针对每类客户制定不同的营销方式，差异化营销战略不够突出。此外，银行还缺乏对存量客户的精细化管理。二是营销形式和营销渠道过于单一，虽然国内商业银行都已建立完善的网上银行系统，并逐步建立手机银行、财富管理等线上营销渠道，但经营管理的制度方面仍然存在缺陷，难以吸引消费者。三是客户关系的维系虽有所改善，但仍待改进。我国商业银行已从以前的被动接受客户转变为今天的主动保持客户关系，但多数银行在处理客户关系时对于一些制约性因素难以实现协调管理，导致与客户关系并不稳定，客户忠诚度难以体现。

剖析并借鉴国外商业银行营销机制的发展经验，从我国商业银行应以营销过程中的问题为导向，分别从市场开辟、渠道建设和综合管理三条路径实现全面化的营销机制构建。第一，在市场开辟方面，应先明确市场细分变量，深入了解各细分市场的客户需求，再根据客户需求识别开发银行的产品和服务。其次，对存量客户实行精细化管理，同时充分挖掘潜在客户，重点关注个性化营销战略的制定。第二，在渠道建设方面，应建立多元化的营销渠道。在互联网时代，营销媒介不断扩容，以平面广告、电视、代理商等为代表的传统营销渠道已不能适应激烈的市场竞争环境。商业银行应充分利用网络营销渠道成本低廉、高效便捷以及体验式营销高满意度高传播度的优点，打造"物理网点＋电子银行＋自助渠道"的立体客户服务体系。第三，在综合管理方面，构建"B-C双向信息沟通"模式，以客户定期沟通为桥梁，以贷后跟踪管理为保障，以客户关系管理为手段，建立链条化营销机制。

8.3 商业银行消费信贷业务市场细分与客户定位

市场细分与客户定位是买方市场环境下的一种营销理念，商业银行通过对市场进行细分化（Segmenting）、确定目标市场（Targeting）、进行市场定位（Positioning）（也称STP战略），决定营销组合策略，是其营销成败的关键。

8.3.1 消费信贷业务市场细分

不同的消费者有不同的需求，对商业银行而言其客户价值也不尽相同。就消费信贷业务而言，商业银行可根据客户的收入水平、消费习惯等对客户进行分类，从而确定目标市场，提供差异化的服务，努力使消费者满意。进行市场细分的主要标准是人口因素、地理因素、心理因素和行为因素，如表8.1所示。

表8.1 市场细分的主要标准

细分标准	特点	具体因素
人口因素	相对稳定	年龄、性别、家庭人数、职业、收入、受教育程度、社会阶层、宗教
地理因素	相对静态	区域、气候、人口密度、城市规模、交通及通信状况
心理因素	相对动态	外向与内向、独立与依赖、乐观与悲观、保守与冒险
行为因素	复杂多变	对银行产品的认知程度不同，有不同利益追求 对银行品牌的忠诚度，有坚定、不坚定、常变化 对银行产品使用频率，有高、中、低 对价格的态度，有高度重视、一般重视、不重视 对服务质量敏感度，有高度重视、一般重视、无所谓

资料来源：《商业银行个人消费信贷业务营销管理》，谢文涛，学位论文，万方学位论文网[215]

我们可以利用马斯洛需求理论，将当前的消费信贷市场细分为以下几类：一是生存型：自营汽车消费贷款、大额耐用品消费贷款、教育助学贷款、医疗贷款等；二是发展型：住房按揭贷款、二手房贷款、股票质押贷款、出国留学贷款、最高额循环周转贷款、大额本外币存单质押贷款；三是享受型：包括旅游贷款、汽车消费贷款、豪华住房装修贷款等；四是自我实现型：信用贷款、高级别墅贷款、豪华轿车贷款等。

商业银行借助金融科技这一新兴技术手段能够有效落实消费信贷业务市场的一系列细分标准，从而精准为客户提供个性化服务。金融科技领域的客户大数据平台能够实时积累客户的交易数据，并对其进行严格筛选，将同一客户的不同交易数据或不同客户的相同交易频率分类归纳以供云计算分析，云计算基于与商业银行运营模式与经营理念相匹配的模式算法对客户的大数据进行科学分析以得出所有客户所特有的金融需求，最后再借以人工智能对所有客户的金融需求进行个性化的产品设计、包装与定价，从而最终使得市场细分标准得以实现。

在市场细分的基础上，各银行应选择目标市场并进行目标市场的定位，即在充分考虑各细分市场的需求容量、自身的资源优势、经营管理能力、主要竞争者和可盈利性等因素的基础上，从若干的细分市场中选择有限个细分市场作为目标市场，并确定自身在目标市场的位置，以制定营销策略（如图 8.1）。

在拓展消费信贷业务方面，应重点关注东部的经济发达地区，同时也要兼顾中西部以及中小城市和农村市场。主要原因是，一般而言，经济发达的地区一般拥有良好的基础设施建设，对于人才的吸引力更强，也拥有技术更为先进的企业，国家也会给予这些地区更多的优惠，因此，其经济增长速度更快，人均金融资产规模扩大的会更快，并且由于地域原因，对于消费信贷这种新兴服务的接受程度也更高；同时，经济发达地区的商业银行的各种效益指标更加突出，尤其在人均资产占有量、人均创利、网点平均存款、人均中间业务收入等方面，较之经济欠发达地区，发达地区的优势也更加显著，这会导致发达地区消费信贷业务整体拓展效益更高，潜力更大。因此，对于消费信贷仍处

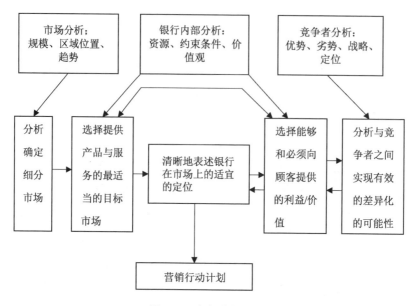

图 8.1　市场定位机制

资料来源：《现代商业银行营销管理理论与实物》，王先玉，北京：中国金融出版社，2004[216]

于扩张期而言，对经济发达地区投入更多的资源来促进业务发展，同时把欠发达地区则作为"普及型"及"储备型"市场开拓，是拓展当前消费信贷业务的现实选择。

8.3.2　消费信贷业务目标客户定位

对于我国商业银行而言，首先，应结合我国实际情况，将客户分为高、中、低等三个收入客户群，而消费信贷业务应主要针对中等收入客户。因为中等收入客户一般拥有稳定的收入，其进行消费信贷的主要目的是进行提前消费，消费的项目多集中在住房按揭、房屋装修、汽车消费、旅游、大额消费等，对于商业银行而言，这些贷款的额度和风险都可接受。同时因为中等收入客户一般拥有较为稳定的收入来源，且拥有较好的金融素养，这对于商业银行而言都会形成有效需求。而高收入阶层自身资金充足，在消费上几乎不存在预算障碍，因此他们并不存在消费压抑现象，即其消费已经在现期得到满足，导致其对消费信贷的有效需求并不高；但这一部分人群可能出于财产增值或资金成本的考虑，在某些高价值商品上有特定的消费信贷需求，如购置高档住宅等，单笔信贷资金较高，但同时也可能伴随相对较高的风险，所以，针对高收入的客户群体需要突出消费信贷的理财功能，着力进行辅助拓展。基于现实情况考察，低收入客户群体消费信贷政策性强，但由于其收入较低，预期还款能力较差，相应的风险也会更大，但由于我国当前社会信用体系仍不健全，难以找到可行的担保方式，消费者的信用意识也有所欠缺。因此，对于低收入客户群体应选择性地进行拓展，随着社会信用体系的逐步完善，这一客户群体的价值也会随之提高。

其次，针对有稳定收入的中等收入客户群体，商业银行可重点聚焦于年轻群体、新组建家庭或者具有家具家电等大型消费品更换需求的家庭。刚刚大学毕业走向社会的年轻群体，对热门电子产品具有强烈的更新换代需求，但其收入水平相对较低，信用卡额度也较为有限，可能会通过消费信贷服务来满足消费需求；新组建家庭对购置耐用消费品、房屋装修以及后续的子女教育支出等都有较大资金需求，从生命周期理论看，他们由于工作时间较短，各类支出较大，储蓄相对不足，也缺乏相应的担保来获得银行贷款，消费信贷是比较适合此类人群的业务。

8.3.3　消费信贷业务定位

在瞄准目标市场及目标客户的同时，业务定位方面应制定个性化服务战略。由于目标客户定位所考虑的重点是同一客户群对某一产品属性的共同要求而不是每个客户与众不同的特殊需求，这就决定了目标客户定位对个性化需求的满足是不完全的。商业银行应精准定位具有特定消费信贷需求的客户，按照不同类型客户的特殊消费习惯与消费特点，建立起多维度的消费信贷产品体系，为其研发高效、安全、实惠、透明的专属金融产品，提供多样化、差异化、个性化的金融产品及服务，以鲜明的产品特色形成竞争优势。例如，区域银行可在辖区各支行、小微信贷中心及时新增婚庆贷、易购贷等贷款品种，面向有婚庆需求、特殊购物需求的客户。此外，在传统的消费信贷业务领域，应注意稳步推进住房类贷款业务、大力拓展个人汽车贷款业务、选择性开展其他消费贷款业务。在当前已完成的个人消费信贷业务当中，住房类贷款业务的风险相对较低，因此，各个商业银行应以现有市场为基础，积极拓展中小城市和乡镇市场，将重点放在经济适用型的中低档型房地产项目，而避免参与一些市场需求小、风险大的高档型房地产项目。在汽车消费贷款方面，尽管我国加入WTO（世界贸易组织）对汽车价格造成了冲击，短期内的价格骤降可能导致供给严重不足，出现"负资产业务"的风险，但就长期而言，汽车消费贷款具有巨大潜力，并且国家对于这一业务的监管也必然更加规范，通过贷款期限、贷款成数、抵押方式等途径可以实现对其风险的有效控制，尤其是可以通过房产抵押降低风险，因此，汽车消费贷款领域仍是一片蓝海。此外，在担保确定的前提下，应审时度势，大胆创新各种消费信贷业务产品，适时推出各种操作性更强的教育、旅游和大宗耐用品的个人消费信贷品种，促进消费信贷业务高质量发展。

8.4　商业银行消费信贷业务营销渠道的多元化建设

营销渠道是商业银行将产品与服务送到客户手中的重要媒介，是营销的第一要素。商业银行消费信贷业务营销渠道可结合互联网技术构建网络营销渠道，全面整合互联网媒介资源，大大节约银行推广宣传的费用和成本，缩短交易时间；也可立足于客户直观感受与多样需求构建体验营销渠道，打造消费信贷的亲民性，以此吸引更多客户。

8.4.1　网络营销渠道建设

8.4.1.1　直销银行

互联网的广泛应用催生了直销银行这一新兴模式，在这一模式下，银行不发放实体银行卡，业务也不再通过网点办理，而是通过电脑、电子邮件、手机、电话等远程渠道与客户进行沟通，因为减少了网点的经营成本，直销银行再为客户提供存贷款等服务时便拥有更强的竞争力。直销银行所能体现的核心功能在于通过降低运营成本，最大限度让利给客户，提升客户价值。

当前，我国已经有20多家银行开展了各类直销银行业务，但其分类界限较为模糊，与互联网理财、网贷业务、存款业务等方面有所重合。表8.2列出了部分直销银行业务。

表8.2　我国股份制银行直销银行业务一览表

名称	所属银行	推出时间	现有业务范围
民生银行 -直销银行	民生银行	2014.2.28	如意宝：货币基金汇添富 定活宝：第三方定期类投资理财产品 民生金：可实现黄金提现的黄金投资业务 利多多：人民币智能增值服务产品 随心存：人民币储蓄增值服务产品 轻松汇：电子账户和绑定卡互转、电子账户进行民生信用卡还款
兴业银行 -直销银行	兴业银行	2014.3.27	兴业宝：兴业货币、大成增利、华福货币 兴业红：混合型基金、股票型基金-广发百发 定期存款、基金、智盈宝、天天万利宝
平安橙子	平安银行	2014.8.6	平安盈：宝类理财 定活通：智能存款 智能信用卡消费管理 许愿、记账功能
华夏直销银行	华夏银行	2014.9.19	普惠基金宝 普惠理财宝：天天盈利宝 普惠多利宝：人民币储蓄存款
浦发银行 -直销银行	浦发银行	2014.11	银行理财：开放式、封闭式、固定期限 基金：股票、债券集合 其他：保险、存款
浙商银行 -直销银行	浙商银行	2014.11	增金宝：易方达基金 电子存折、支付e卡
一贯	恒生银行	2014.12.1	银票融资 贸证、商票担保融资、理财质押（暂无产品）
工行 融e行	工商银行	2015.3	存款：节节高、定存、通知存款 投资：货币基金、分红险 交易：黄金、白银、铂金、积存金、原油

资料来源：京北智库《国内直销银行发展情况分析》

在分类布局上，城商行如北京银行、南京银行、江苏银行、上海银行等数量占比最高，城商行积极参与，有利于其摆脱区位限制和网点束缚，扩展业务渠道；平安银行、兴业银行和民生银行等具有较大影响的全国性股份制商业银行各自所拥有的独具特色的直销银行在数量方面紧随其后；国有控股银行中工商银行也进入了直销银行队伍。

商业银行可在目标客户群、服务渠道、系统平台三个方面对直销银行进行优化发展，促进消费信贷产品营销。第一，在目标客户群的定位方面，直销银行应聚焦于"忙、潮、精"三类人群，第一类是由于工作、生活的节奏快而没有时间到网点办理业务的群体，第二类是习惯了互联网生活且愿意体验新鲜事物的群体，第三类是对价格敏感，在生活中喜欢"货比三家"的群体。第二，在服务渠道的拓展方面，为使互联网客户能够享受更加简单、便利的操作体验，商业银行可以建立直销银行专属网站、手机银行、微信银行等服务渠道，也可以与基金机构和通信运营商等互联网企业合作，扩大服务范围，提升服务有效性。第三，在系统平台的运作方面，各银行应确保系统的合理性及实用性，并注重用户体验，满足客户的各方面要求，打造自身功能，叠加社交功能，构建有客户黏性的平台。

此外，虽然我国直销银行数量众多，但直至 2016 年，其资产规模仅占银行总资产规模的 0.2%，推广发展受到严重制约。由于直销银行起源于欧美，我国的直销银行是在参考欧美直销银行的基础上发展起来的。因此，对典型欧美直销银行的案例分析具有极大的借鉴意义。

专栏 8.1

美国直销银行的主要模式及特点

直销银行起源于欧美等金融市场发达的国家，由于其互联网发展较早，商业银行对于互联网金融的态度更加积极，直销银行这种营销模式受到了消费者的广泛认可。2010 年以来，美国直销银行占商业银行吸收存款规模的比例逐年上升，2016 年已达到

5.4%。相比于我国的直销银行，美国直销银行的最大特点是以独立的法人机构进行运作，通过降低成本等方式与传统银行进行业务竞争。但我国绝大部分直销银行是以商业银行二级部门的身份存在，依附于商业银行本身，两者之间没有竞争关系。

1. ING直销银行模式与特点

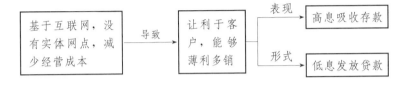

目标客户明确	管理方式独特	产品策略清晰
将服务对象精准定位到"忙、潮、精"三类人群，年龄范围在30—50岁之间的中等收入群体	提供有限标准化的产品，为避免增加额外运营成本，将要求增设服务内容的客户移出客户群，以降低运营成本	一是提供规模有限但易于客户理解的产品选择，且产品主要集中于储蓄产品和部分贷款产品；二是重点关注易于操作的"自助"产品，通过客户对账户的自我管理，既能增加客户参与感和体验感，也能降低银行成本

2. BOFI直销银行模式与特点

Bofi与ING DIRECT USA都以互联网平台和技术为支持，减少员工支出和运营成本，然后通过高利息存款与低利息贷款吸引目标客户。不过与ING DIRECT USA清理异质客户不同的是，Bofi会根据客户的不同特点提供相对丰富的产品服务。

存款端：网络吸引＋线下合作伙伴	贷款端：从风险较低的居民按揭起步，向汽车贷款，中小企业贷款延伸
线上针对特定客户群体的特征，提供对应的产品和服务，并以低利率、低手续费率来吸引目标客户；线下与大型连锁超市等实体企业合作，为其提供便捷的支付方式来吸引客户	Bofi 以房地产抵押贷款为主，以居民住房按揭贷款为基础，逐步将业务扩大至汽车消费贷款等领域。并在风险可控的前提下，向更深层次领域拓展。但当前住房按揭贷款项目仍是 Bofi 的主要业务，公司收入的主要来源是相关的利息收入和手续费

8.4.1.2　微营销

微营销是指利用 QQ、微信、微博等社交软件或媒体来传播和发布资讯，从而形成的营销、销售、公共关系处理和客户关系服务维护及开拓的一种方式，从而实现产品精准推介和差异化服务，从而提升品牌价值和服务质量。它具有长周期、传播内容量大且形式多样、时刻与消费者互动、对营销过程实时监控分析等特点和优势。金融产品相比于其他产品最为适合移动端口销售，既可以实现实时交易，又没有相应的物流成本。通过手机银行和微信公众号等载体可以更加便捷地将银行的移动互联网客户服务端乃至产品销售平台予以打通，相比较银行传统柜面而言，移动互联网客户端和微信银行的运营成本更加低廉。

商业银行可以通过大数据应用，对客户的风险偏好、资产状况、金融需求等进行深入挖掘分析，利用"微营销"等平台对客户进行有针对性的个性化产品推介。例如，当客户存入的定期存款临近到期时，银行就可以为客户量身定制并推荐相适应的理财产品；并进而根据客户的资产配置偏好，为其推荐贵金属等投资组合建议。与此同时，"微营销"平台还具备信息传递及时、与客户沟通便捷等优势，商业银行可以利用这些优势并借助平台对新推出的金融产品所具有的特点、产品预期收益、业务办理流程等各个方面进行广泛的宣传推荐，在方便客户购买的同时提高银行在客户中的知名度。当然，银行及其相关营销人员还应该尽可能充分利用各类社交朋友圈和各类 QQ 群、相关微信群等特殊媒介有效构建起自己独立的、特定的客户群体，区别不同客户集群所独自拥有的交易习惯、资产规模和风险偏好等方面的共性特征，进一步开展有针对性的营销服务，并通过与圈内客户的互动沟通，及时跟进相关客户个性化需求及其变化，不断增强客户黏度，持续提高营销的成功率。

互联网金融的快速发展，助推了以微信和支付宝为代表的"微支付"平台迅速崛起，商业银行也逐步加大金融科技领域的投入，通过"微营销"等线上金融平台全面开展金融知识宣传推广、金融产品预约申购以及合作商户优惠促销等各具特色的专项营销活动，极大地提高了不同客户群体或商户对商业银行相关"微营销"平台的选择意愿、关注程度和黏性，也提高了金融产品的品牌美誉度，在一定程度上促进了金融产品和服务的营销。

8.4.1.3 数据库营销

数据库营销（Database Marketing Service）是指将互联网、大数据、云计算等信息技术与精准营销的策略相结合的一种营销模式。主要是指企业通过日常经营活动采集并积累大量消费者数据，通过大数据处理深挖消费者未来潜在的消费需求，并根据这些信息进行精准产品匹配，有针对性地进行产品营销，引导消费者进行产品购买。数据库精准营销的核心在于深入挖掘并满足客户的潜在需求，基于客户实际需求的精准营销更容易被客户所接纳，营销效果更佳。数据库营销在西方发达国家已较为普遍，美国 Donnelley Marketing 公司调查数据表明，拥有营销数据库的零售商和制造商占比已高达 56%。从全球范围看，作为精准营销的典型代表，数据库直销在客户关系维护、提高营销份额等方面作用明显，也越来越受到企业家的关注。商业银行作为金融企业，也应当充分利用这一营销手段对客户进行精准画像，以达到精准营销的目标。而商业银行具有天然优势，其电子银行拥有较为完整的客户数据库，可以充分利用这些信息进行数据挖掘，有针对性地向客户进行精准推送和营销。

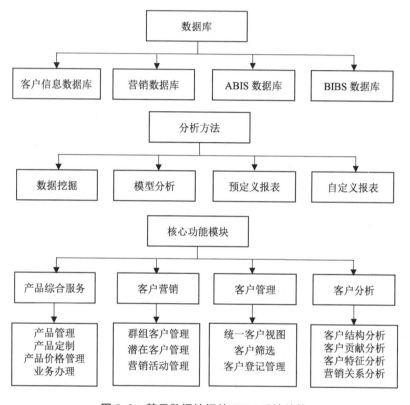

图 8.2　基于数据挖掘的 CRM 系统结构

目前，数据库营销的重要工具之一为基于数据挖掘的 CRM 系统。如图 8.2 所示，CRM 系统主要从数据库、分析方法和功能模块三个环节出发，重点实现基于分类客户不同交易习性与大量历史营销数据为内容的客户营销分析模块，具体包括相关客户结构分析、贡献度分析、偏好特征分析和营销关系图谱分析等。客户分析模块主要通过构建以客户为中心的视图，对客户日常交易等行为进行分析，区分不同类型和群体并进行标注，从中挖掘潜在客户。通过 CRM 系统，银行可以在体系流转结束之后对各类信息进行综合分析，根据各分支机构和经营网点的区域特征与工作特点，选择潜在的目标客户进行重点营销，并根据不同客户层次配以相应的营销成本。与此同时，对客户特征进行精准画像，为其制定个性化的营销方案，推动营销模式由被动的模糊营销向主动的精准营销转变，提高营销成功率。

8.4.2　体验营销渠道建设

8.4.2.1　娱乐营销

娱乐营销是借助丰富多彩的娱乐形式在产品与客户之间构建起情感联系，进而推动金融产品销售，增强客户黏性与忠诚度的一种营销策略。娱乐营销主要具备创新性、参与性、整合性和个性化四大核心特征，即所谓的"4I"理论。从基本原理方面来分析，不难看出娱乐营销从本质上而言是一种感性营销，主要特点表现在其不追求从理性上去说服客户购买银行产品，而主要是侧重于通过最大限度引起客户对产品的感性共鸣来营销银行产品。其实这种迂回战术从策略上与我国相对内敛的传统文化更加符合，反而能够取得更好的营销效果。

对于电子银行业务接受度较低的客户群体，如年龄较大的中老年客户，娱乐营销会起到相对较好的营销效果。值得关注的是，娱乐营销属于浅层营销，能够让客户在较为轻松愉悦的氛围中对产品构建起好感，对产品的主要特点及优势有基本了解，但深层次信息相对较少，不适合深度营销。

8.4.2.2　社区营销

由于目前商业银行的社区银行在绝大部分区域市场还处于竞争薄弱的细分渠道，具备挖掘潜力，在市场竞争的压迫下，社区营销正成为各商业银行探寻的新型营销渠道。

首先，社区银行可以借助扎根社区优势，对周边社区居民的消费偏好和信贷习惯等进行充分调研了解，通过开展丰富多样的营销活动激发其潜在的消费信贷需求，引导居民形成正确的消费信贷习惯，并进而打造合作紧密的客户关系；其次，社区银行营销工作应立足社区，深入居民与商户，最大限度彰显其社区银行的金融属性，实现资金取之于社区，用之于社区的良性循环，形成健康可持续的社区金融链条，进而推动社区经济健康发展；最后，社区银行在日常经营活动中应深入社区，通过问卷调查等多种方式了解居民金融需求，并以此来制定满足居民需求的金融产品和服务，开展有针对性的营销活动。

专栏 8.2

社区银行运营模式分析——以民生银行为例

"社区银行（Community Bank）"一词是一个舶来品，最早源自于美国，目前金融界对社区银行的存在虽然已无异议，但对什么是社区银行以及社区银行的确切内涵尚未达成统一共识。根据美国 FDIC 官方对社区银行的定义认为：其在特定的市场区域范围内进行传统的银行活动，并为该区域范围内的小企业和居民家庭及个人提供各类金融服务的地方性的小型银行机构。社区银行的业务开展在很大程度上依赖于丰富的专业知识的应用和长期形成的业务关系。

社区银行相比于传统的商业银行，存在其发展过程中所独有的鲜明特点。首先，社区银行的资产规模相对较小。无论是资金水平、资产负债规模、员工总数还是业务经营范围以及设立的分支机构数目等都与一般的传统意义上的商业银行存在差距。即社区银行在上述衡量因素上都比传统商业银行要少。其次，社区银行组织机构规模较小。由于美国实行的是单一银行体制，在开放竞争的大格局之下，社区银行得以产生，但受社区面积的局限和影响，机构无法大面积布局，单一机构的规模也无法扩展，经营管理只能维持较低水平，从而只能成为弥补大型银行不足的小型金融机构。最后，社区银行专注于服务社区居民和中小型企业机构。社区银行的立足点是满足社区客户的有效需求，能够充分发挥业务灵活、服务周到的优势，为社区居民和中小型企业客户提供更细腻、更精准的各类服务。

我国社区银行发展相对滞后，直到 2013 年后，才迎来快速发展的新形势。无论是国有控股银行、股份制商业银行还是城市商业银行都更多地把目光向社区银行聚焦，力求打通为社区居民提供金融服务的最后一公里。在这一过程中，民生银行推出的社区金融便利店尤其引人注目。

民生银行为应对激烈的市场竞争，于 2013 年 7 月率先在全国范围启动"小区金融"战略，基本做法就是在重点城市相关社区建立小微支行，紧接着乘势推进社区网点设立工作的全面铺展。具体涉及小微支行的位置选择、店面设计和社区活动安排。

【位置选择】

位置选择是小微支行建设的基础。民生银行本着方便客户和追求效率的初衷，对社区小微支行的区位考察主要以中高档小区为集中关注点，同时要求选点周边有比较成熟的商业区，人流量较大，以便保证日常业务开展的规模和水平，保证业务开展的稳健与可持续性，并使产生的收益能够有效覆盖投入的成本。

【店面设计】

店面设计是小微支行建设的重心。民生银行社区小微支行内部功能的设计类同于传统银行的支行，但比传统支行更加贴近群众，更加服务周到。社区小微支行的架构基本上分为两个部分：一个部分是较为典型的"24 小时自助服务区"，该部分可以方便并及时满足社区各类客户 24 小时的存取款业务需求以及资金结算业务等金融需求；另一个部分是在主体区域里所设立的电子银行体验区、特色便民产品区以及理财产品咨询区等，借此为社区客户提供专门生活和特色化金融服务等。通过人性化的店面设计和科学布局，打造出温馨舒适的经营环境，从而让社区广大客户群体都能亲身体验到与众不同的、有别于传统的"休闲放松式"

业务办理模式。

【社区活动】

社区活动是小微支行建设的灵魂。民生银行的社区小微支行运行模式主要表现在通过实现可持续的人性化营销服务来方便和赢得社区的各类客户。为此，小微支行要求所有工作人员都必须融入到周边小区，融入到居民中，为有需求的居民提供尽可能的义务服务，并在这一过程中进一步建立起银行与社区居民的广泛联系，从而有效建立起银行和相关客户之间稳定而特殊的合作关系，也在此基础上带给社区各类客户意想不到收获与惊喜。通过各色各样的服务及娱乐活动，全方位吸引客户的关注，不断扩大民生银行的影响力，极大地提高了客户的黏度。

8.4.3　其他营销渠道建设

8.4.3.1　公益营销

公益营销本质上是企业从人类共同福祉和社会共同进步出发，通过参与社会公益活动与消费者进行交流，在获得公益效果的同时，让消费者了解企业产品和服务，并借机提升企业品牌知名度和社会美誉度，进而实现成功营销。公益营销的最大优点就是企业能够在营销活动中强化自身的社会责任感，并转化为社会公众对企业的信任感，通过维护良好的企业形象来推动产品的推广。

近年来，在公益营销领域最为成功的一个案例是蚂蚁金服推出的"蚂蚁森林"产品。根据"蚂蚁森林"的规则，用户在支付宝里做出的各种低碳行为会收集"绿色能量"，"绿色能量"积累到一定数量之后便可以在支付宝平台种下一棵虚拟的"树"。与此相应，用户每种下一棵虚拟的树，蚂蚁金服与其合作伙伴就联合在沙漠里种下一棵真实的树苗。"蚂蚁森林"的运作成功在于其融入了价值共创理念，鼓励用户与其积极共同参与公益活动，让用户对支付宝产生良好的情感认同，并逐渐形成了客户对支付宝及其旗下其他产品的使用黏性，培养用户在更多的场景打开支付宝的习惯。企业以共同参与公益活动为出发点，既满足了消费者参与公益活动的热情，又推动了企业产品的营销，可以说是公益营销的典范。

值得关注的是，随着网络经济的迅速发展，企业与消费者形成利益共同体并共同创造社会价值，已经逐渐成为企业在市场竞争中获得比较优势的关键因素。商业银行也应重视消费者公共意识的觉醒与参与热情，将公益营销纳入其消费信贷业务的发展规划之中。

8.4.3.2 合作营销

合作营销是指合作双方拥有各自营销渠道资源或客户信息资源，商业银行利用合作伙伴（包括银行和企业）的渠道将自己的品牌及产品向其消费者推广，同时合作伙伴（包括银行和企业）也利用商业银行的原有渠道对自己的品牌及产品进行推广。作为一种新颖的营销理念和营销方式，合作营销的主要特点表现在：共同实施营销传播，相互分摊营销各项费用，进一步加强在品牌建设和产品促销等方面的全方位合作，从而真正实现营销资源的共享和营销网络的巩固等系列目标。从总体上来看，这种合作营销的最大优势在于合作双方达成了在营销渠道动能提升方面的双向递进，从而有利于新兴市场份额的获得，并能对相关重要性市场客户群体产生更大的吸引力，从而在开拓新的营销渠道方面事半功倍，有效降低成本。银行进行合作营销包括银行之间、银行与企业之间的合作。

银行之间的合作营销通常是大型国有银行或股份制银行与城市商业银行、信用社等地方性商业银行进行合作，一方具有跨区域网络、业务资源、产品创新、系统研发、管理经验等优势，另一方拥有资金实力、区域网络、客户及服务等优势，双方建立战略合作伙伴关系，在各个层面全方位地开展业务合作，从而达到合作营销的目的。银行之间的合作营销不仅有利于提高商业银行市场营销工作效率，更准确更快捷地让目标客户感知自己的产品，而且有利于银行业务以及客户的拓展、银行产品的推广和品牌的建立，为实现银行之间互利共赢创造了良好的条件，因此，合作营销逐渐在我国商业银行的营销模式中崭露头角。

　　银行与企业之间的合作营销通常是指银行与企业在某一类业务或某一种产品创新上的合作营销。企业作为资金需求者，通过银行融资等方式从而为自身产品推广提供支持；银行虽作为资金供给者，但也可以通过合作方式开展现金管理服务营销，从而推广银行自身业务和服务。银行与企业开展合作营销的过程中，瞄准市场、精选目标企业，从而为商业银行深入营销相关业务及产品提供依据，为企业提供优质服务的同时，加强与企业合作准确率，实现双方共同发展目标。

　　合作营销在多种营销渠道中，属于低成本、高效率的营销渠道之一，高效的合作营销无论是对商业银行还是企业都将起到相互补充的功能作用，进而突出营销效果。从商业银行自身来看，通过合作营销主要可以达成以下目标：第一，开发全新市场。商业银行在激烈的市场竞争中需要不断开发新的目标客户，进军新的市场领域，为此，需要做好充分的前期准备，投入相关的人力、物力和财力，甚至还有可能需要冲破各种意想不到的竞争壁垒和人为限制。相比而言，商业银行走合作营销道路，可以加强与不同行业企业或不同地区企业之间的合作共赢，将商业银行的营销资源与共同合作的企业的营销资源相结合，实现优势互补，共同开辟出进入新兴市场的有效途径，在规避风险的同时，也会更大地提高成功的概率。第二，降低营销成本。进行合作营销的双方都能通过此方式降低各自的营销成本，由于单个银行或企业的营销能力有限，通过合作方式可以较好地解决营销费用共同分摊的问题，在营销总费用增加的情况下可以减轻单位费用支出的增加幅度，或者在营销总费用未增加的情况下，却能有效实现商业银行和企业双重的或者更大范围和更高层次的对外促销的宣传效果，从而更充分发挥出相关联盟成员之间的集体合力作用。第三，吸引潜在客户。不同于普通的、一般的营销手段，合作营销手段主要着力点在于通过对相关产品进行合理的优化和重新组合，一方面，可以实现与其他相关行业分享相互间的不同营销渠道；另一方面，别具一格的产品组合给客户以新颖的感觉，能极大地提高客户对产品的认同感、接受度，从而在一定程度上增加产品的附加价值。以产品为媒介，可以极大地提升商业银行实施营销服务的层次和水准，有效增强各类客户对商业银行的黏性和忠诚度。可以肯定的是，商业银行和企业通过合作营销，针对双方共同的特定目标客户群体提供量身定制的特定增值产品或优质服务，可以更有效地吸引并留住潜在客户。

9 我国商业银行消费信贷业务创新机制建设

业务创新是商业银行的发展动力。消费信贷业务在我国刚刚起步，品种也较少，且各地区之间环境差异大，适应性也不一样。因此，商业银行应研究消费信贷运行规律和发展趋势，不断进行业务创新，以推进我国消费信贷业务向新的更高层次发展。

9.1 商业银行消费信贷业务创新发展概述

消费信贷的创新发展不能脱离消费的基本要求，不仅要能够适应市场、满足消费，还能引导市场、创造需求。伴随着我国经济发展进入新发展格局，居民的消费需求也发生了趋势性的根本变化，并展现出新的、不同以往的阶段性显著特征。商业银行应积极顺应消费变化趋势，抓住机遇调整信贷结构，在产品、渠道、运作方式等方面加大创新力度，实现新发展格局下的盈利常增长。

9.1.1 商业银行消费信贷业务的创新特征

我国商业银行在推进消费信贷业务不断向前发展的过程中，正面临着消费结构升级、市场竞争加剧和宏观经济转型三个方面的市场环境。把握消费信贷业务发展的时代特征，成为消费信贷创新机制建设的基本出发点。

9.1.1.1 消费结构升级催生新型消费信贷供给

改革开放 40 多年来，我国的居民消费无论是规模水平还是结构层次都已发生巨大变化。毫不夸张地说，大众消费的崭新时代已经到来，最为突出的特点是：消费需求的大众化、平民化、定制化日益彰显，并成为时代标记。相比于以往的居民消费结构，不难发现，当前我国城乡居民的消费结构呈现出新的更加明显的"三维"印记：一是由过去的"生存型消费支出"稳步地向"发展型消费支出"转型升级，二是由以往的"物质型消费支出"逐渐地向"服务型消费支出"转型升级，三是由大众化的"传统型消费支出"悄然地向个性化的"新兴型消费支出"转型升级。

第一，由"生存型消费支出"向"发展型消费支出"转型升级。一方面表现为近年来生存型消费的不断降低，2002—2018年，全国居民恩格尔系数从37.7%下降至28.4%，反映食物支出占生活消费支出总额比重的恩格尔系数不断下降说明家庭消费水平开始向更高层次发展；另一方面表现为发展型消费的持续增长，在不考虑物价因素变动的前提条件下，相关资料显示，从1993年到2018年，经过35年的改革和发展，无论是我国城镇居民的人均消费支出还是农村居民的人均消费支出都发生了举世瞩目的变化，年均增长率水平分别达到11.35%和12.19%，进一步从结构上观察不难发现，其中文教娱乐方面和交通通信方面的消费支出年均增长速度更是分别达到了14.16%和16.95%。第二，由"物质型消费支出"向"服务型消费支出"转型升级。一方面，在经历了改革开放初期我国城乡居民消费支出"井喷式"扩张后，市场趋于稳定，城镇居民绝大部分家庭的"大件"消费支出总体处于饱和状态，与此同时，占人口比重绝对优势的农村居民的家庭"大件"消费支出也很快得到改善，农村居民的满足感、获得感和幸福指数明显提高，现实情况显示，大多数农村居民家庭的耐用消费品支出部分已基本实现财务自由，客观上不再成为家庭消费支出的主要压力节点，多年以来曾经长时期在农村流行的农民居家"三大件"已退出历史舞台，在根本上从消费领域淡出；另一方面，服务性消费规模不断扩大，增速持续快于商品性消费，在消费中的占比逐年提高，服务型消费主导的时代将不可避免地到来。第三，由"传统型消费支出"向"新兴型消费支出"转型升级。从实际情况分析可见，一方面，银行传统范

畴的零售业务增速逐步放缓，汽车、住房等传统支柱型大件消费逐渐
进入低迷期；另一方面，网购消费、虚拟消费、小众消费、"互联
网＋"消费等新型消费行为不断兴起，并迅速风靡市场。

消费结构升级蕴藏着巨大的消费潜力，预示着我国消费时代的来
临，商业银行消费信贷业务应紧跟消费结构升级步伐，以新型消费需
求为核心，加快创新机制建设，满足社会不断增长的服务消费需求。

9.1.1.2 市场竞争加剧促进创新和服务能力提升

随着消费结构的升级，消费信贷市场竞争愈加激烈，逐渐进入传
统商业银行、消费金融公司和电商等互联网金融平台"三国争霸"
时代。

传统商业银行是消费信贷领域中的主体。由于消费信贷业务本来
就是银行零售业务中的一环，商业银行在消费信贷业务开展上已经积
累了比较丰富的经验，此外，强大的客户基础、专业的风险控制能力、
充足的资本金以及负债端优势都使银行在与其他类型机构的竞争中取
得优势。如今，传统商业银行纷纷转型加大投入，消费信贷逐渐成为
零售银行业务持续发展的重要动力。

为了扩大消费、促进内需，从 2009 年 8 月首批 4 家消费金融公司
试点到 2015 年 11 月消费金融公司试点在全国范围内放开，消费金融
公司加速扩容。截至 2018 年末，我国消费金融公司行业资产总额
3 620.39 亿元，贷款余额前三名的消费金融公司为捷信、招联和马上
消费金融，三家公司的贷款余额更是分别达到 898.35 亿元、720.14 亿
元和 389.53 亿元。与传统银行相比，消费金融公司审批速度快、服务
方式更灵活，具有小、快、灵的特点。因此，作为新兴的金融机构，
消费金融公司未来发展空间巨大。

电商等互联网金融平台这两年也开始在消费信贷领域发力。如天
猫、苏宁及京东等电商平台，都已摩拳擦掌要在这场盛宴里分一杯羹。
由于电商在互联网金融、网络零售、用户大数据等领域均具有比较明
显的优势。因此，在细分的互联网消费信贷领域中，综合竞争力也最
强，其中具有代表性的是京东白条和阿里分期。

9.1.1.3 宏观经济转型加快银行信贷结构调整

改革开放 40 多年来，我国经济发展总体走过了以货币宽松为典型特征和以投资为主要驱动力的高速增长期，相比而言，当前我国经济正处于新的发展阶段，步入下行周期，钢铁、水泥、房地产等行业产能严重过剩，去库存状态持续，低增长将成为新常态。

在宏观经济下行背景下，我国传统银行业将面临严峻挑战和考验。第一，资产需求减少，新增信贷持续大幅扩张的局面难以持续；第二，利率市场化的深入推进与央行为维稳经济运行而多次非对称降息等因素导致利差大幅收窄，严重影响银行业利润水平；第三，实体经济萎靡，银行面临的信贷风险可能集中暴露，导致银行资产质量将持续承压。截至 2018 年四季度末，我国商业银行不良贷款余额 2.03 万亿元，较上季末减少 68 亿元，不良贷款率 1.83%，较上季末下降 0.04 个百分点。

与此同时，银行业也将迎来重要战略转型契机。当前商业银行亟需转变重资产、重资本的发展模式，走轻型发展模式。例如，商业银行为应对资产质量的持续下滑，可以主动对信贷资产结构进行调整，对产能过剩行业的贷款规模进行一定压缩，并严格实行名单制，严格控制对风险高的行业或产业投放新的增量贷款。此外，在经济下行期这一特殊背景下，商业银行对工商企业放款普遍较为谨慎，在该领域的优质资产也深感缺乏，在此前提下，可以适当改变资金投向和调整资产结构，进一步加大在消费信贷领域的资金投放力度。

9.1.2 商业银行消费信贷业务的创新思路

立足于消费信贷业务的三大时代背景，当前商业银行消费信贷业务有两大发展趋势：一是消费信贷品种不断丰富，产品个性化、多样化逐渐成为主流。随着人口结构的不断变化和新兴消费群体的持续加入，催生了层出不穷的新型的消费热点和消费需求，倒逼消费信贷产品不断创新。进入新世纪以后，年轻的 80 后、90 后、00 后等群体逐渐成为当代社会人口群体中最具活力、最具影响力的中坚成分和消费需求最旺盛的社会主流群体，该群体的重要特征表现在：更加强调消费的个性化、特色化和多样化，更加在意消费的亲身体验和直观感受。二是有效构建起适应新型市场变化需求的中国特色消费金融体系，既是国内零售银行业务的新的重要切入点，也是国内各类型商业银行深化结构调整以突破转型发展瓶颈、提升业务竞争能力的必然选择。随着我国利率市场化的全面推行和融资脱媒现象的日益常态化，直接或间接地对国内商业银行的业务导向、经营模式产生影响并进而对商业银行的成本控制能力、实际盈利能力和人才培养能力等方方面面带来冲击。同时，也毫无疑问为商业银行进一步的转型发展、业务创新、能力提升等方面带来可预期的重大机遇。在此特定背景条件下，有效构建起能适应市场化需要的高效的消费金融服务体系，有利于推动消费信贷进一步打开市场，逐步将居民的自我积累型滞后消费转变为通过消费信贷强力支持的适度提前消费，并进而在一定程度上促进消费结构升级，使之向更高的层次发展。

随着我国消费信贷业务迅速发展，服务领域不断扩展，但与国外相比，我国商业银行消费信贷业务可发展的空间还很大。积极推动消费信贷业务创新，对有效促进我国消费信贷的全方位、高质量发展具有重要的现实意义。

通过创新来推动我国商业银行的消费信贷业务快速发展是一种战略选择，客观而言，消费信贷业务创新包括产品创新、渠道创新、运作方式创新等方面，将客户需求贯穿产品开发全流程，运用互联网扩展业务渠道，以安全性、流动性为基础创新运作方式，实现商业银行的盈利性。产品创新方面，商业银行可以目前已开发推广的成熟产品为基础，借鉴发达国家的经验，通过对现有产品进行整合、加大对创新产品研发投入以及有选择性地对不适宜的产品进行市场退出，从而达到全面扩大我国个人消费信贷业务品种，实现产品的多样化和多层次。首先要适应市场需求，有的放矢。应注意跟踪、研究和客观分析社会各阶层居民消费偏好和消费潮流的变化规律、变化趋势，适应不同客户及不同消费对象的多元化消费需求，特别需要对中等收入阶层消费对象的消费需求进行重点研究和分析，在此基础上，有针对性地设计出具有代表性和个性化特征的新型消费信贷产品。其次，更多运用互联网大数据技术以及数字金融科技手段来推动和进行消费信贷数据的广泛采集、精准分析和深入研究，并贯穿于数据挖掘、结果展示等消费信贷产品加工生产的各个环节中，创新消费信贷工具，以开发新型消费信贷产品。最后，对于已有的信贷产品，将其不同要素进行分解和重组，以满足客户对多样化产品的需求。渠道创新方面，依托互联网平台，通过银行电商平台扩展消费信贷业务内涵，运用移动终端拓宽消费信贷业务入口，以吸引高移动互联网属性的年轻消费者，打造消费信贷线上自助办理，通过线上聚拢人流，线下整合产品，实现无地域、空间限制下的客户与银行的信息对接。运作方式创新方面，通过构建银保联动机制有效分散消费信贷风险，使消费信贷可以在稳定和安全的环境下运作。依托资产证券化，实现商业银行从贷款持有型向贷款流量管理型转变，从而盘活消费信贷资产的流动性。

9.2　商业银行消费信贷业务产品创新

由于消费信贷产品创新的源泉来自于对不同层次消费群体的消费行为、消费信贷需求的个性化和多样化需求考量，并与此相对应，这便要求消费信贷提供者挖空心思，不断开发出新型的信贷产品来迎合消费者的这种需求。

9.2.1　基于多层次客户需求的消费信贷产品创新

根据有关资料显示，从 2010 年以来，我国的消费信贷产品占据主导地位的是住房消费贷款，其占比达到 70％左右并始终维持在该稳定水平，由此可见，住房消费贷款一直是我国商业银行消费信贷领域众多贷款产品中的绝对主力产品。要探究其中的根本原因，不难发现，这种情况的普遍存在很有可能与商业银行风险控制体系所固有的局限性有关：强调借助不动产做抵押物和第二还款来源以达到风险可控才能发放贷款。正是由于这种授信模式与消费闭环的制约，导致商业银行消费信贷发展缓慢。如今随着人们消费需求的转变以及市场接受程度的增加，未来非房产类消费信贷会有更大的增长潜力[217]。

当前我国消费信贷需求的发展呈现多元化、分层次、新型化等特征，各年龄层次、各社会阶层、各地区以及不同性别的消费者具有不同的消费信贷需求。如图 9.1 和图 9.2 所示，波士顿咨询公司（BCG）对我国消费者进行调查后发现，有 41％的年轻人群体更愿意尝试采用

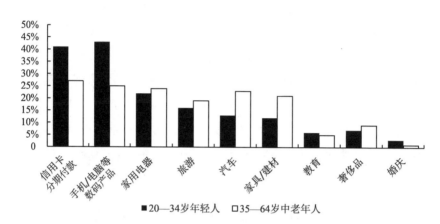

图 9.1 不同年龄层的消费者对消费信贷产品的需求

资料来源：波士顿咨询公司（BCG）

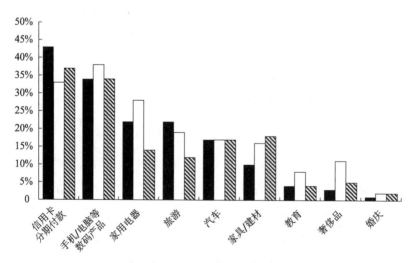

图 9.2 不同收入阶层的消费者对消费信贷产品的需求

资料来源：波士顿咨询公司（BCG）

信用卡分期方式进行消费贷款，与此形成鲜明对比的是中老年人群体表示有这种使用信用卡偏好的仅占 27%，说明中老年人对消费信贷产品的认知普遍较为保守，且其信贷需求主要集中于汽车、家具建材等传统消费领域；此外，富裕阶层消费者使用信用卡分期的频率相对更高，其目的在于优化财富管理和提高资产流动性，新兴富裕阶层的消费信贷需求主要表现为品类选择多样性突出，且在 3C 数码产品、家用电器以及奢侈品等消费信贷产品中表现更为活跃。

为适应市场需求变化，抢占消费信贷市场先机，各商业银行应加快建立面向多层次消费信贷需求的产品体系，构建汽车、旅行、教育、数码、家电、家具、房产等多领域垂直化发展战略，并通过明确自身的目标市场定位，了解不同用户的个性需求，进而开发针对性的、特色化的消费金融产品和服务，形成特色的竞争实力，从而建立培养忠实用户，最终占有市场份额。以浦发银行的信用卡业务为例，该行从居家旅游、家用轿车购买、子女教育、商圈购物以及居民其他消费等多消费场景切入，紧密加强与各类商户共同合作，全面推出了汽车分期消费贷款、商场分期消费贷款、家装分期消费贷款、教育分期消费贷款等特色化消费金融产品，着力将"分期支付"的新型消费理念全方位渗透进消费者的日常生活，绑定居民家庭消费支出的方方面面。针对需要继续充电学习的白领族，浦发银行信用卡推出了教育分期业务，减轻其一次性支付学费的压力；面对更多的消费者选择分期支付的方式来购买私家车的市场趋势，浦发银行信用卡与众多汽车品牌开展深度合作，让利活动让持卡人享受专属福利；此外，面对火爆的出境旅游市场，浦发银行信用卡还于近期推出了日本"万人赏樱"旅游系列项目，每位持卡人最高可享 7 050 元优惠，持卡人如选择分期支付旅费，还可额外获 500 元刷卡金。

9.2.2 基于大数据技术的消费信贷工具创新

消费信贷产品的设计既要便于个人信用信息批量化处理，又要提供个性化服务，这就要求消费信贷工具创新以满足消费信贷产品各个环节的需要。消费信贷工具创新应在进行信息采集、校验、加工、评估和咨询过程中，将大数据技术和大数据思维运用于不同的工序和消费信贷产品加工生产线上，从而增加产品附加值，扩大消费信贷产品开发。如图 9.3 所示，大数据技术的应用主要是在以下几个环节：数据采集、数据预处理、数据存储、数据分析/挖掘、结果展示。利用大数据技术来对业务发生的大量非结构化的信息数据进行科学归类和技术处理，由此可见，可以将 MapReduce 等技术手段应用到上述工作进程中的每一个处理环节及相关处理程序中。

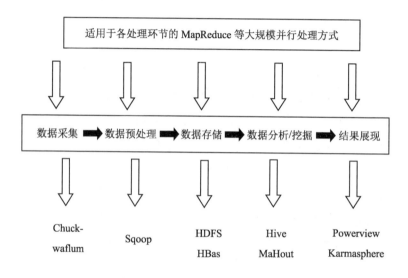

图 9.3　大数据技术工具应用图

首先，数据采集。即信息数据获取环节，对于采集非结构化信息数据，在大多数情况下，都广泛采用网络数据采集法。客观而言，该方法的应用基础主要表现在通过网络爬虫或利用网站公开 API 等各种互联网金融技术手段从特定网站上获取到所需的各类数据信息。其次，数据预处理。即信息数据的初步处理环节，现实情况显示，在各种大数据应用场景中，由于目前依然普遍存在着各类文本数据和资料、相关视频信息和不同类型图像信息等非结构化数据资料，传统数据描述方法由于其固有限制，已经不能满足大数据的多样性需求，需要按照数据信息的不同属性，选择不同维度，从不同视角对相关数据进行客观而准确的描述，从而有效提高数据信息的可信性和可解释性，以利于对客户需求的各种变化情况进行灵活而高效的分析研究。第三，数据存储。即信息数据的保存环节，在大数据信息分析领域中，常用的较为有影响的对海量文件进行存储的技术主要有 Hadoop 的 HDFS 和 Google 的 GFS，GFS 的开源实现是 HDFS，两者采用的存储方式都是分布式存储数据模式，其基本原理都是用冗余存储的模式来有效保证数据信息的可靠性，一般情况下文件块会被依规律复制并存储在不同特点的存储节点之上，而且有三份默认存储副本保留。第四，数据分析/挖掘。即数据信息的深度整理和分析环节，海量数据挖掘技术的代表就是 Hive 和 Mahout。第五，结果展现。即分析结果的展示环节，从内涵上理解，就是实现数据的可视化环节。该环节力求从各类底层平台运行过程中所完成的对相关基础数据专项分析和计量处理结果，特别是通过运用软件工程和大数据挖掘技术获取的大量信息和系列结果中，去精确寻找或有效获取相关表格、构造图片或映射关系，从而真正体现以简单化、质量好、易应用为特征和以智能化、科学化、图形化为代表的独特形式呈现在各层次具有不同需求的特定用户面前，有助于其进行系统性的专门研究和专业化的分析处理。同时，在实际应用当中，还可以通过利用有关的数据访问端口或应用商业智能门户来促成其有效实现。

通过利用大数据分析技术对信息进行采集、清洗、存储和分析之后，商业银行应对客户进行标签化，构建全息画像，并基于全息画像对客户的需求进行精准定位，以此为依据调整和优化风险敞口与服务体验。在场景交互（如"融资-投资"）中还可以挖掘出客户生命周期下的需求迁移，提供更紧密的产品与服务。此外，商业银行还可以利用大数据技术在风控方面的优势，开发极速贷款工具。由于消费者越来越注重信贷工具的便捷、快速、体验等方面，因此商业银行可以简单快捷的为目标做出差异化工具，推出极速贷款模式，实现自动化审批与信贷流程一体化，来吸引潜在客户。

大数据技术在建行"善融商务"中的应用

"善融商务"是中国建设银行于 2013 年 6 月推出的以专业化金融服务为依托的电子商务金融服务平台,该平台集信息流、资金流和物流为一体,着重为各类、各层次有信息需求的客户提供有关信息发布、分期付款、贷款融资、资金托管、支付结算、在线交易和房地产交易等全方位、多层次、专业化的金融服务。该电商平台的具体情况如下表示。

表 9.1　建行"善融商务"功能介绍

组织系统	交易模式	支付方式	个人业务	企业交易
企业商城	B2C	信用卡支付	投资理财	托管业务
个人商城	B2B	网银支付	各项缴费	支付结算
房 e 通		分期支付	小额贷款	融资服务
		组合支付	权利质押	
			其他贷款	

(1)积累海量用户数据,形成"信用档案"。"善融商务"主要是利用相关平台数据为在该平台上的所有不同性质的客户建立起专门"信用档案"。该档案系统的主要功能是对商户的业务经营状况和重要信用信息进行记录,从而助力中国建设银行在面向未来不同发展阶段,开展相关对公融资业务所进行的统计分析和科学决策中提供有效参考。该"信用档案"所涉及的大数据资料的具体内容主要包括相关资金流变动信息、相关业务交易行为信息以及相关客户实名认证系统中形成的积分信息、经营年限和活跃度积分等大量的数据信息。利用大数据分析方法对上述数据进行统计分析,能够有效建立起系列具有社会公信度的特定的"信用指数",利用该"信用指数"来衡量相关客户基本信用度及其

经营信用的综合情况，并进一步与建设银行贷款额度建立关联关系。建设银行对"善融商务"平台上所开展的任何一笔交易业务都有记录并且能及时鉴别其真伪情况，由此获取的有用信息可以成为建设银行对相关客户进行信用评级和资金授信的重要决策依据。毋庸置疑，利用由此建立起来的"信用档案"进行决策，不但能更好地帮助建设银行对小额融资申请进行自动化和批量化的审批，而且对解决中小企业一直以来所固有的融资难、融资贵问题也一定具有十分重要的现实意义。用发展的眼光看，该"信用档案"的有效建立和科学应用，不但有助于建设银行提高重点客户的黏度，并进而有效规避和防范各类信贷业务相关风险，而且会持续降低建设银行贷款业务经营成本，大力提高各类贷款的整体质量水平。因此，也是建设银行实现智慧型风险管理的有效途径。

（2）借助大数据分析客户需求，实现精准营销。大数据时代的数据信息非常宝贵，可以为银行信贷业务和金融产品创新提供不竭源泉。"善融商务"平台汇集了银行开展电子商务过程中的相关信息数据，从而成为各类资金流、物流等信息的归集和分析中心。通过运用科学方法对"善融商务"平台所积累的规模庞大的有用信息数据进行整理和分析，可以客观而清晰地反映商户的经营情况、资金流量以及消费行为特征；与此同时，对消费者个人偏好的各类消费模式选择、资金融通需求等方面的信息进行科学分析，从而获得客户的精准"画像"，借此可以有效解决或缓解银行与客户之间的信息不对称问题。对商业银行而言，分析并满足客户的不同需求是其追求创新的永恒动力。为有认证需求的客户提供银行联合体之间的联贷联保信用贷款，"善融商务"系统特别针对该平台上的重要的大买家，着力推出银行"大买家供应商融资"系统，以期更便捷、更高效地向该平台的认证客户适时而全面地提供以建设银行大买家企业"供货订单"为担保标的物的保证贷款；与此同时，"善融商务"系统还可以针对平台不同的普通供应商和采购商，因地制宜，大力推出"速贷通"，及时向各类不同性质的平台认证客户量身定制、精准提供以不动产为抵押标的的抵押贷款；"善融商务"系统针对平台的有关核心企业供应商，着力推出"e点通"，向平台认证客户积极提供以核心企业"应收账款"为标的物的所有权担保的定向保理；在此基础上，"善融商务"系统专门针对平台的各类小企业客户，为它们量身打造"小企业客户融资通"产品，并针对该平台认证或注册的各类小企业客户，专门提供独具特色的小企业融资产品申请通道。总之，这种基于大数据背景下的建设银行金融创新产品基本可以满足当下相关企业用户和不同个人用户对各类产品的需求期望。突出以网络化特点和个性化特征为标志的相关金融产品创新，不仅体现了商业银行整体实力，也展现了现代商业银行实行智慧型风险管理的巨大能量。

（3）通过大数据分析手段进行客户的精细化管理，极大地降低金融服务门槛。实践已经证明，利用大数据技术进行信息的深度挖掘和分析，极大地提升了商业银行对大量非结构化数据进行有效处理的能力，持续增强了商业银行对"长尾"用户信用信息的处理能力。从历史维度来客观观察，不难发现，在之前实行金融抑制的背景下，对具有一定规模水平的业务，商业银行热衷于进行所谓的精细化管理，以达到规模效应；与此相对应，针对规模以下的小额存贷业务，银行往往难以做到有效管理。"善融商务"在推行精细化管理的进程中，作为一个专业化的、能够发挥特殊功能的电子商务平台，无容讳言，对在平台上开展的不同类别的业务，商业银行可以凭借自身业务和服务功能优势，进行分类信息数据的采集和系统加工分析。由此形成的相关数据库将发挥重要功能作用，不但能完整记录商户的每笔交易基本情况、资金信息、询价记录等，也对相关顾客的特定消费偏好、信息搜索行为和商品买卖交易等信息进行客观反映。大数据挖掘技术在精细化管理过程中的广泛应用，不但可以有目的地专门针对不同客户的特定需求进行有效数据挖掘，强化对信息深度分析，而且，可以充分利用大数据分析结果竭力为商业银行实施精细化、全方位的精准管理提供有效参考和决策依据。从而极大地提高商业银行服务质量，从而也提高了商业银行的综合服务能力和服务水平，大大降低了商业银行服务客户的基础门槛。毫无疑问，这对于大量处于"长尾"端的个人用户集团和中小企业客户群所共同形成具有特殊性质的专门市场具有天然的竞争取胜优势。毋庸讳言，建设银行凭借"善融商务"平台已经在同行中鹤立鸡群，赢得了宝贵的先机。

9.2.3　基于产品要素的组合方式创新

消费信贷产品包括了贷款对象、贷款用途、信用额度、期限、利率、还款方式等要素，对已有信贷产品的不同要素进行分解和重组，让消费者在利率、期限及还款方式等方面有更多选择。如平安银行推出的"新一贷"，最快可以1天放款。贷款额度方面，可以申请到从5万元至50万元，当然如果贷款人有不动产证明，则可申请到较高的额度。广发银行推出专门针对国有企业员工、公务员、律师、教师等白领阶级的消费贷款，该款消费贷款产品在申请过程中并不需要提供担保和抵押，只需符合年龄在25—55岁，税后月收入6 000元以上或银行每月流水超过2万元即可，而且放贷速度也比较快。民生银行针对在短时间内需要一大笔资金而又有稳定收入的客户，推出按日结算、无固定还款周期的个人信贷产品，积累了丰富的经验。中国银行全力推出的"中银新易贷信用卡"产品，有效地将消费金融贷款与信用卡两大功能进行了完美的结合，其突出特点表现在：保证了有关客户的信用卡透支消费额可以在免息还款期满后能够自动地转化为普通的消费金融贷款，并且无缝对接直接享受"新易贷"优惠，即获取比信用卡透支利率相对更低的贷款利率与最低还款要求便利。此外，实行更为灵活的还款方式也是推动消费信贷品种创新一个不容忽视的方面。倘若将贷款用途、额度、期限、利率、还款方式等进行不同的组合，消费信贷产品则更是名目繁多。

此外，近年来随着财富的不断积累，人们对金融服务需求日益增长，闭环式综合金融产品开始兴起。商业银行可通过推出"消费信贷＋"系列产品，为客户提供一站式服务。第一，"消费信贷＋理财"。目前消费信贷正成为我国商业银行个人客户群体家庭整体投资规划中的非常重要的组成部分，从大部分中等收入家庭来看，"周转性信贷需求"正在日益增加，因此，商业银行可将消费信贷产品融入财富管理整体概念中，根据客户特点，为客户提供兼具信贷、理财功能和现金管理功能于一体的专业金融产品。例如，广发银行所开发并推出的"自信卡"产品，就具有非常明显和典型的特征，该产品不但能为相关客户提供高达 300 万元额度的消费信贷，并做到随借随还，相关额度 5 年有效，而且，更为特殊的是其所提供的既是专属理财产品，也是智能现金管理产品，能够全面满足各类客户的财富管理需求，同时，为广大客户的闲置资金增值理财创造了巨大空间。第二，"消费信贷＋保险"。在消费信贷中引入保险机制，可以综合降低资金成本，有助于资产变现。较为典型的案例是：泰康在线与中诚信征信有限公司和小信用个人信用聚合管理平台于 2016 年 3 月共同联合推出"互联网消费信用保险"。由于引入了保险机制，借助小信用聚合管理平台相关场景，用户能够适时查询自己所获得的信用分值、评估自己相应的信用水平，同时可以按照规定标准获得旅游场景下的一定授信额度，从而可以按照相应价格购买一定范围内的相关旅游产品，并享受可免利息和服务费的旅游分期服务产品。

9.3　商业银行消费信贷业务渠道创新

在当前产品与服务同质化趋势加剧的市场经济中，渠道管理与创新成为一个企业生存与发展的重要手段。商业银行消费信贷业务渠道创新主要包括以线上化促进消费信贷业务自助办理、以移动化促进消费信贷业务终端拓宽、以电商化促进消费信贷业务平台扩展和以场景化促进消费信贷业务链条延伸四个方面。

9.3.1 以线上化促进消费信贷业务自助办理

随着自媒体和社交媒体的快速发展并进入人们的日常生活，让客户能够掌握比以往任何时期都要多的信息享用权和话语权，得益于此，银行与客户之间过往所存在的信息不对称问题正在逐渐得到一定程度的解决，由此也进一步促使客户增强了自主挑选有关信贷产品的意愿和行为能力。在互联网技术高度发达的今天，应运而生的线上消费信贷也不失为一种良好的创新型消费信贷业务渠道。人工智能、机器学习等先进技术的开发应用为商业银行开展线上化自助办理消费信贷业务提供了条件。

通过全新的"互联网平台申请＋数据模型分析＋多渠道自助支用"业务交易模式，可以有效建立起特色化的"消费贷款申请专区"，利用该平台可以将借款申请受理由线下转移到线上，实现消费信贷自助办理。客户足不出户就可以申办消费信贷，无需提交任何资料，银行预授额度、在线审批、贷款资金实时到账。此外，客户在申请一定额度的消费贷款时，可以随时签约并利用"消费信贷自助支付"工具的便捷功能，将银行贷款额度绑定客户的放款借记卡，这样，客户在持卡进行交易支付的同时就会联动触发与此相关的单笔贷款的及时发放，实现消费信贷自助支付。

上述可见，消费信贷全新线上化自助办理交易系统不但为客户带来交易的便捷和享受低价的优惠，而且也让商业银行的业务处理成本同时得到较大幅度的降低。具体而言，表现在以下几个方面：一是银行业务受理成本得以有效降低。与传统个人消费贷款比较所不同的是互联网能够实现个人消费信贷的自动化、批量化处理，从而大幅降低单笔贷款成本支出，由此也使得银行消费贷款业务的办理大大降低了门槛，从而促使客户群体得到迅速扩大。二是银行业务审批成本得以有效降低。纵观国内外已有的经验不难看到，Bill Me Later 等线上平台的最大优势就是不受物理空间的限制，能够为客户提供各类实时的消费信贷业务服务，究其原因，主要在于其得益于利用了云计算、大数据分析、物联网技术以及定位功能等相关高科技手段，通过社交网络和电商平台所大量积累的不同客户群体及其形成的适时高频交易数据，能够快捷、高效地掌握不同类型客户群体在金融服务方面的个性化需求和有关个人偏好。这对银行的重要启示在于：要最大限度地利用好银行自身拥有的大量客户信息数据及客户留下的各项行为记录，有目标地开发出高效的个人申请评分系统和客户行为评价模型，借助互联网消费信贷系统有效提高银行的自动化处理能力以及精准定价效率，从根本上实现由单纯的线上消费信贷交易业务向多功能、自动化审批的全方位转型。

9.3.2　以移动化促进消费信贷业务终端拓宽

伴随着社会变迁，传统消费快速迈入到新的移动支付时代，由此带来消费观念的重大改变，消费者群体越来越多的习惯于利用平板电脑或手机等移动终端来进行各种消费付款，显然，手机已成为人们的"第二钱包"和最常用的支付手段。在各家银行的 APP 里已经能够全方位实现无卡取现、无卡理财、无卡汇款、订机票、买电影票和购物等日常支付。移动终端让人们的消费突破了所有的时间和空间局限，方便快捷的购物体验使得消费者在任何使用手机的场景下都可能产生购买行为。百度公司对移动互联网网民行为数据进行分析后发现，有 93％的用户在等待时产生过消费行为，92％的用户在床上躺着时有过消费。此外，上下班途中、社交活动过程中、购物时、开会上课也都成为手机用户的主要消费场景。目前中国平均每人拥有 4.2 部移动终端，用户时间因智能手机的使用习惯越来越碎片化。

在新的形势下，客户的金融服务需求和交易支付呈现出向移动终端迁移的显著趋势，为此，商业银行要顺应潮流，转变观念，进一步发力移动金融，全面构建起以手机银行支付为主要渠道，以微信银行、智能客服等为重要支撑的综合移动金融服务体系。在移动端产品创新方面，商业银行应以 iOS、Android 手持移动智能终端运行操作系统为载体，适时将移动互联网技术运用于社区金融服务体系，在满足缴纳个人所得税、方便缴交个人社保费用、完善并提高电话费缴纳和定期公积金缴存效率以及加速银联系统相关交易数据的及时采集和运用、家庭与单位日常水电费缴纳等方面构建起高效率的信息数据处理系统，创新消费微贷产品。在业务流程方面，实现全自动地移动互联网销售，在无人工成本的条件之下，借助移动互联网的方法，通过移动端自动化授信，以接近零的边际成本去获取客户。

9.3.3　以电商化促进消费信贷业务平台扩展

当前，我国电子商务发展正在进入密集创新和快速扩张的新阶段，日益成为拉动消费需求的重要引擎。商业银行可借助正规的电商服务平台或者第三方支付合作服务商，高效合规收集客户的各类线上商品交易信息、金融服务信息以及相关物流信息等，结合银行业自身拥有的财务运行、存款存取、贷款收放等传统信息，科学构建起高效而完善的金融数据仓库，进而从流程、数据、平台和产品等层面推进消费信贷业务平台扩展。

由于我国商业银行涉足电商领域的时间不是太长，加上银行在信息平台建设、物流平台运行以及人才储备等方面都很难与传统大型电商相提并论，劣势明显，从而约束了其在金融领域的优势动能的有效发挥。所以，无论是现阶段还是到今后较长的一段时期内，商业银行都有必要与电商进行积极的跨界合作。一方面，银行与传统电商有所不同的是，银行之所以发展电商业务，其最直接的目的并不是期望跨入电商领域以电商平台作为谋利的手段，恰恰相反，银行是想以跨入电商领域作为联系客户的重要平台，进一步发现客户、稳定客户、提升客户、黏合客户并为客户提供全方位优质金融服务，这显然与传统电商单纯盈利的目的相去甚远。另一方面，银行寄希望与传统大电商积极合作，实现强强联合从而达到交叉销售的目的，进而实现相关资源的深度共享和全面整合利用。银行和电商各自借助自身的相对优势资源和丰富的交易经验，实现务实合作。具体包括：推出联名信用卡，联合构建新型电子商务平台，充分利用大数据分析技术和云计算技术来实现高效金融支付和有效客户关系管理，推动银行金融服务再上新台阶。

9.3.4　以场景化促进消费信贷业务链条延伸

随着移动互联网的大力发展，场景化消费成为消费领域的一大亮点。场景化消费，强调的是人、时间与地点的结合。在传统的消费模式下，消费者往往出于明确的目的，到商场进行消费。在互联网时代，一方面，线上场景变得更加丰富多彩，消费者可以出于明确的目的，在各大线上购物平台进行购物。也可以通过微博、QQ、朋友圈等社交平台，在与他人交流的过程中，触发消费需求，从而进行购物。另一方面，线下场景与互联网技术的深度融合，让越来越多的消费者体验到消费的便捷与高效，提高了自身的消费热情，消费需求也将极大地释放。

面对消费模式的新变化，商业银行应加强线下渠道的建设。通过和商场、酒店、超市等商业主体的合作，在支付端投放自身消费信贷产品。同时派遣专人，在现场为消费者进行营销，让用户在购物、吃饭、看电影等各个场景中接入到自身产品，提高用户转化率。此外，商业银行还应加快与线上平台的合作，充分利用自身资金成本低、风控能力强的优势，将自己的信贷产品投放到线上购物平台，实现与消费者的无缝对接。对于各大社交平台，商业银行同样要抓住机会，让用户在碎片化的时间里，反复、不断地接触到自身消费信贷产品，触发用户的潜在消费需求，提高用户黏性。

9.4　商业银行消费信贷业务运作方式创新

相比产品和渠道的创新，业务运作方式的创新涉及的范围比较广泛，可能会包括业务地域的变化、业务范围的扩展、提供产品和服务的方式以及提供者与提供时间、价格组合等各个方面。当前商业银行消费信贷业务新兴的运作方式有两种，一种是积极构建银保联动机制，并通过该机制有效分散银行消费信贷业务风险；另一种是适时推动消费信贷资产证券化进程，盘活消费信贷资产，着力提高银行消费信贷存量资产的流动性。

9.4.1   依托"银保联动机制"分散风险

银行与保险公司和个人信用担保机构联动是一种新型的消费信贷运作方式。事实上，许多发达国家的商业银行已成功地联合保险及担保机构来运作个人消费信贷业务。例如，美国联邦住房管理局（FHA）、退伍军人管理局（AV）等专为中低收入家庭成立的抵押贷款担保机构，不但帮助大量普通消费者比较顺利地获取消费贷款，而且在住房二级市场的发展中发挥了重要作用。为此，我们可以借鉴发达国家发展消费信贷的成功经验，由政府相关机构或部门出面筹集建立专门的担保基金公司，其职能就是为消费信贷特别是住房类长期消费信贷提供担保。目前，全国各地正在建立健全中小企业信用担保体系，这说明我国在信用担保领域并非一片空白。比照中小企业信用担保机构的组建方式，建立我国的个人信贷担保制度，逐步成立能提供个人信用担保功能的信用中介机构，通过政府积极引导和社会共同参与，发挥政府和社会"双重力量"的强大威力，为商业银行加快推动个人消费信贷业务开展，提升借贷活动质量和效率提供更为可靠的信用担保。

商业银行应积极与保险公司协作，发展信用保证保险。具体操作方法是：作为贷款方的银行与作为借款方的消费者就某项消费信贷业务签订经济合同时，由保险公司对这一经济合同进行信用保险，并规定借贷款双方都必须向保险公司交纳一定数额的保费，如果规定期间内借款方未能按期履行合同义务，保险公司则要按相关规定确定的应承担的金额部分赔偿放款人的损失。这种方式在西方国家非常流行，例如，法国广泛实施的住房信贷信用保险产品就是通过商业银行与保险公司相互之间签订"团体合同"这一方式来充分实现的，具体而言就是如果借款人在还贷期间发生特殊情况而影响正常还款能力，例如出现失业、伤残、死亡等非正常事件或其他丧失工作能力和影响客户还款能力的情形，相关保险公司有义务和责任负责偿还该客户的购房贷款，而购房者拥有的房屋所有权属依然保持不变。另外，借鉴荷兰国际集团所推行的 ING 运行模式，通俗而言就是住房金融与寿险联合运营的一种机制：各类购房者按规定在支付了一定比例（一般为 30%）的购房首期付款后，可以到银行特别指定的相关保险公司自愿购买一份与该住房消费贷款金额相等、期限相同的人寿保险单。银行以该保单作为发放住房贷款的抵押物，并要求受益人为发放该笔住房贷款的银行。显然，在这种模式情景下，相关购房者必须每月向银行和保险公司分别支付抵押贷款利息和一定数量、一定比例的保费。当寿险合同期满或终止之后，由保险公司给付客户的保险金恰好可用于偿还贷款本金。

商业银行与保险公司及个人信用担保机构联动的最大意义在于，能有效分散消费信贷的风险。保险公司和担保机构可以为各种形式的消费信贷提供保险或担保。消费者向银行借款的同时，在保险公司或担保机构办理相关种类的保险，如发生借款人信用风险，由保险公司或担保机构代投保人即借款人偿还未偿贷款本息；银行则让渡抵押权，将借款人的债务交由保险公司或担保机构去追索。这样便有效地转移和化解了商业银行消费贷款信用风险和抵押物风险。通过将不同类别的消费信贷与保险和担保相结合，保险公司和政府的信用（政策性个人信用担保机构占主导地位）恰好替代了平常难以掌握、变化多端的消费者信用，这样，不但能使消费信贷业务在安全可靠、相对稳定的经济金融大环境下可持续运营，而且各家商业银行也可以因此更好地为客户提供更加优惠、更加便捷、更有影响力的各类借贷条件。这些条件具体包括：适度降低首付贷比例，适度优化贷款利率水平，科学设计期限更长、吸引力更大的还款期限等等。从而使消费者的消费信贷需求得到更好更广泛的满足，从而使银行获得快速发展消费信贷的技术基础和源动力。

9.4.2　依托资产证券化盘活流动性

美国信贷资产证券化市场结构中，90% 的基础资产池是零售贷款。

显而易见，这其中主要包括居民个人住房按揭贷款、学生助学贷款、个人其他消费贷款以及银行卡消费贷款等。中国信贷资产市场结构和美国有很大差异，相比而言，中国证券化信贷资产的基础资产池结构，个人消费贷款比重不大，90％为一般企业贷款。消费信贷资产证券化能够将贷款转换成新的可用资金，不但可以更有效地解决银行资产的流动性问题，控制贷款的流动性风险，而且可以通过证券化方式把相对集中在银行自身的违约风险分散和转移给不同偏好的投资者，从而降低银行系统整体风险度，一定程度上推动银行业务与证券业务的相互交叉和融合发展。实践已经证明，推进信贷资产证券化业务发展，有利于推动商业银行加快业务转型，即实现从贷款持有型银行向贷款流量管理型银行转变，并最终成为提高银行信贷资产流动性管理效率的一条卓有成效的重要途径。

从我国的实际情况出发，推动消费信贷资产证券化业务的广泛开展，应积极扩大消费信贷基础资产范围，由此形成具有一定规模的基础资产池，只有这样，消费信贷资产证券化的功能和作用才能得以更加充分地发挥出来。相比较而言，目前我国商业银行消费信贷资产证券化的主要标的物突出表现为住房抵押消费贷款以及汽车消费贷款和以信用卡贷款为主的小额消费信贷等。因此，商业银行应首先从这三个方面入手，不断创新产品交易结构，拓展融资渠道。第一，商业银行可以通过在特定范围内发行MBS（住房抵押贷款支持证券）等方式来广泛筹集资金，并将该资金专门应用于增加首套普通自住房用途或改善型普通自住房用途的相关贷款投放。第二，相比于住房按揭贷款二十几年甚至三十几年的贷款期限，汽车消费贷款的期限一般是三至五年，很显然，基于这种贷款的期限特征，可以更好地达到并实现商业银行所追求的"整体风险低、风险分散性好"等方面的贷款文化和风控期望。由于汽车消费贷款能够更好的加强管控和及时回收，并且相较于商业银行其他基础资产，现行国内各类金融机构（包括商业银行）的汽车消费贷款模式较为完善并日趋成熟，与此同时，国内汽车消费贷款在未来还有很大的扩张空间，也一定会成为未来资产证券化基础资产中的非常重要的有机组成部分。第三，小额消费信贷利率相对较高，受经济周期影响较小，平均剩余期限短，且贷款对象数量众多，风险较为分散，是理想的资产证券化标的物。但其资产评估工作量较大，商业银行可以运用"AI估"等系统实现自动化评估，可大大提升评估效率，节约评估成本，并能针对客户不同需求提供定制化服务。本书以"永盈2015年第一期消费信贷资产支持证券"为例分析当前小额消费信贷资产证券化的发展趋势。

专栏 9.2

永盈2015年第一期消费信贷资产支持证券

2015年7月15日，作为首要发起机构的宁波银行联合国元信托共同设立了"永盈2015年第一期消费信贷资产支持证券"（以下简称"永盈一期ABS"）在银行间市场公开招标发行，这是我国继"2014年平安银行1号小额消费贷款证券化信托资产支持证券"之后发行的具有个人消费贷款类特征的第二只信贷ABS，是国内首单动态资产证券化产品。

【交易结构】

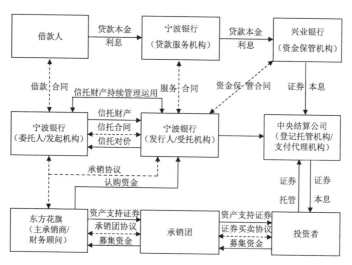

图 9.4　永盈 2015 年第一期消费信贷资产支持证券交易结构

资料来源：《永盈 2015 年第一期消费信贷资产支持证券发行说明书》

【基础资产】

宁波银行的个人消费信用贷款资产是"永盈一期 ABS"的基础资产。该产品设计的借款人为年龄 25 周岁至 50 周岁的中国公民或永久居民，并规定银行及其关联方的雇员不能成为借款人。同时规定，借款人授信额度总和不得低于 15 万元，且该借款人在宁波银行的贷款总规模不超过 50 万元；从宁波银行贷款分类体系来观察，该笔债权为正常类贷款，并且规定单个分行的贷款本金总额不超过资产池规模的 60%。从贷款定价来看，单笔贷款的利率水平应不低于该笔贷款发放当时中国人民银行公布的一年以内贷款基准利率的 1.1 倍，并且规定初始资产池的加权贷款利率和信托运营期内新购买的加权平均贷款利率不低于人民银行公布的一年以内贷款基准利率的 1.4 倍。

【产品创新】

该产品在交易结构上的创新主要体现在以下两方面：

第一，采用了循环购买的动态资产池。建立动态基础资产池，规定入池贷款资产基本属于循环消费贷款，由于该贷款资产的借款人具有还款行为不固定特征，采用传统静态池模式对消费信贷资产的交易结构难以有效控制，也难以对其未来的现金流分布进行科学预测，因此，采用动态池模式预测分析和管理更为有效，通过对合格贷款进行循环购买的方式能从根本上有效解决这一问题。

第二，采用分期管理模式。在现金流的支付机制设计上，将产品的存续期客观划分为信托运营期和信托摊还期两个不同时期，并采用不同管理办法。一般情况下，在信托运营期，对优先 A 档和优先 B 档证券采取按季度付息方式，并实行浮动利率制，信托本金账内余额设计为用于持续购买新的标的资产；在信托摊还期，对优先档证券摊还本金。一般而言，在不触发违约事件和加速清偿的背景下，早偿率和违约率变化将不影响优先 A 档和优先 B 档证券的加权平均期限的计算。

除此之外，需要说明的是，通过资产证券化方式对消费信贷资产进行处置的实际过程中，需要大力加强对银行消费信贷资产的综合信息披露，稳步建立起消费信贷资产及其证券化产品的信息数据库，以此为基础，实现在一定范围内的消费信贷信息共享，从而有利于推动资产支持证券的有效发行和持续交易。需要特别说明的是，相对于消费信贷资产证券化的业务开展而言，可以将具有不同风险特征、隶属不同风险类型的多种消费信贷资产分类纳入基础资产池，以此达到在一定程度上满足不同投资者的特殊要求的目的，但要做到这一点，必须具备的前提条件是全面而及时的信息披露。只有做到这样，才可保证不同投资者根据自身的投资偏好和风险规避目标独立作出正确的投资决策。毋庸置疑，对消费信贷资产证券化而言，其风险源头在于基础资产，而发起人相对于其他参与方，其对资产池中的各类消费信贷资产的相关动态信息掌握得最为全面也更为直接。所以，发起人应当、也有必要以服务商的身份对资金池中的信贷资产的安全性承担起更多的后续责任，从而有效筑牢防范信贷风险和道德风险的防火墙。为此，特别需要加强对各类信贷资产在存续期间的相关信息披露，真正做到信息透明。必要时，还可以通过引入具有特定资质的注册会计师（或审计师）事务所等中介机构，促进加强对证券化产品的审计、监督与检查，并客观披露其中的相关交易信息。

结　语

习近平总书记多次强调，构建"双循环"新发展格局需要扭住扩大内需这个战略基点，促进总供给和总需求在更高水平上实现动态平衡。消费信贷作为居民消费的助推器，在国家战略引导和支持下，将进一步发挥促进经济增长的积极效应。商业银行作为我国消费信贷业务的主力军，亟需因势利导，构建一套符合我国新发展格局要求的消费信贷运行机制。本书详细梳理了国内外关于消费信贷的研究，系统阐述了我国商业银行消费信贷业务的发展现状，并参考发达国家的发展经验，从商业银行消费信贷业务的安全管理角度、经营效益角度以及业务发展扩张角度入手，分别建立了信用评价机制、风险管理机制、定价机制、绩效评价机制、营销机制以及创新机制六种运行机制。

本书的研究结论主要包括以下六个方面：

一、在分析建立消费信贷业务信用评价机制的基础上，根据全面性、科学性、针对性、合法性及可操作性原则设计了个人信用评价指标体系，并将这一评价指标体系融入到个人信用评价单一模型与个人信用评价组合模型进行分析研究。在实证部分，利用 SPSS Modeler18.0，分别对标准化的数据进行 Logistics 回归模型、BP 神经网络模型的单一模型构建，在此基础上进行串行组合模型的构建，并对三个模型的精确度与稳健性进行比较分析。结果表明，作为重要的个人信用评价方法的组合模型在总体准确率、第二类错误率和稳健性方面较单一模型的优越性更为显著。

二、在对商业银行消费信贷业务风险的形成演进、种类与特征进行归纳整理之后，本书选取了合适的风险度量方法对以市场风险为代表的消费信贷业务外部风险和以信用风险为代表的消费信贷业务内部风险进行了测度。具体而言，选取 VaR 方法与压力测试测度了市场风险。压力测试使用了包括中农工建交五大国有商业银行在内的我国 17 家资产规模较大的商业银行作为测试的对象，结果表明银行体系整体资本充足率因严重的不利影响而变动的程度并不大，仅向下波动 0.19 个百分点。另外，银行交易账户对利率风险的敏感度不高且银行体系应对汇率变动风险的能力也较强，可以认为银行账户利率风险基本可控。在信用风险的测度中，预期违约概率模型显示，不同的样本空间有不同的违约距离和预期违约率，因此商业银行需要根据信用风险的测度结果对不同客户要求不同的负债比率。

三、通过改进三类消费信贷的基本定价模型，构建了四个新的消费信贷定价模型，分别是信用评级定价模型、期权定价模型、资产证券化（CDO）模型和 LPR 定价模型。首先，在将发行者的信用评级作为确定违约强度的关键影响变量的基础上建立信用评级定价模型，进一步引入古典的泊松风险模型，计算出银行贷款的违约概率，再借助信用迁移矩阵，最终得到贷款的期望价值。其次，我们认为期权定价模型突破了传统定价思维，能解决传统成本加成定价法所不能解决的问题。因此，借助市场无摩擦、没有税收和违约成本等假设，得出了期权框架下，商业银行消费贷款价格的表达式，将该定价模型代入具体实例中发现定价模型能够有效进行产品定价。再次，着眼于资产证券化定价模型能够优化商业银行消费信贷业务资产负债结构、改善各种财务比率以及提高资本运作效率等优点，改进了资产证券化定价模型，使之能够为我国资金规模雄厚、风险控制能力强的大型商业银行提供信用评级定价服务。最后，提出了商业银行消费信贷业务的 LPR 定价模型，提出商业银行应转变定价管理策略和理念，加强风险管理水平，更快适应 LPR 定价机制，进一步助推利率市场化改革。综上，依据上述模型，阐述了商业银行在利率市场化改革背景下，应如何构建消费信贷定价机制。

四、从实现企业价值最大化的角度出发，阐述了构建商业银行消费信贷业务绩效评价机制的必要性。另外，基于盈利性、安全性、流动性和成长性四大一级指标和十个二级指标，构建了商业银行消费信贷业务绩效评价指标体系。进而利用 AHP 模型和改进的两阶段 DEA 模型评价前述指标体系的适用性。在 AHP 模型中，首先对指标进行无量纲化处理，随后进行评分，从而得到合理的评分模型，再依据该无量纲化评分模型对指标进行评分并合成。我们选取某股份商业银行 C 市分行数据作为 AHP 法的具体应用，绩效评价结果显示 2018 年该行的消费信贷业务绩效评价得分为 79.63，显著优于 2017 年的 71.02 分。在两阶段 DEA 模型中，同一银行不同业务之间的效率对比显示，浦发银行个人贷款业务与公司贷款业务这两类业务中个人贷款业务第一阶段与第二阶段效率达到 0.999 9，高于公司贷款业务，从而认为个人贷款业务的绩效更佳。基于 6 家商业银行的个人消费贷款业务的投入产出实证结果显示，各家股份制商业银行消费信贷业务效率都不相同，因此其可结合自身的实际情况对消费信贷业务进行实际调整，同时针对资金筹集和运作两阶段的不同特性进行分析，以提高消费信贷业务效率，进而加强自身市场竞争力。

五、以营销理论中的从卖方市场考虑的 P 理论和从买方市场考虑的"4C"理论为基础，回顾我国商业银行营销机制建设历程，并参考美国、日本、英国、澳大利亚的商业银行消费信贷营销模式后，提出了适应新发展格局变化的消费信贷业务营销机制。这一营销机制的核心思想是根据人口因素、社会因素、心理因素等，对消费信贷进行市场细分和客户定位，进而构建一个体系化的业务营销渠道。具体而言，网络营销渠道由直销银行、微营销、数据库营销进行建设；体验营销渠道由娱乐营销、社区营销进行建设；其他营销渠道由公益营销、合作营销等进行建设，由此组成了一个完善的商业银行消费信贷业务营销机制。

六、从产品创新、渠道创新和运作方式创新等方面构造了商业银行消费信贷业务的创新机制。在产品创新方面，从不同年龄层、收入阶层入手得出了基于多层次客户需求的消费信贷产品创新策略；通过 MapReduce 技术手段的数据采集、数据预处理、数据储存及数据分析等步骤基于大数据技术得出了消费信贷工具创新的实际方法；还对已有信贷产品的不同要素进行分解和重组，基于产品要素的组合方式进行了产品创新。在渠道创新方面，从线上化促进消费信贷业务自助办理、以移动化促进消费信贷业务终端拓宽、以电商化促进消费信贷业务平台扩展以及以场景化促消费信贷业务链条延伸等方面构建了业务渠道创新体系。在运作方式创新方面，依托"银保联动机制"分散风险和依托资产证券化盘活流动性这两大方式，建立了商业银行消费信贷业务的运作方式创新体系。

综上所述，本书构建了一套较为完善的商业银行消费信贷运行机制，能够为商业银行在"双循环"新发展格局背景下克服阻碍消费信贷发展的一系列问题，实现消费信贷业务的高质量发展提供一定借鉴。商业银行的消费信贷运行机制可以此为蓝本，在具体的运作实践中不断总结经验，不断改进与完善。不同类型的商业银行有不同的具体实践，由于我国不同地区的经济发展水平存在一定的差异，商业银行需要根据其所在地区的相关政策、客户层级、企业发展环境、同业竞争水平及居民或企业的消费储蓄意向来对本书所构建的运行机制进行改进并加以应用。

但是，经济社会是时刻发展变化的，在后疫情时代，消费者的消费习惯和风险偏好可能会发生较大转变，这对商业银行消费信贷业务的发展也形成了新的挑战，因此本书的研究依然存在有待完善和继续深入研究的地方。此外，网络信息化技术已经渗透到经济社会的各个领域，金融科技将在商业银行消费信贷的运行中扮演更加重要的角色，本书所构建的运行机制也应进一步与金融科技深度融合，利用大数据、云计算等新兴技术赋能商业银行消费信贷业务创新发展。

参考文献

［1］（美）戴维·罗默. 高级宏观经济学［M］. 北京：商务印书馆，1999.

［2］Keynes，John Maynard. *The General Theory of Employment，Interest，and Money*［M］. London：Macmillan.1936.

［3］Modigliani F. et al. *Utility Analysis and the Consumption Function: An Interpretation of Cross-Section Data*［M］. In Kenneth K. 1954.

［4］Frideman，Milton. *A Theory of the Consumption Function*［M］. Princeton：Princeton University Press.1953.

［5］Hall & Robert E. Stochastic Implications of the Life Cycle-Permanent Income Hypothesis：Theory and Evidence［J］. Journal of Political Economy. 1978，86：971-987.

［6］Campbell J. Y. & M. N. Gregory. Consumption，Income，and Interest Rates：Reinterpreting the Time Series Evidence［J］. NBER Macroeconomics Annual 1989a，4：185-216.

［7］Flavin A. Excess Sensitivity of Consumption to Current Income：Liquidity Constraints or Myopia? ［J］. Canadian Journal of Economics. 1985，18（1）：117-136.

［8］Leland H. E. Saving and Uncertainty：The Precautionary Demand for Saving［J］. Quarterly Journal of Economics. 1968，82（3）：465-473.

［9］Lusardi D. & Angus. Saving and Liquidity Constraints［J］. Economterica. 1991，59（5）：1221-1248.

［10］Kimball M. S. Precautionary Saving in the Small and the Large［J］. Econometrica. 1990，58（1）：53-73.

［11］Pissarides A.C. The Role of Relative Wages and Excess Demand in the Sectoral Flow of Labour［J］. Review of Economic Studies，Blackwell Publishing. 1978，45（3）：

453-467.

[12] Zeldes S.P. Consumption and Liquidity Constraints：An Empirical Investigation[J]. Journal of Political Economy. 1989,97 (2)：305-346.

[13] Jappelli et al. Saving, Growth, and Liquidity Constraints[J]. Quarterly Journal of Economics.1994,109(1)：83-109.

[14] Carroll C.D.&S.P. Zelds. The Buffer-Stock Theory of Saving：Some Macroeconomic Evidence[J]. Brookings Papers on Economic Activity. 1992,46(2)：61-156.

[15] Kraay A. Household saving in China[J]. World Ban Economic Review. 2000,14 (3)：545-570.

[16] 臧旭恒,李燕桥.消费信贷、流动性约束与中国城镇居民消费行为——基于2004—2009年省际面板数据的经验分析[J].经济学动态,2012,02：61-66.

[17] 梁苗苗. 基于预防性储蓄理论下的人口年龄结构与居民储蓄[D].西南财经大学,2013.

[18] 雷震,张安全. 预防性储蓄的重要性研究：基于中国的经验分析[J]. 世界经济,2013,06：126-144.

[19] 张安全. 中国居民预防性储蓄研究[D].西南财经大学,2014.

[20] 杨阔,郭克莎. 结构跃变带来的新变化：一个消费函数理论的新假说——"消费函数之谜"的破解[J]. 经济学家,2017(10)：42-53.

[21] 臧旭恒,张欣. 中国家庭资产配置与异质性消费者行为分析[J]. 经济研究,2018,53(03)：21-34.

[22] 周利,易行健.房价上涨、家庭债务与城镇居民消费：贷款价值比的视角[J].中国管理科学,2020,28(11)：80-89.

[23] 李波,朱太辉.债务杠杆、财务脆弱性与家庭异质性消费行为[J].金融研究,2022(03)：20-40.

[24] 朱菲菲,陈靖,李惠璇.外生冲击、金融参与度与居民消费[J].国际金融研究,2022(03)：13-22.

[25] 康书隆,王晓婷,余海跃.购房借贷约束与缴存家庭消费——基于公积金运营流动性视角的分析[J].金融研究,2022(03)：115-134.

[26] Fisher R.A. The use of multiple measurement intaxonomic problems[J]. Annuals of Human Genetics. 1936,7(2)：179-188.

[27] Durand D. *Risk elements in consumer installment financing*[M]. National Bureau of Economic Research. New York,1941.

［28］Myers J. H. &·E. W. Forgy. The Development of Numerical Credit Evaluation Systems ［J］. Journal of American Statistics Association. 1963,58(303)：799-806.

［29］Rosenberg E&·A. Gleit. Quantitative methods in credit management：a survey［J］. Operations Research. 1994,42(4)：589-613.

［30］Eisenbeis R. A. Pitfalls in the application of dicriminant analysis in business，finance and economics ［J］. The Journal of Finance. 1977,32(3)：875-900.

［31］Orgler Y. E. (1970) A credit scoring model for commercial loans ［J］. Jounal of Money Credit&·Banking. 1970,2(4)：435-445.

［32］Fitzpatrick D. B. An analysis of bank credit card profit［J］. Journal of Bank Research. 1976,7：199-205.

［33］Henley W. E. *Statistical aspects of credit scoring*. Unpublished PhD thesis，The Open University. Milton Keynes. UK,1995.

［34］Wiginton J. C. (1980) A note on the comparison of logit and discriminant models of consumer credit behavior ［J］. Journal of Finance and Quantitative Analysis.1980,15(3)：757-770.

［35］Freed N. &·F. Glover. (1981a) . A linear programming approach to the discriminant problems［J］. Decision Sciences. 1981a,12：68-74.

［36］Joachimsthaler E. A. &·A. Stam. Mathematical programming approaches for the classification problem in two-group discriminant analysis［J］. Multivariate Behavioural Research. 1990,25(4)：427-454.

［37］Nath N. et al. A Comparison of Classical and the Line ar Programming Approaches to the Classification Problem in Discriminant Analysis ［J］. Journal of Statistical Computation and Stimulation. 1992,41(1)：73-93.

［38］Odom M. &·R. Sharda. A neural network model for bankruptcy prediction. In：Proceedings of the international joint conference on neural networks［J］. International Joint Conference on Neural Networks. 1990,2：231-245.

［39］Davis R. H. et al. Machine-learning algorithms for credit-card applications［J］. IMA Journal of Management Mathematics. 1992,4(1)：43-51.

［40］Hájek P. Municipal credit rating modelling by neural networks［J］. Decision Support Systems. 2011,51(1)：108-118.

［41］Fogarty &· Ireson. Evolving Bayesian classifiers for credit control-comparison with other machine-learning methods［J］. IMA J Management Math. 1993,5：63-75.

［42］Michalewicz Z. Evolutionary Algorithms for Constrained Parameter Optimization Problems［J］. Evolutionary computation. 1996,4(1)：1-32.

［43］Bo-Wen C. &C. Hsu. A hybrid approach to integrate genetic algorithm into dual scoring model in enhancing the performance of credit scoring model［J］. Expert Systems with Applications. 2012,39(3)：2650-2661.

［44］Vaclav Kozeny. Genetic algorithms for credit scoring：Alternative fitness function performance comparison［J］. Expert Systems with Applications. 2015,42(6)：2998-3004.

［45］Baesens B. et al. Benchmarking state-of-the-art classification algorithms for credit scoring［J］. Journal of the Operational Research Society. 2003,54：627-635.

［46］Rashmi M. &D. K. Malhotra. Differentiating between good credits and bad credits using neuro-fuzzy systems［J］.European Journal of Operational Research. 2002,136(1)：190-211.

［47］石庆焱. 一个基于神经网络——Logistic 回归的混合两阶段个人信用评分模型研究［J］. 统计研究,2005(05)：45-49.

［48］姜明辉,谢行恒,王树林,温潇. 个人信用评估的 Logistic-RBF 组合模型［J］. 哈尔滨工业大学学报,2007(07)：1128-1130.

［49］Finlay S. Multiple classifier architectures and their application to credit risk assessment［J］. European Journal of Operational Research. 2011, 210 (2)：368-378.

［50］姜明辉,许佩,韩旖桐,覃志. 基于优化 CBR 的个人信用评分研究［J］. 中国软科学,2014,12：148-156.

［51］Fatemeh N.K. et al. A hybrid data mining model of feature selection algorithms and ensemble learning classifiers for credit scoring［J］. Journal of Retailing and Consumer Services. 2015,27：11-23.

［52］刘占峰,潘甦. 基于模糊粗糙集实例选择的混合算法在信用评分中的应用［J］. 北京邮电大学学报,2019,42(02)：101-107.

［53］黄志刚,刘志惠,朱建林. 多源数据信用评级普适模型栈框架的构建与应用［J］. 数量经济技术经济研究,2019,36(04)：155-168.

［54］陈秋华,杨慧荣,崔恒建.变量筛选后的个人信贷评分模型与统计学习［J］.数理统计与管理,2020,39(02)：368-380.

［55］李焱文,蒋文华,王纯洁.网络大数据信用风险评分能有效预测信贷违约风险吗?

[J].经济问题,2021(07):70-77.

[56] Stiglitz J. &-A. Weiss. Credit Rationing in Markets with Imperfect Information[J]. The American Economic Review. 1981,71: 393-410.

[57] Klein B. &-K. Leffler. The Role of Market Forces in Assuring Contractual Performance[J]. Journal of Political Economy. 1981,81: 615-641.

[58] David K. M. &-S. S. Nicholas. A portfolio view of consumer credit, Finance Department, The Wharton School, University of Pennsylvania, Philadelphia PA USA NBER Boston MA, USA Journal of Monetary Economics. 2006,53: 59-84.

[59] Markowitz H. M. *Portfolio Selection: Efficient Diversification of Investments* [M]. Wiley, New York,1959.

[60] Sharpe W.F. Capital asset prices: a theory of market equilibrium under conditions of risk[J]. Journal of Finance. 1964,19: 425-442.

[61] Lintner J. The valuation of risk assets and the selection of risky investments in stock portfolios and capital budgets[J]. Review of Economics and Statistics. 1965,47: 13-37.

[62] JP Morgan. CreditMetrics[M].Technical Document,1997.

[63] Wilson T. Portfolio credit risk I[M]. Risk 10 (9), September. 1987.

[64] Wilson T. Portfolio credit risk II[M]. Risk 10 (10), October.1997.

[65] Merton R. On the pricing of corporate debt: The risk structure of interest rates[J]. Journal of Finance.1974,28: 449-470.

[66] Ching-Chiang Y. A hybrid KMV model, random forests and rough set theory approach for credit rating[J]. Knowledge-Based Systems. 2012,33: 166-172.

[67] Credit Suisse. *CreditRisk+: A Credit Risk Management Framework*[M]. Credit Suisse Financial Products. 1997.

[68] Michel C. et al. A comparative analysis of current credit risk Models[J]. Journal of Banking and Finance. 2000,24: 59-117.

[69] Saunders A. *Credit Risk Management*[M]. Wiley, New York.1999.

[70] Paris F. M. Selecting an optimal portfolio of consumer loans by applying the state preference approach[J]. European Journal of Operational Research. 2005,163(1): 230-241.

[71] Maria R.S. et al. A new dynamic modeling framework for credit risk assessment[J]. Expert Systems with Applications. 2016,45: 341-351.

[72] 钟伟,李心丹. 现代西方金融体系内在风险性及其防范理论[J]. 金融研究, 1998,08：65＋67＋69＋71＋66＋68＋70.

[73] 石汉祥. 论国有商业银行的信贷风险管理[J]. 武汉大学学报(社会科学版), 2003,01：77-81.

[74] 蒋放鸣. 现代商业银行全面信贷风险管理研究[J]. 系统工程,2003,05：88-93.

[75] 陈杰.消费信贷中的潜在风险及成因[J].浙江金融,2006(3)：60-61.

[76] 杨大楷,俞艳. 中国个人消费信贷状况及风险防范研究[J]. 金融论坛,2005,7：45-50.

[77] 吴必翱. 商业银行小额贷款风险管理研究[D].华南理工大学,2014.

[78] 谭德俊. 基于经济资本的商业银行全面风险管理研究[D].湖南大学,2014.

[79] 杨秀云,蒋园园,段珍珍. KMV 模型在我国商业银行信用风险管理中的适用性分析及实证检验[J]. 财经理论与实践,2016,37(01)：34-40.

[80] 应展宇,黄春妍.金融演进中的金融风险管理：回顾与反思[J]. 中央财经大学学报,2019(09)：24-34.

[81] 宫晓琳,彭实戈,杨淑振,孙怡青,杭晓渝. 基于不确定性分布的金融风险审慎管理研究[J].经济研究,2019,54(07)：64-77.

[82] 王正位,周从意,廖理,张伟强.消费行为在个人信用风险识别中的信息含量研究[J].经济研究,2020,55(01)：149-163.

[83] 黄益平,邱晗.大科技信贷：一个新的信用风险管理框架[J].管理世界,2021,37(02)：12-21＋50＋2＋16.

[84] Peter S.R. *Commercial Bank Management*[M]. 3thed.Mc Graw-Hi.1996.

[85] Paris F.M. Selecting an optimal portfolio of consumer loans by applying the state preference approach[J]. European Journal of Operational Research. 2004,163：230-241.

[86] 伊斯雷尔.尼尔肯著,张云峰,宋瑞,范德胜译.实用信用衍生产品[M].北京：机械工业出版社,2002.

[87] Saikat N. How important is the correlation between returns and volatility in a stochastic volatility model? Empirical evidence from pricing and hedging in the S&P 500 index options market[J]. Journal of Banking & Finance. 1998,22(5)：589-610.

[88] Jarrow R.A & P.Protter. Structural versusr educed form models：a new information based perspective，Jounral of investment management. 2004,1(2)：1-10.

［89］Black，F. &.J.C. Cox. Valuing Corporate Securities：Some Effects of Bond Indentuer Provisions［J］. Jounral of Finance. 1976,31(2)：351-367.

［90］Ronn，E. I. & A. K Verma. Pricing Risk-Adjusted Deposit Insurance：An Option Based Model［J］. Journal of Finance. 1986,41(4)：871-895.

［91］Kim I. J. et al. Valuation of Corporate Fixed-Income Securities［J］. Financial Management. 1993(Autumn)：1-25.

［92］Nielsen L. T. et al. *Default Risk and Interest Rate Risk*：The Term Structure of Default Spreads［D］. Working Paper，Insead.1993.

［93］Longstaff & E.Schwartz. A simple approach to valuing risky fixed and floating rate debt［J］. Journal of Finance. 1995,50：789-819.

［94］Briys E. &.F. de Varenne. Valuing Risky Fixed Rate Debt：An Extension［J］. Journal of Financial and Quantitative Analysis. 1997,31(2)：239-248.

［95］Acharya V &. J. Carpenter. Corporate Bond Valuation and Hedging With Stochastic Interest Rates and Endogenous Bankruptcy［J］. Review of Financial Studies. 2002，15：1355-1383.

［96］Zhou C. An Analysis of Default Correlations and Multiple Defaults［J］. Review of Financial Studies. 2001,14(2)：555-576.

［97］Giesecke K. *Correlated Default with Incomplete Information*［D］. Working Paper，Department of Economics，Humboldt-Universitat zu Berlin.2002.

［98］Giesecke K. *Successive Correlated Defaults：Pricing Trends and Simulation*［D］. Working Paper，Cornell University.2003.

［99］Schonbucher P. J. *Factor Models for Portfolio Credit Risk*［D］. Working Paper，Department of Statistics，Bonn University.2000.

［100］Finger C.C. *Conditional Approaches for Credit Metrics Portfolio Distributions*［D］. Working Paper，Risk Metrics Group.1999.

［101］Frey R. et al. *Modelling Dependent Defaults：Asset Correlations Are Not Enough*！［D］Working Paper，Department ofMathematics，ETHZ，Zurich.2001.

［102］Jarrow R. A &.P.Protter. Structural versus reduced form models：a new information based perspective［J］. Jounral of investment management. 2004,12(2)：1-10.

［103］Chuang-Chang Chang et al. Pricing credit card loans with default risks：a discrete-time approach［J］. Original ResearchReview of Quantitative Finance and Accounting. 2010,34(4)：413-438.

［104］ Jarrow R. A. &.S. M. Jumbull. The pricing and hedging of options on financial securities subject to credit risk［J］. Journal of Finance.1995,50(1): 53-85.

［105］ Madan D. &.H. Unal. Pricing the Risks of Default［J］. Review of Derivatives Research.1998,2: 121-160.

［106］ Dufie D. &.K.Singleton. Modeling term structures of default risky bonds［J］.Review of Financial Studies. 1999a,12: 687-72.

［107］ Embrechts P. et al. *Correlation and Dependence in Risk Management*: *Properties and Pitfalls*［D］. Working Paper Risklab, Ethz, Zurich.1999.

［108］ Kijima M.&.Y. Muromachi. Credit Events and the Valuation of Credit Derivatives of Basket Type［J］. Review of Derivatives Research. 2000,4: 55-79.

［109］ Hughston L.P.&.S. Turnbull. Credit risk constructing the basic building blocks［J］. Economic notes. 2001,30(2): 281-292.

［110］ Schonbucher P. J &.D. Schubert. *Copula-Dependent Default Risk in Intensity Models*［D］. Working Paper, Department of Statistics, Bonn University. 2001.

［111］ Bielecki T.&.M. Rutkowski. *Credit Risk*: *Modeling*, *Valuation and Hedging*［D］. New York: Springer-Verlag.2002.

［112］ Duffle D. *Dynamic Asset Pricing Theory*［M］. 3rd ed.Princeton U.Press.2003.

［113］ Jarrow R. et al. A Robust Test of Merton'S Structural Model for Credit Risk［J］. Journal of Risk.2003,6(1): 39-58.

［114］ Wendy Edelberg. Risk-based precing of interest rates for consumer loans［J］. Journal of Monetary Economics. 2006,53: 2283-2298.

［115］ Walid M. &.R. Turk-Ariss. Joint market power in banking: Evidence from developing countries［J］. Journal of International Financial Markets, Institutions and Money. 2014,31: 253-267.

［116］ Lars N. Financial innovation and bank behavior: Evidence from credit markets［J］. Journal of Economic Dynamics and Control. 2014,43: 130-145.

［117］ Christopher J. &.A. Kizilaslan. Asset Specificity, Industry-Driven Recovery Risk, and Loan Pricing［J］. Journal of Financial and Quantitative Analysis. 2014,49(3): 599-631.

［118］ Weifang Lou,Xiangkang Yin. The impact of the global financial crisis on mortgage pricing and credit supply［J］.Journal of International Financial Markets, Institutions and Money. 2014,29: 336-363.

[119] 牛锡明. 我国商业银行实行贷款定价之研究[J]. 金融研究,1997,10:16-21.

[120] 毛捷,张学勇. 基于亚式期权模型的贷款定价研究——来自中国的经验事实与理论模型[J]. 金融研究,2009,05:71-83.

[121] 宋磊. 我国商业银行贷款定价影响因素的实证检验[J]. 统计与决策,2012,10:172-174.

[122] 刘振华,谢赤. 商业银行动态贷款定价模型的构建与应用[J]. 经济体制改革,2014(03):161-165.

[123] 孔春丽,张天龙,张同建. 我国商业银行信贷市场贷款定价理论研究[J]. 技术经济与管理研究,2015(03):91-95.

[124] 董晓林,吕沙,张惠乾. 农村商业银行小微企业贷款定价研究[J]. 南京农业大学学报(社会科学版),2016,16(04):100-109+158.

[125] 段永琴,何伦志.数字金融与银行贷款利率定价市场化[J].金融经济学研究,2021,36(02):18-33.

[126] 杜崇东,张婉琳,孟娜娜.利率并轨对银行存贷款定价的影响——基于银行净息差的实证分析[J].南方金融,2021(03):14-28.

[127] 赵平,孙志峰.中国银行业贷款利率是否反映企业违约风险水平——来自制造业上市公司数据的经验证据[J].金融经济学研究,2022,37(02):40-55.

[128] Jackson Martindell. The Scientific Appraisal of Management: A Study of the Business Practices of Wellmanaged Companies. Publisher: New York, Harper. 1950.

[129] John H. &P. Ken. Wall Street's contribution to management accounting: the Stern Stewart EVA financial management system[J]. Management Accounting Research. 1998,9:421-444.

[130] Kaplan R. S &D. P. Norton. The balanced scorecard-measures that drive performance [J]. Harvard Business Review. 1992,1:71-79.

[131] Charnes A. et al. Measuring the efficiency of decision making units[J]. European Journal of Operational Research.1978,2(6):429-444.

[132] Boussofiane A. et al. App lied Data Envelopment Analysis[J]. European Journal of the Operational Research. 1991,52:1-15.

[133] Norman M. &B. Stoker. *Data Envelopment Analysis: The Assessment of Performance*[M]. N. Y. John Wiley &Sons.1991.

[134] Sherman H.D. &F. Gold. Bank branch operating efficiency[J]. Journal of Banking

and Finance. 1985,9：297-315.

[135] Schaffnit C. et al. Best practice analysis of bank branches：An application of DEA in a large Canadian Bank[J]. European Journal of Operational Research. 1997, 98：269-289.

[136] Raman Manandhar et al. The evaluation of bank branch performance using data envelopment analysis A framework[J].Journal of High Technology Management Research.2002,13：1-17.

[137] Paradi J. C. &.S. Claire. Commercial branch performance evaluation and results communication in a Canadian bank — a DEA application[J].European Journal of Operational Research.2004,156：719-735.

[138] Arbel A.&.E.O. Yair. An application of the AHP to bank strategic planning：The mergers and acquisitions process[J]. European Journal of Operational Research. 1995,48(1)：27-37.

[139] Aigner D. et al. Formulation and Estimation of Stochastic Frontier Production Function Models[J]. Journal of Econnometrics. 1977,6：21-37.

[140] Christopher James. *RAROC Based Capital Budgeting and Performance Evaluation：A Case Study of Bank Capital Allocation*[D]. Working Paper Series, The Wharton School，University of Pennsylvania.1996.

[141] Froot K.&.J. Stein. *Risk Management，Capital Budgeting and Capital Structure Policy for Financial Institutions：An Integrated Approach* [D]. NBR Working Paper. 1995.

[142] Stein J. Internal Capital Markets and Competition for Corporate Resources[J]. Journal of Finance. 1995,52：111-133.

[143] Tzu-Yu Lin，Sheng-Hsiung Chiu. Using independent component analysis and network DEA to improve bank performance evaluation[J]. Economic Modelling. 2013,32：608-616.

[144] Hailing Zhao,Sangmok Kang. Banking Performance Evaluation in China Based on Non-radial Super-efficiency Data Envelopment Analysis[J]. Procedia Economics and Finance. 2015,23：197-202.

[145] 王晓博,刘伟,辛飞飞.存款保险制度、风险承担与银行绩效——基于风险转移的视角[J].管理评论,2021,33(08)：3-16.

[146] 周边,黄叶苨,周舒鹏.法定数字货币与商业银行绩效[J].国际金融研究,2021

(10)：56-66.

[147] 徐涛,尤建新,邵一磊.风险视角下银行产品创新绩效评价模型[J].中国管理科学,2021,29(06)：36-47.

[148] Everett M. Rogers. *Diffusion of Innovations*[M]. Free Press,2003.

[149] 陈卫东,盛伟.国际银行业营销策略的革新[J].国际金融研究,2000,5：23-27.

[150] 陈松. 关系营销理论对银行客户经理制的启示[J]. 中山大学学报论丛,2001(02)：40-42.

[151] 奚君羊.银行营销管理[M].立信会计出版社,2003：43-51.

[152] 朱昆锋.银行营销[M].海天出版社,2004：108-117.

[153] 樊永勤. 中国商业银行信贷营销与退出[J]. 云南财经大学学报,2007(01)：24-28.

[154] 王桂琴,曾勇. ING 直销银行金融服务营销中的价值主张与价值共同创造研究[J]. 管理学报,2015,12(05)：765-771.

[155] 冀航. 在产业项目建设中强化贷款营销效能[J]. 现代工业经济和信息化,2015,5(11)：21-22+25.

[156] 周娅娅.关于商业银行理财产品营销问题的分析[J].中国电子商务,2014(2)：224-225.

[157] 王彦博,周学春,王茜. FinTech 时代商业银行零售客户标签体系建设与数字化营销应用[J]. 银行家,2018(01)：88-91.

[158] 罗煜,崔书言,旷纯.数字化与商业银行经营转型——基于传统业务结构变迁视角[J].国际金融研究,2022(05)：34-44.

[159] 孙涛,王汉宸.无人银行时代创新营销模式构想[J].山西财经大学学报,2020,42(S2)：39-42.

[160] 卜国琴.关于我国发展消费信贷的再思考[J].商业研究,2000(12)：15-17.

[161] 潘筱培,林榕.拓展消费信贷应立足创新[J].福建论坛(经济社会版),2001(02)：25-26.

[162] 彭家跃.论我国消费信贷趋势制约因素及创新[J].商业经济文荟,2001(04)：56-58+5.

[163] 张婷.中国商业银行的消费信贷制度创新[J].上海金融,2006(07)：16-18.

[164] 桂蟾.商业银行消费信贷业务发展存在的问题及对策[J].商业时代,2009(24)：85-86.

[165] 何振亚.中国消费信贷发展回顾与展望[J].上海金融,2009(03)：16-19.

[166] 王晶.如何促进我国消费信贷的发展[J].经济导刊,2010(10)：48-49.

[167] 刘天楚,刘柏,张艾莲.我国汇率对居民消费信贷的影响效果研究[J].当代经济研究,2013(07)：78-80.

[168] 罗延枫.推动消费信贷发展的政策建议[J].中国金融,2006(17)：11-12.

[169] 赵静思.中国消费信贷的现状和发展分析[J].中国商贸,2010(08)：120-121.

[170] 纪路宇,刘子磊,余佳帅.我国消费信贷发展建议[J].经济研究参考,2017(42)：24-25.

[171] 李杨,刘国亮.中国消费信贷市场发育研究[J].山东社会科学,2017(09)：145-151.

[172] 朱琳.大学生消费信贷的互联网衍生及其规制逻辑[J].金融发展研究,2016(07)：38-44.

[173] 俞梅.促进农村消费信贷发展的对策研究[J].山东社会科学,2009(S1)：84-85.

[174] 石娜.小微企业银行信贷业务发展探究[J].财会通讯,2015(32)：16-17.

[175] 余新华,周笑实,余琨.商业银行线上信贷业务发展实务研究[J].金融发展研究,2021(03)：89-92.

[176] 宋芳秀.我国汽车消费信贷的发展前景与对策建议[J].浙江金融,2009(10)：29-30.

[177] 何燕.基于中国现状的汽车金融产品创新探索[J].上海经济研究,2011(12)：117-129+141.

[178] 尹振涛,李泽广.竞争规避与银行金融创新扩散——基于同质化视角的实证检验[J].管理世界,2021,37(11)：71-89+6.

[179] 张丽平,任师攀.促进消费金融健康发展　助力释放消费潜力[J].管理世界,2022,38(05)：107-114+132+115-116.

[180] 汤淳,刘晓星.商业银行创新对系统性风险影响研究[J].现代经济探讨,2022(01)：83-92.

[181] 于璐,詹蕾.消费信贷运作指南[M].四川大学出版社,2000.

[182] 楚尔鸣,何恒远.消费信贷的利率矛盾与对策研究[J].消费经济,2002(1)：43-45.

[183] 欧永生,唐兴盛.贷款风险定价管理存在问题、原因及对策[J].广西农村金融研究,2006,06：39-42.

[184] 段超良.试论消费信贷机制的建立与完善[J].投资研究,2001,09：8-13.

[185] 江世银.论信息不对称条件下的消费信贷市场[J].经济研究,2000,6：84-94.

［186］Akerlof G. A. The Market for "Lomons"：Quality Uncertainty and the Market Mechanism［J］. Quarterly Journal of Economics. 1970,84,3：488-500.

［187］Stiglitz J. E. & W. Andrew. Credit Rationing in Markets with Imperfect Information ［J］. American Economic Review. 1981,71：393-410.

［188］Berger A. N. & G. F. Udell. Relationship lending and lines of Credit in Small Firm Finance［J］. The Journal of Business. 1995,68(3)：351-381.

［189］谢识予. 经济博弈论［M］. 复旦大学出版社. 2002.

［190］欧阳矩华. 不完全信息、信贷配给和利率自由化［J］. 经济学动态,1996,5：56-61.

［191］中国人民银行. 2002 年货币政策执行报告. 2003.2.20.

［192］王洪波、宋国良. 风险预警机制：在躁动和阵痛下风险创业投资机构必备的生存工具［M］. 北京：经济管理出版社. 2002.

［193］Linda Allen & Anthony Saunders. *A Survey of Cyclical Effectsin Credit Risk Measurement Models*［D］. BIS Working Papers，No.126，Monetary and Economic Department，January. 2003.

［194］杨欣.商业银行个人消费信贷风险问题及对策研究［D］.西南农业大学硕士论文,2003：84-86.

［195］盛一梅,代国兵.个人消费信贷风险及其控制研究［J］.重庆金融,2001(6)：36-39.

［196］李敏新,武剑.商业银行防范消费信贷风险的对策建议［J］.中国金融,2001,04：36-37.

［197］赵先信.银行内部模型和监管模型：风险计量与资本分配［M］.上海：上海人民出版社,2004.6.

［198］J. P. Morgan. *Credit metric-Technical Document*［M］. New York. April 2，1997.

［199］王芬.贷款利率定价方法［J］.银行家. 2005,7：69-76.

［200］张维迎. 博弈论与信息经济学［M］. 三联出版社. 1996.

［201］Rafael R. & S. Javier. Loan pricing under Basel capital requirements［J］. Journal of Finance Intermediation . 2003,13(4)：496-521.

［202］Chen A. H. et al. Monitoring and bank loan pricing ［J］. Pacific-Bssin Finance Journal. 2000,8(1)：462-473.

［203］Sherrill S. Competitive bank pricing and adverse selection with imlications for testing the SCP hypothesis［J］. The Quarterly　Review of Economics and Finance. 2002,

　　　42(3)：623-640.

[204] 盛军. 科学的贷款定价方法——RORAC定价法[J].上海金融,2000,7：66-68.

[205] 龙海明,黄卫. VaR在消费信贷风险管理中的应用[J].财经理论与实践,2002,
　　　6：112-120.

[206] 龙海明,邓太杏. 基于违约概率的消费信贷风险分析与度量[J].金融理论与实
　　　践,2006,1：18-20.

[207] 丁宁. 贷款定价：基层商业银行操作难[J].中国金融,2005,8：54-55.

[208] 谢罗奇,谢鸿杰.从贷款定价理论看我国贷款定价体系的完善[J].财经理论与
　　　实践,2005,3：38-40.

[209] George J.M &G.R. Jones. *Understanding and Managing Organizational Behavior*
　　　[M]. Peking University Press. 2002.

[210] 李红卫,叶晴.商业银行经营绩效评价研究[J].南方金融,2005,03：12-14.

[211] 周鸿卫. 基于AHP的银行绩效内部评价方法[J]. 宁夏大学学报(自然科学
　　　版),2004,01：26-29.

[212] 秦寿康等. 综合评价原理与应用[M]. 电子工业出版社,2003.

[213] Kao, C. &Hwang, S.N. Efficiency decompodition in two-stage data envelopment
　　　analysis：An application to non-life insurance companies in Taiwan[J]. European
　　　Journal of Operational Research. 2008,185(1)：418-429.

[214] 阎坤.日本金融研究[M].北京：经济管理出版社,1996.

[215] 谢文涛.商业银行个人消费信贷业务营销管理[D].复旦大学,1999.

[216] 王先玉.现代商业银行营销管理理论与实物[M].北京：中国金融出版社,2004.

[217] 艾瑞咨询.2016年中国互联网消费金融市场研究报告[R].上海,2016.